国家社会科学基金教育学一般项目"高校人文社会科学教师科研绩效评价体系研究"（BFA150043）成果

高校人文社会科学教师科研绩效评价体系研究

史万兵◎著

科学出版社

北 京

内 容 简 介

本书综合采用案例分析法、问卷调查法、深度访谈法、比较研究法等研究方法，回溯了发达国家及我国高校人文社会科学教师科研绩效评价的产生背景及历史演进；同时调研与分析了我国高校人文社会科学教师科研绩效评价的现状，揭示了存在的问题及其成因；分析了发达国家高校人文社会科学教师科研绩效评价体系，以收"他山之石，可以攻玉"之效；分类构建了高校人文科学与社会科学教师科研绩效评价体系，希望能为政府和高校改善科研管理提供政策建议、管理对策与理论依据。

本书适合教育管理学、教育经济学、高等教育学、公共管理学领域的研究者与学生，以及教育行政部门工作人员、高校管理人员等阅读和参考。

图书在版编目（CIP）数据

高校人文社会科学教师科研绩效评价体系研究／史万兵著. —北京：科学出版社，2023.3
ISBN 978-7-03-071878-5

Ⅰ.①高…　Ⅱ.①史…　Ⅲ.①高等学校-人文科学-科研管理-评价-研究-中国　②高等学校-社会科学-科研管理-评价-研究-中国　Ⅳ.①G644

中国版本图书馆CIP数据核字（2022）第042367号

责任编辑：孙文影　高丽丽／责任校对：贾伟娟
责任印制：李　彤／封面设计：润一文化

科学出版社 出版
北京东黄城根北街16号
邮政编码：100717
http://www.sciencep.com

北京建宏印刷有限公司 印刷
科学出版社发行　各地新华书店经销
*
2023年3月第 一 版　开本：720×1000　1/16
2023年3月第一次印刷　印张：14 3/4
字数：252 000
定价：99.00元

前　言

　　高校人文社会科学教师科研绩效评价体系研究有一定的政策背景。2011 年 11 月,《教育部关于进一步改进高等学校哲学社会科学研究评价的意见》出台,倡导建立健全符合哲学社会科学特点的分类评价标准体系；2016 年 3 月,由教育部社会科学委员会编写的《高等学校哲学社会科学研究评价指南》出版,提出了哲学社会科学研究成果评价的基本思路；2020 年 10 月,中共中央、国务院印发《深化新时代教育评价改革总体方案》,明确强调了对高校教师科研绩效实施分类评价,要求各地区各部门结合实际认真贯彻落实。这一系列政策强调了人文社会科学评价与自然科学评价的区别,倡导对人文科学与社会科学也进行有差异的评价,表明了教育行政部门对其的重视程度。与此同时,高等教育投入的增加使得测算高校人文社会科学教师科研绩效具备了条件,特别是在"双一流"建设背景下,科研绩效评价的价值显得尤为重要。2015 年 10 月,国务院印发《统筹推进世界一流大学和一流学科建设总体方案》,建设一流的师资队伍和科研队伍成为"双一流"大学建设的重点。同时,教育部也提出一些关于深化高校教师考核评价制度改革的指导意见,完善服务国家需求和注重实际贡献的评价导向，探索代表作制度，实行科学合理的分类评价和科研评价周期。基于上述背景，笔者于 2015 年底申报并获批了国家社会科学基金教育学一般项目"高校人文社会科学教师科研绩效评价体系研究"（BFA150043），形成本书，本书也是课题结题的主要成果。

本书具有如下特点：第一，历史研究与现实分析紧密结合。本书回溯了发达国家及我国高校人文社会科学教师科研绩效评价的产生背景及历史演进，研究与分析了我国高校人文社会科学教师科研绩效评价现状。第二，凸显教育管理学的问题意识。本书在调查研究的基础上，揭示了我国当前高校人文社会科学教师科研绩效评价存在的问题并分析了其成因。第三，比较研究发达国家高校人文社会科学教师科研绩效评价体系，旨在实现"他山之石，可以攻玉"之效。第四，综合运用案例分析法、问卷调查法、深度访谈法、比较研究法等研究方法，使得整个研究既借鉴他国经验，又立足本土实际，保证获取的数据及研究结论可靠。第五，提出的管理对策及政策建议富有针对性、及时性与可操作性。本书倡导分类构建高校人文科学与社会科学教师科研绩效评价体系，为政府和高校改善科研管理提出政策建议，与中共中央、国务院印发的《深化新时代教育评价改革总体方案》的要求相呼应。第六，观点鲜明，彰显创新性。本书认为人文科学与社会科学既存在共通性又具有差异性，对人文科学教师与社会科学教师的科研绩效需要分类评价；必须审慎地对人文社会科学研究成果实施量化评价；必须考量人文社会科学教师科研绩效评价标准的公正性与公平性；慎重选择人文社会科学教师科研绩效评价主体及客体；倡导加强对人文社会科学教师科研绩效评价结果的应用；应制定人文社会科学教师科研绩效评价的长周期制度；提高人文社会科学教师科研绩效评价结果的公信力；对高校人文社会科学教师科研绩效评价的国际经验借鉴，应采取客观而审慎的态度，避免"水土不服"。

本书的研究过程体现了"科研育人"，培养了硕士研究生陈莹、王环军、张文刚、李闻祺、郭倩，培养了博士研究生曹方方、张潇月、张尔秘、李丽红，学生在得到学术训练的同时，也为课题顺利结题做出了重要贡献。在书稿修改及完善过程中，得到北京师范大学教育学部教育政策学与教育法学专业博士生史新茹以及我的同事耿希、唐丽老师的技术支持，他们在规范语言文字表达、参考文献格式等方面付出了辛勤的劳动，在此一并致以诚挚的感谢！

特别感谢东北大学科学技术处王文邦科长、南京特殊教育师范学院科研处杨盛伟科长和李永康副处长，以及全国教育科学规划领导小组办公室丁杰老师在国家社会科学基金项目批转过程中给予的帮助！

最后，诚挚地感谢科学出版社孙文影、高丽丽等编辑对书稿的严格把关及严谨斧正！由衷地感谢本书引用文献作者的成果的奠基作用！

史万兵

2021 年于南京

目　录

第一章
绪　论

　　高校人文社会科学教师科研绩效评价的开展有着深刻的背景：其一，人文社会科学发展要求重视高校人文社会科学教师科研绩效评价；其二，政策推动使得高校人文社会科学教师科研绩效评价成为可能；其三，投入加大使得测算高校人文社会科学教师科研绩效具备了条件；其四，"双一流"建设推进了高校人文社会科学教师科研绩效评价的开展。高校人文社会科学教师科研绩效分类评价及体系研究极为迫切，具体表现在：其一，高校人文社会科学教师与自然科学教师科研绩效的分类评价亟待进行；其二，理论研究的深化需要探索高校人文科学与社会科学教师科研绩效分类评价；其三，管理实践中亟待构建高校人文社会科学教师科研绩效分类评价体系。为此，本书综合运用案例分析法、问卷调查法、深度访谈法、比较研究法、量化与质化结合方法、投入-产出法、历史分析法、数理统计法、数据包络分析法等研究方法，探究高校人文社会科学教师科研绩效评价体系，以为改进科研管理奠定基础。

第一节　高校人文社会科学教师科研绩效评价及体系研究的背景

一、高校人文社会科学教师科研绩效评价开展的必要性与可能性

（一）人文社会科学的发展要求重视高校人文社会科学教师科研绩效评价

如果从古罗马时期开始算起，在西方，人们对人文科学的研究已经有了2000余年的历史。而后，伴随社会变革，人们对人文科学的需求不断增加，兴趣也日渐浓厚，该研究领域因此得以扩大。在历史进程中，古老的人文科学不断融合、分裂，形成当前高校以及各个研究机构的历史学、文学、考古学、宗教学、语言学、哲学等不同学科。19世纪下半叶以来，学术界借鉴自然科学方法，模仿自然科学模式，对日趋复杂的各种社会现象开展研究，逐渐形成了政治学、经济学、管理学、法学、社会学等具有现代意义的新科学，即社会科学———一类专门对社会以及社会现象开展研究的科学。社会科学形成之后，学者基于不同视角和不同侧面，分门别类地对人类社会开展研究，通过深入研究人类社会的结构、变迁、机制、动因等各个层面，对社会本质及其发展规律进行科学、有效的分析，以便达到更好地对我们的社会开展建设和管理的目的。

从研究方法角度而言，相比人文科学，社会科学具有较强的科学性，然而，与自然科学相比，其科学性又相对较弱。因此，可以这么认为，在科学性方面，自然科学、社会科学、人文科学是依次递减的。近些年，人们把人文科学和社会科学融合在一起，形成了"人文社会科学"概念，这也是本书的重点研究对象。人文社会科学是同时研究人和社会的一门科学。相比自然科学，人文社会科学的研究对象是人和社会，因此具有典型的社会属性和人文特质。进一步来说，人文社会科学兼具主观性和客观性、事实性和价值性、普遍性和特殊性、基础性和应

用性、实证性和实地性、真理性和功利性等综合特征。换言之，人文社会科学既具备客观层面的认识世界的功能，又具备意识形态领域的改造世界的功能。因此，人文社会科学不仅包括文学、艺术学、哲学、历史学、宗教学等人文科学，同时包含所有社会科学，综合性是人文社会科学最根本的特征。

高校人文社会科学教师的科研成果是人类科学事业繁荣发展的基石。澳大利亚学者呼吁"要尊重人文社会科学的特殊性和相对独立性"[①]。英国《泰晤士高等教育》探讨了德国的评价体系对于德国学术研究以及世界学术研究的意义。德国科学委员会是德国的科研评价机构之一，它借鉴了其他欧洲国家科研评价体系的特点和优势，并对其进行了改良，形成了基于同行评审及学科评价的具体评价原则。该委员会开展评价的目的在于为战略决策提供参考，促使教师和科研机构发现自身的不足，继续发展，进而提高国家的整体研究实力。自洪堡创立柏林大学、确立新人文主义的大学理念开始，人文社会科学研究在德国就有了很高的地位。

近年来，高等院校承担起了开展人文社会科学研究的重任。这是因为高校的职能除了教育教学之外，还有一项区别于其他教育机构的职能，即科学研究。约翰·亨利·纽曼指出，高校是"新生文明之母""智慧之府"。[②]对于高校教师而言，从事科学研究也是其教育教学之外的重要工作之一。因此，科学研究业绩也就成了评价高校教师工作绩效的一项重要内容。

当前，人文社会科学作为一大科学领域，其研究成果已经成为我们开展人文社会科学科研绩效评价的指向标和原动力，人文社会科学研究会直接影响人文社会科学的发展趋势。在科学技术迅猛发展的 21 世纪，人文社会科学的发展已经成为社会软实力十分重要的体现。高校是人文社会科学研究的重要领地，全力做好人文社会科学科研评价工作，对于推动我国人文社会科学研究的发展至关重要。因此，以高校人文社会科学教师为主体，建立健全高效的科研绩效评价体系，对高校教师取得的相关科研成绩进行科学、合理、有效的衡量，有助于促进高校内部的良性竞争，激发高校教师开展人文社会科学研究的积极性。此外，高校教师积极开展科学研究也可以促进高校科研工作快速发展。由此可见，当前高

① Donovan C. 2005. The governance of social science and everyday epistemology. Public Administration，83（3）：597-615.

② 约翰·亨利·纽曼. 2006. 大学的理念. 高师宁，何克勇，何可人，等译. 贵阳：贵州教育出版社，21-25.

校需要构建科学、有效、具备高度可实施性的高校科研绩效评价指标体系，把针对人文社会科学教师建设的评价体系引入高校整体绩效考核中来，以此促进教师在教书育人的同时积极开展相关科学研究。

我们注意到，人文社会科学不同于自然科学以及科学技术，其研究具有独立性。马克斯·韦伯强调，在社会科学发展过程中，心理及精神现象是人们关注的重点。因此，自然科学与人文社会科学在分析和处理问题方面有了明显的差异性。①由此可见，在趋利性日趋明显的今天，开展人文社会科学研究需要追求精神层面的崇高性。研究者普遍认为，高校应该为人文社会科学教师提供相对独立、宽容的研究环境，支持他们将人文社会科学相关领域的研究持之以恒地做下去。

20世纪初，在美国威斯康星大学诞生了"实用主义大学"这一理念并很快流传开来，高校的"服务社会"职能也随之产生，从此之后，人们对高校的认识不再局限于创造知识和传播知识。高校具有了为社会提供服务的职能，这就要求高校教育工作应该与社会发展需求相符合，帮助学生发现并解决问题，总结社会发展特有的规律等。在这一背景下，高校人文社会科学研究的范围不断扩大。因此，诸多高校开始引导教师了解并分析社会及人类发展现状，并将其作为研究导向，而且与社会发展和人类生存相关的各种应急性课题被自然而然地纳入高校人文社会科学研究视域。在此基础上，人们对高校人文社会科学研究的重要作用有了更加深入的认知。

如何对高校人文社会科学教师的科研绩效进行评价？关于高校人文社会科学教师相关科研成绩的评价，学术界普遍认为公益性是其基本特征。评价人文社会科学教师的科研成绩，需要以相关科研工作的公共价值为中心，对科研投入和科研产出的"物有所值性"进行全面评价，这也是目前研究者重点关注的问题之一。笔者认为高校人文社会科学教师的科研工作应该直接与社会公众利益挂钩，其绩效评价的科学性、合理性会直接影响高校教师的学术方向以及科研成果的"产出"和"转化"。

针对高校人文社会科学教师科研评价的价值与作用，有学者指出：科研的公益性是其基本特征，需要重视科学研究的公共价值，科研政策需要重新聚焦于为全体人民造福的价值目标②，并且需要在科研评价中有效发挥公共价值的核心与

---

① 马克斯·韦伯. 1999. 社会科学方法论. 杨富斌，译. 北京：华夏出版社，170-171.
② 王悠然. 2020-08-21. 公共价值科学研究有待重视. 中国社会科学报，（003）.

关键作用。相应地，从社会公众角度而言，他们关注的关键问题则是科研投入及科研产出的价值性。在某种层面上，社会公众利益与高校人文社会科学研究的利益存在很多相似之处，针对这一问题的评价将会对科研成果转化等产生重要的影响。伴随着学术界越来越重视高校人文社会科学教师相关科研成果的社会效应和应用价值，其科研评价中存在的一系列现实性问题也得到了社会各界的共同关注。在我国高校改革日趋深化的今天，做好高校人文社会科学教师科研绩效评价，对于促进我国社会发展、提升社会软实力具有重大作用。

评价高校人文社会科学教师的科研绩效，是为了公正、客观、科学、合理地评判不同学者的业绩。目前，国内的评价体系正在发展中，尚存在诸多不足，如果放任这些弊端发展下去，不仅会影响我国人文社会科学的健康发展，影响高质量、高水平的科学研究成果的产出，同时还会对研究者的学术研究方向产生误导。特别需要指出的是，长期以来，我国高校科研效评估体系中存在论资排辈等现象，这对于年轻有为的高校教师尤其有失公允，对于我国高校挽留人才也是不利的。笔者在开展研究的过程中还发现了一个现象，在当前的高校人文社会科学研究领域，获得资助者常常是具有学术资源的研究人员[①]特别是在与高校有关的科研绩效考核中，如对高校教师申请项目资助的考评中，"强者愈强，弱者愈弱"的"马太效应"可能会越来越突出。我们还要看到，对人文社会科学研究人员的科研绩效进行科学评价，其结果还将反作用于我国科研政策的发展方向。反过来，我国的科研政策又决定着研究者如何进行科研定位，以及时调整科研方向。因此，如果对应的绩效评价体系是科学、有效的，就会形成良性循环，促进社会的可持续发展；反之，则有可能产生不利影响，对科研进步程度及社会持续发展水平的提升产生负面作用。

因此，在明确人文社会科学对于提升社会发展水平的重要意义以及高校人文社会科学教师研究的价值时，我们同时要明确认识到当前我国高校针对人文社会科学教师科研绩效的评价存在偏差。我们要思考如何才能够对其进行纠正，如何在当前的高校体制改革中确立正确的科研绩效评价体系，以使人文社会科学研究者的付出与收获成正比，以此来激发高校人文社会科学教师的研究积极性，促进他们产出科研成果，并落实到社会主义现代化建设中来，更好地推动社会的可持续发展。

---

① Ivanović D，Surla D，Racković M. 2011. A CERIF data model extension for evaluation and quantitative expression of scientific research results. Scientometrics，86（1）：155-172.

（二）政策推动使得高校人文社会科学教师科研绩效评价成为可能

当今的社会处于经济全球化、文化多元化的时代，人文社会科学与自然科学一样为和谐中国建设提供了有力支撑。①习近平总书记于2016年5月在哲学社会科学工作座谈会上的讲话中强调："哲学社会科学是人们认识世界、改造世界的重要工具，是推动历史发展和社会进步的重要力量，其发展水平反映了一个民族的思维能力、精神品格、文明素质，体现了一个国家的综合国力和国际竞争力。"②

"高校拥有全国哲学社会科学80%的研究力量、80%的研究成果，代表着全国哲学社会科学的研究实力和水平。"③自2003年教育部实施"高校哲学社会科学繁荣计划"开始，哲学社会科学研究重大课题攻关项目的地位凸显、成果丰硕，大大提升了我国人文社会科学的建设水平。

习近平总书记在哲学社会科学工作座谈会上的讲话中指出，"要创新科研经费分配、资助、管理体制，更好发挥国家社科基金作用"，"提高经费使用效率"，"合理配置资源，处理好投入和效益、数量和质量、规模和结构的关系"。④正如我国学者所言，人文社会科学繁荣与否、进步与否，事关一个国家"软实力"及综合国力的强弱。⑤没有科学的评价，就没有科学的决策。⑥借鉴发达国家科学研究绩效评价的经验，可以提升我国科研绩效评价的水平。⑦改革开放后，我国政府及学术界逐步认识到人文社会科学各学科领域研究成果的评价问题亟待解决。1993年，我国颁布了《中华人民共和国教师法》，学术界及高校开始重视教师评价考核制度。⑧然而，苦于缺乏人文社会科学学术成果评价体系，一些相关评价往往简单套用自然科学偏重定量的评价方法⑨，未能体现人文社会科学科研成果的特殊价值。

2011—2020年，一系列相关政策的出台彰显了教育行政部门对高校人文社会科学教师科研绩效评价的重视程度，强调了人文社会科学评价与自然科学评价

---

① 刘大椿等.2009.人文社会科学研究成果评价体系研究.北京：经济科学出版社，1.
② 习近平.2016-05-19.在哲学社会科学工作座谈会上的讲话.人民日报，（002）.
③ 杜玉波.2016-05-26.坚持以马克思主义为指导 加快构建中国特色哲学社会科学.中国教育报，（003）.
④ 习近平.2016-05-19.在哲学社会科学工作座谈会上的讲话.人民日报，（002）.
⑤ 邱均平，谭春辉，任全娥等.2012.人文社会科学评价理论与实践（上册）.武汉：武汉大学出版社，3.
⑥ 邱均平，文庭孝等.2010.评价学：理论·方法·实践.北京：科学出版社，前言.
⑦ 刘采璐.2012.湖南大学教师科研绩效考核研究.长沙：湖南大学，3.
⑧ 朱少强.2007.国内外人文社会科学研究评价综述.评价与管理，5（4）：39-63，73.
⑨ 任全娥.2010.人文社会科学成果评价研究.北京：中国社会科学出版社，前言.

的区别，倡导对人文科学与社会科学进行有差异的评价。

（三）投入加大使得测算高校人文社会科学教师科研绩效具备了条件

20 世纪末，教师职称评定工作恢复以来，教师绩效评价进入学界的视野，对相关研究的投入逐步加大，下面以 2006 年、2016 年的科技经费投入数据为例进行分析（表 1.1）。

表 1.1　2006 年和 2016 年全国科技经费投入

项目	国家财政科学技术支出		研究与试验发展经费	
	中央	地方	政府研究机构	高等学校
2006 年经费/亿元	1009.70	678.80	567.30	276.80
2016 年经费/亿元	3269.30	4491.40	2260.20	1072.20
2006—2016 年增长率/%	223.8	561.7	298.4	287.4

资料来源：根据国家统计局公布的《2006 年全国科技经费投入统计公报》《2016 年全国科技经费投入统计公报》中的数据整理而得

同时，自 2011 年开始，人文社会科学研究项目经费投入也在逐年增加，以教育部人文社会科学研究基金项目、国家社会科学基金项目为例，都呈现 100%的增幅，也就是科研经费投入翻倍，但整体科研绩效水平的提高却不显著，这反映出目前我国人文社会科学研究还存在科研绩效水平低的问题。

（四）"双一流"建设推进了高校人文社会科学教师科研绩效评价的开展

客观、公正的高校人文社会科学教师科研评价体系能够激发教师的科研热情，促使教师多出高质量的研究成果，提高科研管理效益，营造良好的科研氛围。特别是在"双一流"建设背景下，科研绩效评价的价值更加凸显。习近平总书记指出，"一个国家的发展水平，既取决于自然科学发展水平，也取决于哲学社会科学发展水平。一个没有发达的自然科学的国家不可能走在世界前列，一个没有繁荣的哲学社会科学的国家也不可能走在世界前列"[①]。2015 年，国务院印发《统筹推进世界一流大学和一流学科建设总体方案》，建设一流的师资队伍和科研队伍成为"双一流"大学建设的重点。同时，教育部提出了一些关于深化高

---

① 习近平. 2016-05-19. 在哲学社会科学工作座谈会上的讲话. 人民日报，（002）.

校教师考核评价制度改革的指导意见，完善服务国家需求和注重实际贡献的评价导向，探索代表作制度，实行科学合理的分类评价和科研评价周期。①在此基础上，人们对教育政策评估、教育绩效评价有了一定的了解和认知，并产生了大量科研评价机构，通过这些科研评价机构的努力，提升了高校的科研质量和科研能力，促进了科研经费逐渐汇集到高水平高校及普通高校的高水平学科，推动了高校学科建设及特色学科的科研水平的提升，进而在一定程度上推动了我国的"双一流"建设，增强了我国高等教育的比较优势及竞争力。为此，我国需要针对"双一流"建设过程中遇到的高校人文社会科学教师科研绩效评价问题，采取有针对性的措施，保证高校人文社会科学教师科研绩效评价的顺利开展。

二、高校人文社会科学教师科研绩效分类评价及体系研究的迫切性

科研评价是高校科研管理的核心环节。2016 年，《教育部关于深化高校教师考核评价制度改革的指导意见》发布，该意见明确提出完善科研评价导向，坚持服务国家需求和注重实际贡献的评价导向，探索建立"代表性成果"评价机制，建立合理的科研评价周期等措施；指出科研评价应根据哲学社会科学与自然科学不同学科领域，不同类型、不同层次教师，基础研究、应用研究不同研究类型进行分类评价。国家层面政策的出台极大地促进了我国人文社会科学领域的发展，同时也对高校人文社会科学教师科研绩效评价提出了一系列新的要求。

（一）高校人文社会科学教师与自然科学教师科研绩效的分类评价亟待进行

开展科学研究无疑是高校教师的重要职责之一，因而对高校教师科研绩效的评价必不可少。国内外众多研究人员认为，绩效评价要评估的"产出"是指用于表征研究项目的最直接且兼具技术性的业绩，例如，开发的软件、研究报告以及学术论文等。②对于高校内部人文社会科学教师的成本投入和研究成果产出之间关系的评价，便是对高校人文社会科学教师科研绩效的评价。人文社会科学与自

---

① 教育部. 教育部关于深化高校教师考核评价制度改革的指导意见.（2016-08-25）. http://www.moe.gov.cn/srcsite/A10/s7151/201609/t20160920_281586.html［2016-08-29］.

② 葛朝阳，郑刚，陈劲. 2003. 国外基础研究评估的进展及对我国的启示. 科研管理，24（4）：29-35.

然科学在研究对象方面存在差异，相对于自然科学而言，人文社会科学研究的对象具有不易被量化的特征，且二者在研究方法的选择上更是大相径庭。[①]然而，需要明确的是，人文社会科学和自然科学两类学科在学术界处于同等地位。因此，对二者的科研绩效评价应该区别开来，不能用同一把尺子衡量人文社会科学教师与自然科学教师的科研成果。

（二）理论研究的深化需要探索高校人文科学与社会科学教师科研绩效分类评价

过去，一提到科研评价，人们往往会首先联想到自然科学领域的成果评价，对人文社会科学教师科研成果的评价相对较少，对其成果评价的标准也较为单一。这是因为我国高校人文社会科学尚未形成适用于自身学科特点的理论和方法。[②]现在，关于高校教师科研绩效评价理论、高校人文社会科学教师科研绩效评价理论的研究在逐渐增多，理论研究的深化亟待探究符合高校人文科学与社会科学特殊性的评价理论，构建适合高校人文科学与社会科学教师科研特性的绩效评价指标体系，实施分类评价。

（三）管理实践中亟待构建高校人文社会科学教师科研绩效分类评价体系

人文科学是研究人类的信仰、情感、道德和美感等的各门科学的总称，包括哲学、历史学、文学、艺术学等；而社会科学是指以社会现象为研究对象的科学，社会实践性相对更强，包括经济学、法学、军事学、管理学等。陆启威指出，"科学一旦失去了文化的内核，就会退却生活质感和心理张力，科学也就失去了光彩"[③]。然而，人文社会科学的科研成果不同于自然科学科研成果具有客观性和可量化性，其科研成果评价更多地体现出研究的可重复性、影响的滞后性及评价结果的主观性等特点，使得高校人文社会科学教师科研成果的评价更加复杂和困难。

人文社会科学教师科研成果评价存在难点的具体原因如下：其一，研究对象是纷繁复杂的人类及社会现象；其二，研究具有主观性和多元性；其三，成果价

---

① 刘大椿. 2003. 人文社会科学的学科定位与社会功能. 中国人民大学学报，17（3）：28-35.
② 朱佳妮，杨希，刘莉等. 2015. 高校科技评价若干重大问题研究. 北京：中国人民大学出版社，103.
③ 陆启威. 2016. 还原科学教育的人性之美. 少先队研究，（6）：63.

值显现滞后，很难在短时间内接受实践的检验。[①]据此，2011 年公布的《学位授予和人才培养学科目录（2011 年）》中的哲学、经济学、法学、教育学、文学、历史学、军事学、管理学、艺术学属于人文社会科学类。

历经多年的发展，我国高校人文社会科学科研队伍不断壮大，科研水平不断提高，科研成果不断丰富。但是，其中仍存在一些不容忽视的问题，具体表现为：其一，高校教师绩效评价管理理念不足，为追求短期利益、方便管理而忽视了学校的类型、学科的类型，进行简单的量化评价，忽视了教师的个体差异和长远发展；其二，高校人文社会科学教师科研绩效评价体系还不健全，无法有效测量科研投入与科研产出的关系，影响了人文社会科学研究的长远发展。总体而言，当下的科研管理对人文社会科学教师进行科研评价的周期过于短，评价过程易受不良风气的影响，分类评价推广不到位，评价方法尚未科学化，评价活动常受到行政的干预，基本价值取向时有失准，评价工作尚未规范化[②]，这些问题亟待解决。

总之，无论是关注人的问题的人文科学，还是关注由人构成的社会的问题的社会科学，都可以从根本上归结为对人的问题的关注。我国应建立科学、合理的高校人文社会科学教师科研绩效评价体系，这是挖掘科研潜力、促进科研成果产出并保证科研成果质量的关键。

第二节　高校人文社会科学教师科研绩效评价体系研究的方法

本次研究中，笔者收集了中文期刊、图书中的有关资料，同时收集了外文期刊、图书中的有关资料，并通过中国知网、万方、维普三大中文数据库，EBSCO、SpringerLink、ScienceDirect 英文数据库，以及百度搜索、谷歌搜索、雅虎网络等途径进行资料收集。笔者通过大量阅读国内外相关文献并进行梳理和综述，掌握了现有的人文社会科学科研成果评价指标体系，了解了我国人文社会

---

① 朱佳妮，杨希，刘莉等. 2015. 高校科技评价若干重大问题研究. 北京：中国人民大学出版社，103.
② 教育部社会科学委员会. 2016. 高等学校哲学社会科学研究评价指南. 北京：高等教育出版社，3-6.

科学教师科研绩效评价的现状以及存在的问题，并在前人研究的基础之上，提出了改进人文社会科学教师科研绩效评价与管理工作的建议。本次研究主要采用了以下研究方法。

一、案例分析法

1. 案例分析法的内涵

案例分析法又称个案研究，是指对某个群体、组织或者个体进行连续的、较长时间的调查，对其发展变化开展全过程的行为研究，最终得出研究结论的方法。在这一研究过程中，研究者需要收集相关资料、描述相关行为、统计相关数据等，通过记录和分析得出结论。在某种意义上，案例分析法与历史研究法有相近之处，在研究案例、得出结论的过程中，均需要引证、描述案例情况，因此也有研究者把个案研究法称为个案历史法。

2. 案例分析法在本次研究中的运用

本次研究选定代表性高校的科研评价个案及高校教师主持的部分人文社会科学科研项目成果进行研究，了解当前高校人文社会科学教师科研绩效评价的现实状况。笔者主要将国内部分学科的国家社会科学基金项目、国内外案例高校及人文社会科学学科作为研究对象，借助实证调查研究方法获得的相关结论、观点，提供可供借鉴的经验，增强研究结果的说服力。具体而言，本次研究对案例分析法的运用体现在如下两个方面。

一方面，笔者在对高校人文社会科学教师的科研绩效进行评价时，针对教育经济与管理学科在国家社会科学基金教育学项目中的已结项目的绩效情况，将其作为典型案例进行研究，以此来分析我国高校人文社会科学教师的科研绩效情况并对其进行评价。本次研究以教育学的教育经济与管理学科各类项目成果及国家社会科学基金管理学项目论文成果为个案研究对象，通过对高校教师主持项目产出的论文成果进行绩效评价，找出不同类型项目绩效水平的差异并分析其原因，以点带面，进而向政府和高校分别提出改进对教师开展社会科学项目研究绩效管理的相应措施建议。本次研究还选取了有代表性的高校作为个案，通过深入、细致地探究代表性高校的科研绩效评价现状，来总结当前我国高校人文社会科学教师科研绩效评价的经验和教训。借助对个案高校的研究，对人文科学、社会科学两大学科群进行对比分析，揭示其在构建人文社会科学教师科研绩效评价体系过程中遇到的问题，通过深入分析，探索行之有效的解决方案。

另一方面，笔者通过对 2014 年英国高校教师科研卓越框架（research excellence framework，REF）进行分析，了解英国科研绩效评价的做法，探究英国人文科学类教师和社会科学类教师科研绩效评价的共性和差异，借助典型案例寻找普遍规律，分析英国科研绩效分类评价的特点并进行借鉴。同时，笔者根据美国马萨诸塞大学阿默斯特分校（University of Massachusetts Amherst，UMass Amherst）的大学绩效评价中心提供的 2018 年相关数据，基于数据的可获得性，秉承深入浅出的原则，对美国 2 所公立大学——密苏里州立大学、得克萨斯理工大学（Texas Tech University）的人文社会科学教师科研绩效评价进行深入调研，探究美国高校人文社会科学教师科研绩效评价的特征及体系构成；对德国高校人文科学代表性专业"英美研究"的科研绩效评价指标体系、社会科学代表性学科"社会学"的科研绩效评价指标体系加以探究，并借鉴其分类评价经验。

二、问卷调查法

1. 问卷调查法的内涵

问卷调查法是通过书面方式间接地收集研究资料的调查方法。研究者利用事先设定的问卷问题向被调查者开展简明扼要的意见征询，被调查者根据自己对问题的认识或者个人经历等回答问题，提出简单的意见和建议，研究者由此获得需要的信息和材料。

2. 问卷调查法在本次研究中的运用

本次研究通过问卷调查收集高校人文社会科学教师科研绩效评价的满意度及改进意见和建议方面的数据。在对问卷调查法的具体运用方面，一方面，本次研究针对国内案例高校开展广泛的调查研究，设计并发放问卷，对问卷调查结果进行统计分析，进而揭示人文社会科学教师科研绩效评价存在的突出问题；另一方面，本次研究通过对英国、美国、德国的高校人文社会科学教师以及高校人力资源管理部门等开展线上问卷调查，了解英国、美国、德国等高校教师科研绩效评价体系运行较早的国家的高校人文社会科学教师科研绩效评价体系现状，汲取域外高校教师科研绩效评价可供借鉴的经验，旨在为本次研究得出客观而全面的结论奠定基础。

三、深度访谈法

1. 深度访谈法的内涵

深度访谈法是定性研究采集数据的一种方法，是研究者通过和被调查者面对面交流，了解被调查者对具体问题的看法，研究者基于心理学等相关知识，对被调查者的看法进行归纳，由此得到自己希望得到的信息资料等。深度访谈是一种无结构的、直接的、个人的访问，以口头的形式，根据被调查者的答复，收集客观素材，以揭示被调查者对某一问题的潜在动机、信念、态度和感情。

2. 深度访谈法在本次研究中的运用

为了弥补问卷调查法的不足，本次研究开展了可靠的深度访谈。在深度访谈法的具体运用方面，一方面，笔者针对被调研的我国案例高校制订访谈提纲，并对高校人文社会科学教师和高校科研管理部门相关人员等进行深度访谈，详细记录访谈内容，为本次研究提供一手资料；另一方面，针对被调研的英国、美国、德国等的高校人文社会科学教师以及高校人力资源管理部门等开展电话访谈，了解当前英国、美国、德国等的高校人文社会科学教师科研绩效评价体系状况，旨在掌握一手信息资料，保证借鉴的域外经验的可靠性。

四、比较研究法

1. 比较研究法的内涵

比较研究法就是对物与物之间和人与人之间的相似性或相异程度进行研究、判断的方法，以寻找事物之间的异同，挖掘事物的本质特征，探求普遍规律与特殊规律。

2. 比较研究法在本次研究中的运用

本次研究比较了美国、英国、德国等发达国家的科研评价制度与方法，旨在借鉴其经验。笔者对美国、英国、德国高校人文社会科学教师科研绩效评价体系进行了比较研究，分析其基本特征，并在此基础上进行共性和差异性比较，进而分析我国高校人文社会科学教师科研绩效评价体系的现状，总结可借鉴的经验，为后续研究奠定基础。同时，笔者对同类型高校的人文科学与社会科学学科教师的科研绩效评价进行了横向比较，探究其共性和差异，旨在多角度地探究高校人文社会科学教师科研绩效评价的实然状态。

五、量化与质化结合方法

1. 量化与质化结合方法的内涵

量化研究主要是考察和研究事物的量，用数学工具对事物进行数量的分析，也叫定量研究。定量研究是社会科学领域的一种基本研究范式，也是科学研究的重要步骤和方法之一。质化研究又称为质性研究或定性研究，是社会科学领域的一种基本研究范式，也是科学研究的方法之一。本次研究将量化研究的统计分析等方法与质化研究的深度访谈等方法相结合，实现量化研究方法与质化研究方法的结合。

2. 量化与质化结合方法在本次研究中的运用

本次研究运用综合评价模型及质化方法开展客观、全面的研究，以体现人文社会科学的特性。本次研究中的量化与质化结合方法，是指运用综合评价模型、数据包络分析（data envelopment analysis，DEA）模型及教育社会学的本土化研究方法（即扎根理论），对不同国家、不同地域、不同类型高校人文社会科学教师科研绩效的评价情况进行实证调研。本次研究运用的实证研究方法可分为量化研究方法、质化研究方法以及两者相结合的混合研究方法。

六、投入-产出法

1. 投入-产出法的内涵

投入-产出法是由美国经济学家瓦西里·里昂惕夫创立的。投入-产出法作为一种科学方法，是研究某一体系中各个部分之间投入与产出的相互关系的数量分析方法。

2. 投入-产出法在本次研究中的运用

近年来，投入-产出法多被应用于公共管理和工商管理领域，认为绩效是一个组织或个人在一定时期内的投入-产出情况，绩效评价就是对一个组织或个人在一定时期内的投入与产出的对比性测算。本次研究引入这一概念和方法，将投入向量与产出向量组成二维结构，依据投入-产出的数学模型，来体现"投入-产出关系值"，以此评价高校人文社会科学教师的科研绩效。

七、历史分析法

1. 历史分析法的内涵

历史分析法是通过研究事物的发生、发展和消亡的过程，探索事物的内在发展规律的一种研究方法。该方法一般是通过回溯事物发展演变的历史，运用发展变化的观点，分析客观事物和社会现象。

2. 历史分析法在本次研究中的运用

本次研究运用历史分析法回顾了我国高校人文社会科学教师科研绩效评价的历程，总结了我国高校人文社会科学教师科研绩效评价改革的动因及特点。与此同时，从历史的角度总结经验，发现不足，以改进我国高校人文社会科学教师科研绩效管理及评价模式。本次研究按照历史发展的脉络，对英国高校人文社会科学教师科研绩效评价的历史演变进行详细的梳理，并以时间节点归纳每个阶段的特点，提炼英国高校人文社会科学教师科研绩效分类评价经验；对美国高校人文社会科学教师科研绩效评价的演进历程进行阶段性划分，并揭示各阶段的特征；基于历史分析视角，回溯德国高校人文社会科学教师科研绩效评价体系的产生背景及历史演进，论证和分析德国高校人文社会科学教师科研绩效的分类评价，旨在深入探究德国高校人文社会科学教师科研绩效评价的文化传统及历史基础。

八、数理统计法

1. 数理统计法的内涵

数理统计法是一种数学方法，又称统计分析法。它是指有效地收集、整理和分析数据，并以此对所考察的问题做出推断和预测，目的是为一定的决策与行动提供依据和提出建议。

2. 数理统计法在本次研究中的运用

本次研究运用数理统计法即数学方式对调查研究所得数据进行分析，建立数学模型，对通过调查获取的各种数据及资料进行数理统计和分析，得出定量的结论，作为对国内外高校人文社会科学教师科研绩效评价体系进行研究的依据。本次研究采用数理统计法中的指标对比分析法和分组分析法展开深入研究，使用MATLAB 和 Excel 等软件对教育经济与管理学科在已结国家社会科学基金教育学项目中的投入和产出数据进行收集、整理，运用加权比较的方法计算绩效结果，对得出的绩效数据进行描述统计与分析，发现问题，找出原因，并提出对策和建议。

九、数据包络分析法

1. 数据包络分析法的内涵

数据包络分析（DEA）法是一种运用数理模型工具评价生产前沿面有效性的非参数方法，它的优势在于可以测量多投入、多产出研究样本的绩效水平。[1]1978 年，运筹学家查恩斯（Charnes）、库伯（Cooper）、罗兹（Rhodes）提出了数据包络分析的方法，他们将第一个 DEA 数学模型命名为 CCR（Charnes、Cooper、Rhodes）模型（即规模报酬不变模型），又称为 C^2R 模型。DEA 测量的是多投入、多产出项的相对效率，评价的是研究样本之间的相对有效性。

使用 DEA 方法进行绩效评价有两方面的好处：其一，DEA 方法不用从参数上规定生产前沿函数，生产前沿函数的投入/产出数据可以使用不同的单位，这使得指标项的选取更加灵活；其二，DEA 方法以相对效益作为衡量标准，以研究样本各项投入和产出的自然附加权重为变量，这个自然附加的虚拟系数是根据投入项和产出项在模型中统一计算得出的，避免了评价者的主观因素的影响，使得分析结果更加客观、科学、公正，有利于管理者做出决策。DEA 方法通过大量样本数据运算，可以根据不同的模型来测量在相同投入情况下，哪个研究样本的产出最高；或者在相同产出的情况下，哪个研究样本需要的投入最少，并且可以计算出产出项能够提高的值和投入项能够降低的值。

2. 数据包络分析法在本次研究中的运用

本次研究使用三阶段 DEA 模型探索高校人文社会科学教师科研绩效评价方

---

[1]　孙金岭. 2012. 数据包络分析法的经济背景与应用. 生产力研究，（11）：29-30.

法。在高校人文社会科学教师科研绩效评价的测评研究中，本次研究不仅从科研活动的投入-产出视角分析，还考虑到了环境因素和随机误差的影响。在使用三阶段 DEA 模型的第二阶段，通过构建随机前沿分析（stochastic frontier analysis，SFA）模型，克服传统 DEA 模型不能剔除环境因素影响的缺陷，排除对高校人文社会科学教师科研活动产生影响的经济环境、政策环境和文化环境等因素造成的绩效差异，更客观、公正地衡量高校人文社会科学教师科研绩效的水平。在模型选取上，本次研究综合使用了 DEA、随机前沿分析等多种绩效评价方法。在 DEA 模型选取方面，笔者选取三阶段 DEA 模型进行研究，分析外部环境因素对高校人文社会科学教师科研绩效的影响，以完善科研绩效评价的指标构建。

第二章
核心概念及理论基础

　　明晰概念是一切研究的基础。在界定绩效与绩效评价、科研与科研绩效评价、高校教师与高校人文社会科学教师、绩效评价体系与科研绩效评价体系、高校人文社会科学教师科研绩效评价、高校人文社会科学教师科研绩效评价体系等核心概念的基础上，本次研究主要运用绩效管理理论、"3E"理论、人本主义管理理论、科学计量理论、人力资源管理理论、人力资本理论，探究高校人文社会科学教师科研绩效评价体系。

第一节 核心概念

一、绩效与绩效评价

1. 绩效

"绩"的释义主要有两层，本义是指揉搓麻纤维物质做成可以织布的线。另一说法认为"绩"有"继"（即连续）的含义，还有"积"的含义，积少成多，积短为长，所以把这种工作称为绩，引申为功业、成果、成就。"效"有三层意思：其一，照做、模仿；其二，献出力量、生命；其三，行为的后果、事物的功用。因此，绩效的含义就涉及效益、效率和成绩、贡献。在现代研究中，对于"绩效"一词，主要有三方面的解释。首先，墨菲（Murphy）、坎贝尔（Campbell）等提出，绩效是一种行为，是与组织目标有关联、可观察到的个体行为；其次，伯拉丁（Bernardin）等提出，绩效是一种成果，是由个体通过工作实现的，是对个体工作成绩的记录和认可；最后，布卢姆布里奇（Brumbrach）指出，绩效是由行动和成果组成的，行动是从事作业的人呈现的行为，并将任务付诸实施得到的最终成果。当对个体进行绩效管理时，既要考虑投入（行动），也要考虑后期产出（成果）。[1]立足于本次研究，笔者更倾向于第三种观点，即绩效是指高校教师个体或组织在某一个时间区间内投入与产出的情况，以此反映高校资源的配置利用状况，是教师工作行为和工作结果的统一体。其中，投入是指人、财、物、时间等，产出是指通过工作完成最终成果的数量、质量、效率、效益等。《现代汉语词典》对"评价"一词的解释为：评定价值高低；评定的价值。[2]一些国外学者将其定义为评价主体对评价客体的评议过程，即根据已设定指标进行定性和定量化的评价，事后得出一个靠得住的并且符合逻辑的结论。[3]一些国内学者认为，评价是对被评价对象的价值做出判断的一种活动。任何评价

---

　① 刘仁义. 2007. 高校教师科技绩效评价问题研究. 天津：天津大学，8-9.

　② 中国社会科学院语言研究所词典编辑室. 2016. 现代汉语词典（第7版）. 北京：商务印书馆，1009.

　③ Elliott K. 2015. Teacher performance appraisal：More about performance or development? Australian Journal of Teacher Education，40（9）：102-116.

活动都包括四个环节：①确立评价目的，选择评价对象；②建立评价参考平台，安排评价主体，设计评价指标、标准和方法；③收集相关信息；④形成价值判断。①

2. 绩效评价

绩效评价是指运用特定的评价指标、合理的评价标准、科学的评价方法，对一定经营期的经营成果进行客观、公正的评判。绩效评价除了要做出基本的价值判断，还要进行选择、预测，并发挥导向作用。从一般意义上来说，高校科研绩效评价是对科研投入与产出的对比性评价，关涉科研经费的使用效率及学术成果的质量，其对高校科研工作具有规范、导向和激励功能。高校科研绩效评价的范围很广，本次研究主要探究高校人文社会科学教师科研绩效评价体系。在英语中，"绩效评价"一词有多种表达方式，如"performance review""performance appraisal""performance evaluation"。"绩效评价"起源于企业管理领域。有的学者认为绩效评价是一个持续不间断的过程，是用来识别、衡量个体绩效是否与组织绩效相一致的指标。绩效评价包括两个方面：一方面是关于形成性评价的，包括职业发展、专业学习和反馈；另一方面是关于概括性评价的，包括职业的晋升、降级或终止。②有的学者把绩效评价归于某一评价类别。每一类评价都可以组合成多样的评价导向，通过丰富的方法体系、结合差异化的数学模型来实施。有学者以教师个体为评价对象，认为绩效评价是高校用来量化和评估教师在一定时间段内的工作业绩和质量，激励教师不断发展的过程。③结合本书研究内容，从高校教师绩效评价的角度来看，绩效评价是指利用客观的定量评价指标以及合理的定性评价方法对高校教师特定时期内的工作成果进行评定与反馈。评价是为了帮助教师衡量自己在特定时期的工作表现和工作质量，并充分发挥高校教师绩效评价的规范、导向和激励功能。

二、科研与科研绩效评价

1. 科研

科研即科学研究。科学是指反映自然、社会、思维等的客观规律的分科的知

---

① 史万兵，姚俊. 2015. 发达国家大学投资绩效评价研究. 大连：大连理工大学出版社，17.
② 张男星，王春春，姜朝晖. 2015. 高校绩效评价：实践探索的理论思考. 教育研究，36（6）：19-28.
③ 李元元，王光彦，邱学青等. 2007. 高等学校教师绩效评价指标研究. 高等教育研究，（7）：59-65.

识体系，可分为自然科学、人文科学与社会科学。对自然、社会、思维等发展的客观规律的研究便是科学研究，即科研。

2. 科研绩效评价

有学者认为，若要对科研绩效进行评价，首先要确定一个周期，对这个周期内的评价对象的科研活动的投入和产出的绩效做定量和定性分析，根据实际情况及评价对象的特点采用科学的评价方法进行评价，进而得出严谨、科学、客观的绩效评价结果，进而实现对科研资源的合理配置。[①]

对于"科研绩效"，大部分专家学者认为其为绩效管理的一部分。刘大椿等认为，科研绩效评价是指评价主体根据科研活动中各参与主体的能力和科研成果进行科学评估，进而建立激励与奖惩制度，提高教师的科研效率，实现政府对有限资源的合理分配。[②]戚湧和李千目认为，科研绩效评价是指通过设定可实现的科研目标，运用合理、科学的评价方式，对某一时间段内的科研投入、产出和结果进行量与质的考核，做出实事求是的统一化判断。[③]史万兵和杨慧认为，教师科研绩效评价是考核科研投入与产出的比值，涉及经费的利用效率以及科研成果的质量，一般对高校科研管理方面具有规范、导向和激励作用。[④]曾妍和尹飞认为，科研绩效评价主要应衡量教师的学术荣誉、科研能力、科研成果的价值大小、科研课题的标新立异和社会影响力。[⑤]本次研究主要探究高校人文社会科学教师科研绩效的评价，关系到政府拨款经费的使用效率以及学术成果的质量，也关系到能否丰富高校评价内容和方式、合理分配科研资源。因此，本次研究中的科研绩效评价，是指依照统一的评价要求，采用定量和定性的考核方法，对高校人文社会科学教师的科研投入、产出以及科研效益进行客观的衡量。评价是为了加强对教师科研的管理、监督、预测和调控。

---

① 沈立宏，赵怡. 2016. 基于数据包络分析的地方高校科研绩效评价. 高等工程教育研究，（3）: 147-151.
② 刘大椿等. 2009. 人文社会科学研究成果评价体系研究. 北京: 经济科学出版社，105.
③ 戚湧，李千目. 2009. 科学研究绩效评价的理论与方法. 北京: 科学出版社，11-20.
④ 史万兵，杨慧. 2014. 高等学校教师科研绩效评价方法研究. 高教探索，（6）: 112-117.
⑤ 曾妍，尹飞. 2015. 高校教师科研绩效评价体系中的问题与对策探索. 产业与科技论坛，14（19）: 242-243.

三、高校教师与高校人文社会科学教师

1. 高校教师

《中华人民共和国教师法》规定："教师是履行教育教学职责的专业人员，承担教书育人，培养社会主义事业建设者和接班人、提高民族素质的使命。"高校教师，顾名思义，就是在高校中履行教育教学职责的专业人员。因此，在明确高校教师的内涵之前，我们必须了解什么是高校，即高等学校。《中华人民共和国高等教育法》规定："高等教育由高等学校和其他高等教育机构实施。"据此，可以将高等学校理解为实施或进行高等教育的学校的统称。目前，我国教育行政部门认为高等学校区别于科研机构和其他高等教育机构。本书所指的高等学校，是实施或进行高等教育的学校的统称，其中不包括科研机构、军事院校、党校和各级党政机关。《中华人民共和国高等教育法》规定，高等学校实行教师职务制度，教师职务根据学校承担的教学、科学研究等任务的需要设置，设助教、讲师、副教授、教授。本次研究中的高校教师特指符合《中华人民共和国教师法》《中华人民共和国高等教育法》中规定的，具有高等教育教师资质的，在高等学校主要从事教学、科研工作的人员。

2. 高校人文社会科学教师

高校教师的劳动是一种能够创造价值的复杂脑力劳动。对于本次研究来说，高校人文社会科学教师是指在大学从事人文科学和社会科学相关教学与科研工作的群体。其中，人文科学教师的教育教学与科学研究主要以人类主观精神世界为研究对象，是对人类思想、文化、价值观的探究，目的是为人类构建一个理想世界，塑造内心、感恩生命。社会科学教师的教育教学与科学研究主要针对人类社会生活的诸领域，通过对社会结构、制度、变化、因果等层面进行深入探究，揭示社会领域事物的本质属性和发展规律，从而更好地服务于人和社会。

四、绩效评价体系与科研绩效评价体系

1. 绩效评价体系

体系是指由若干有关事物或某些意识相互联系的系统构成的一个有特定功能

的有机整体；评价体系是指由有关评价的目标、原则、组织、人员、内容、方法、技术等要素相互关联而构成的工作系统；绩效评价体系则是指运用特定的评价指标、合理的评价标准、科学的评价方法，基于投入与产出的对比而对一定时间段内的相关成果进行客观、公正的评判，同时进行综合性事实和价值判断所采用的工作系统。绩效评价体系一般是由绩效评价主体、绩效评价客体、绩效评价目的、绩效评价标准、绩效评价方法和绩效评价制度六个要素构成的一个有机整体。

2. 科研绩效评价体系

科研绩效评价体系是指为了对反映自然、社会、思维等客观规律的研究即科学研究的投入与产出进行综合性事实和价值判断，由科研绩效评价主体、科研绩效评价客体、科研绩效评价目的、科研绩效评价标准、科研绩效评价方法和科研绩效评价制度构成的相互联系、相互影响的有机整体。

五、高校人文社会科学教师科研绩效评价

鉴于自然科学与人文社会科学特点的不同、人文科学和社会科学的学科特殊性给科研绩效评价带来了很大难度，本次研究强调对人文社会科学教师科研绩效评价与自然科学教师科研绩效评价区别对待。人文社会科学教师科研的特殊性主要表现在三个方面：①多数人文社会科学类教师的科研成果是非定量化、非公式化的，科研价值常表现为对人们的思想、看法、社会氛围、舆论等产生的影响。这种评价过程包含"进行时"加上"未完成时"。[①]②人文科学和社会科学学科的多样性与差异性使其评价对象极其复杂。③当前高校人文社会科学教师的科研与自然科学教师的科研之间呈现出越来越强的跨学科和综合化发展趋势，打破了已有学科的界限，对人文社会科学教师群体科研绩效的评价难度增加。高校人文社会科学教师科研绩效评价是一项科学性、实操性与政策性都很强的社会活动，是按照一定的标准，采用科学的程序和方法，对反映社会现象、社会本质与规律的知识体系及成果进行测度、评判的过程。与基于事实判断的自然科学科研绩效评价不同，人文社会科学类的科研绩效评价更多地体现为一种评价主体的价值判

---

① 王兰敬，杜慧平. 2010. 欧美人文社会科学评价的现状与反思. 南京大学学报（哲学·人文科学·社会科学版），47（1）：111-118.

断。[1]但就目前来看，高校学者对高校人文社会科学教师科研绩效评价概念的界定还比较少，大部分集中在对高校教师科研绩效评价概念的界定，没有区分人文社会科学与自然科学之间的差别。

有学者将高校人文社会科学教师科研绩效评价界定为：评价者依据制定好的评价标准，采取定性评价、定量评价或定性与定量相结合的评价方法，对高校教师的科研投入、科研产出及科研效益做出真实客观的价值判断。[2]高校人文社会科学教师科研绩效评价可以被定义为：在高校中，为实现学校的整体战略目标，依据各人文社会科学学科组织中教师的科研职责，运用科学的方法，对从事人文社会科学研究的教师个人的科研投入和科研产出即科研赋能、科研成果和科研影响力进行的事实和价值判断。笔者结合相关学者的研究，将高校人文社会科学教师科研绩效评价界定如下：以高校人文社会科学教师科研成果的质量和创新为评价导向，以同行评议为主、以文献计量为辅，对一定时间段内教师的科研投入、产出和科研效益进行客观判断。

六、高校人文社会科学教师科研绩效评价体系

高校人文社会科学教师科研绩效评价体系可被界定为：由评价主体、评价客体、评价目的、评价标准、评价方法、评价制度六要素构成的，对高校人文社会科学教师的科研投入与产出的对比和评估。具体而言，评价主体包括学术共同体、学术性机构、社会受众、各级政府和科研管理部门以及第三方评价机构；评价客体包括科研成果、科研影响力、科研赋能；评价目的即遵循维护"学术自由"、追求"质量卓越"、实现"帕累托最优"的基本原则，以为高校进行资源分配需要的信息服务为直接目的，以调动人文社会科学教师群体的科研热情，激发其科研潜能，继而鼓励高质量、高水平科研成果的产出，为社会政治、经济、文化、教育、环境等诸多方面的发展做出贡献为间接目的；评价标准则是坚持以质量为导向进行评价指标设计并分配权重；评价方法是以"专家评审"为主导，以"数据计量"为辅助；评价制度包括回避制度，评价程序制度，评价周期制度，社会公众参与制度，监督、申诉和追责制度，以及第三方独立评价制度。

① 叶继元. 2010. 人文社会科学评价体系探讨. 南京大学学报（哲学·人文科学·社会科学版），47（1）：97-110，160.

② 高月萍. 2009. 高校人文社会科学成果评价机制研究. 重庆：西南大学，11.

第二节 相关的理论基础

本次研究涉及的高校人文社会科学教师科研活动，其探索对象往往是人的心灵、社会现象等，科研成果往往需要经过很长时间的社会检验。目前，就我国大部分高校而言，对于自然科学与人文社会科学的科研成果，一直采用类似的评价方法，但由于两者具有学科差异性，需要建立科学合理的科研绩效评价制度与体系，来分别评价自然科学教师与人文社会科学教师的科研绩效。因此，探究科研绩效评价的理论基础的意义重大。首先，合理有效的科研绩效评价体系能在一定程度上保障政府及科研主体科研经费的合理使用，优化科研资源配置，提高资源使用效率；其次，利用相关理论指导科研绩效评价管理实务，有助于建立高校教师激励机制，激发教师的科研积极性，促进教师科研能力的提升；最后，有效的科研绩效评价能够强化高校科研监督，减少学术腐败现象，提高科研活动的绩效水平。

一、绩效管理理论

（一）绩效管理理论的内涵

20 世纪 70 年代，绩效管理在绩效评价理论的基础上发展起来，逐渐形成了一套以量化评估为核心的科学管理体系。随着公共管理运动的兴起，很多企业管理方法也被运用到政府和非营利组织中。绩效管理和绩效评价不再是企业的专利，政府、高校等组织也在不断探索适应本单位具体情况的绩效管理方法。在这样的背景下，目标管理、标杆管理、绩效棱柱模型等绩效管理工具逐渐被高校管理者吸收、使用，特别是在科研管理领域。[1]绩效管理理论在西方国家得到了全面的发展，我国也将绩效管理理论应用到企业管理、政府管理甚至是高校管理中，绩效管理理论从单一的绩效考核逐步形成全面的、系统的绩效管理流程。我

---

[1] Casey R J, Gentile P, Bigger S W. 1997. Teaching appraisal in higher education: An Australian perspective. Higher Education, 34（4）: 459-482.

国有学者认为，绩效管理是一项以员工为中心，对员工工作进行干预的活动，主要包括计划、管理、落实和反馈四个环节，且这四个环节不间断地循环，并认为进行绩效管理能够提高组织中个人和组织整体的绩效水平，进而挖掘组织中的个人和组织整体的潜能，使组织实现目标、组织中的个人实现个人价值。[①]西方学者罗杰斯（Rodgers）等针对政府绩效实施目标管理提出了二维模型，即建立针对部门的绩效管理体系来考核组织部门绩效，建立针对个人的测评体系来考核员工绩效，被称为"罗杰斯模型"[②]；博伊恩（Boyne）提出，公共组织绩效包括很多方面，其中组织的社会影响力、组织的工作效率、组织内部实现公平和在面对问题时能灵活地采取解决办法对这个组织来说是非常重要的[③]。我国在这方面构建了共同评估框架（common assessment framework，CAF）和地方政府绩效评价指标体系。目前，绩效管理理论已被普遍应用于高校教师管理之中，并取得了显著成效。绩效管理过程包括绩效计划、绩效实施、绩效考核、绩效反馈，如图 2.1 所示。

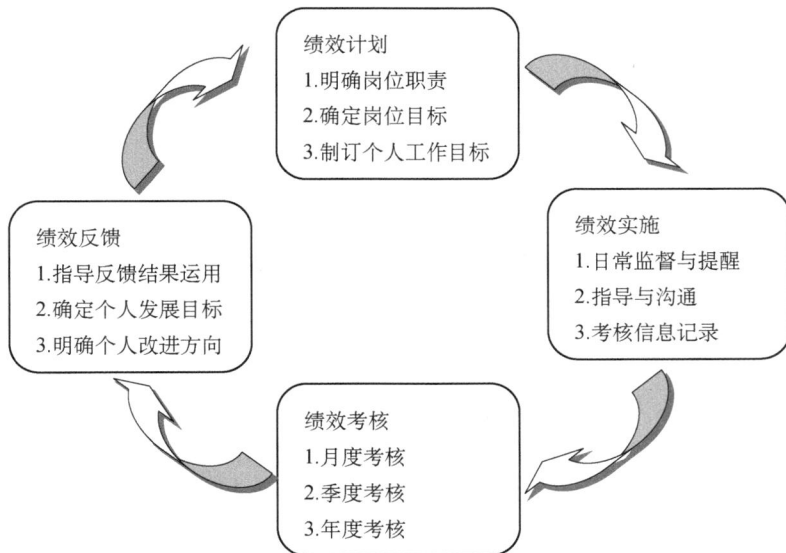

图 2.1 绩效管理过程示意图

资料来源：笔者根据绩效管理相关材料的内容整理而得

---

① 仲理峰，时勘. 2002. 绩效管理的几个基本问题. 南开管理评论，（3）：15-19.

② Rodgers R，Hunter J E. 1991. Impact of management by objectives on organizational productivity. Journal of Applied Psychology，76（2）：322-336.

③ Boyne G A. 2002. Local government：Concepts and indicators of local authority performance：An evaluation of the statutory frameworks in England and Wales. Public Money and Management，22（2）：17-24.

（二）绩效管理理论对本次研究的意义

绩效管理理论对本次研究起着指导性作用。绩效管理不仅是考核，还包括考核之后的评价、反馈等一系列过程，主要目的是提高组织和员工日后的工作效能。本次研究在对高校人文社会科学教师的科研绩效即投入-产出的比值进行评价的基础上，采用个案研究法来分析国内外高校人文社会科学教师科研绩效评价现状及问题、经验及启示，尝试构建我国高校人文社会科学教师科研绩效评价体系，并提出改进高校人文社会科学教师科研管理的对策建议，以期提升我国高校人文社会科学教师科研绩效水平。本次研究对高校人文社会科学教师科研绩效进行评价，参考了很多绩效管理特别是非营利组织绩效管理的理论知识。对高校教师承担科研项目进行绩效管理，可以理解为是项目管理部门、高校和高校教师为了保质、保量完成科研任务而共同参与的绩效计划制订、绩效考核评价、绩效结果应用、绩效水平提高的过程。绩效管理的重头戏在于绩效评价，绩效评价的目的是应用其结果提高管理效能，进而提升高校教师的科研绩效水平。

二、"3E"理论

（一）"3E"理论的内涵

"3E"理论由著名学者芬维克（Fenrick）于1995年提出，经过20多年的变化，已经成为许多发达国家构建政府绩效评估制度的理论基础。"3E"理论包括效率性（efficiency）、经济性（economy）和有效性（effectiveness），因为三者的英文均以字母"E"开头，故称为"3E"理论。该理论具有十分重要的实际应用价值。[①]"效率性"是指活动或组织的投入-产出比率，一般可以分为生产与分配效率两种类型，前者指生产或服务的平均水平，后者则是组织提供的产品或服务对利害关系人偏好的满足程度。[②]"经济性"是指以最低成本取得一定量的资源，在达到一定目标的状态下如何实现付出的最小化。"有效性"是指活动或组织的产出对最终目标产生的影响的大小（图2.2）。[③]

---

① 肖田野，吴晓青，罗广宁. 2011. 绩效审计"3E"理论的研究. 商业会计，（6Z）：51-53.
② 彭彪. 2014. 3E理论在昆明海关绩效评估中的应用研究. 昆明：云南大学，5.
③ 卓越. 2004. 公共部门绩效评估. 北京：中国人民大学出版社，6.

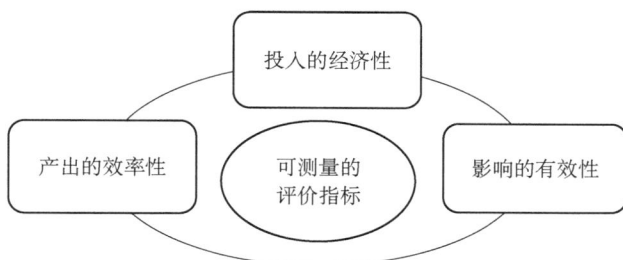

图 2.2 绩效评价 "3E" 理论模型

资料来源：笔者根据 "3E" 理论的相关资料整理而得

（二）"3E" 理论对本次研究的意义

在科研经费日益紧张的国际大环境下，世界很多国家都在追求政府科研经费投入的经济性、效率性和有效性。很多国家都将高校科研经费投入作为促进科学研究发展的重要杠杆，高校教师的科研业绩成为衡量高校科研绩效的基础。就本次研究而言，绩效评价的 "3E" 理论为高校人文社会科学教师科研绩效评价提供了理论支持，成为本次研究理论支持不可缺少的重要部分。目前，高校在对教师科研绩效进行评价的过程中，重立项、轻结项，重投入、轻产出，看重论文发表期刊的等级，忽略了科研成果的效益性。这些做法要么只看到了经济性，要么只看到了效率性或者有效性。然而，绩效评价的 "3E" 理论是一个整体，不能片面、孤立地分析其中一个要素，而是要综合考察和分析，科学、客观地进行评价。

三、人本主义管理理论

（一）人本主义管理理论的内涵

人本管理是把员工作为组织中最重要的资源，该理念的提出是管理理念上的一场革命。人本主义管理理论认为，管理的核心是人，人是最根本的因素，必须坚持 "以人为本"；一切管理均应以人为根本，从人的需要出发；管理的终极目的是发挥人的能动性。不同于传统管理模式把人当作工具和手段，人本主义管理理论从人性出发，考察人类社会中有组织的活动，强调人在管理中的主体地位，进行人性化管理。人本主义管理理论具有重要价值，它抛弃了传统管理理论中将人视为工具的理念，确立了以人为中心的管理思想，体现了以人为本的管理哲学思想。

（二）人本主义管理理论对本次研究的意义

高校教师是人，对其进行任何方面的管理都必须考虑人的特质、人的需求。高校人文社会科学教师科研绩效评价必须充分考虑教师特性和研究特点，采取定性与定量相结合的评价方法，及时将科研绩效评价结果反馈给人文社会科学教师，使其能够及时发现问题并做出相应调整。评价的目的是为高校人文社会科学教师服务。为了调动高校人文社会科学教师的科研积极性和能动性，就需要在科研管理过程中充分体现以人为本的管理理念。因此，人本主义管理理论为本次研究提供了研究思路和理论基础。

四、科学计量理论

（一）科学计量理论的内涵

1969 年，苏联学者纳利莫夫（Nalimov）等首次提出科学计量学这一概念，并将科学计量学定义为在情报分析中使用的定量分析研究方法。科学计量使用定量分析的方法，对科学活动中涉及的信息进行统计分析，从中发现科学活动的内在机理，研究科学发展的内在动因，为科学管理提供依据。其中，所统计的信息一方面是活动的投入要素，包括科研人员组成、研究经费投入、科研物资投入等；另一方面是活动的产出要素，包括论文数量、论文等级、论著数量、研究报告数量、文献被引数量等。这种研究有助于加深研究者对科学发展的内在规律的认识，也能为科研管理和科技政策制定提供必要的指导意见。

（二）科学计量理论对本次研究的意义

对高校人文社会科学教师科研绩效进行评价本身就是对其科研投入与产出的对比性评价，必须对科研成果的数量和质量进行科学统计、测量、评估。因此，本次研究运用科学计量理论具有较强的适切性。高校人文社会科学教师的科研工作本身具有独特性，既要考虑其科研成果数量，更要考虑其科研成果质量。这是因为人文社会科学与自然科学有着鲜明的差异性，在对高校人文社会科学教师科研绩效进行评价时必须尊重这种差异性，科学而客观地对其科研成果加以计量。

五、人力资源管理理论

（一）人力资源管理理论的内涵

"人力资源"的概念于 1954 年在彼得·德鲁克（Peter F. Drucker）的《管理的实践》一书中被首次提出。他认为人是具有企业的其他资产所不具备的特殊能力的资源，这些特殊能力包括协调能力、融合能力、判断力和想象力。当然，团队总是会有一位领导人，虽然领导人具有了较大的职权，但是他总是采取引导的方式，而非监督或命令。他的权威根源于知识，而非阶级。①从中可以看出，人力资源管理是一个比较复杂的过程，存在于社会各个领域，其主要思想是把人作为组织的重要资源，采取有效的管理方法，激发员工的工作热情，从而实现个人目标和组织目标的统一。人力资源管理包括六大模块：人力资源战略规划、工作分析与招聘甄选、员工培训与开发、员工考评与绩效管理、薪酬管理、员工调配与劳动关系。②在彼得·德鲁克之后，一些管理学家分别从不同的视角分析了人作为特殊的资源在不同工作中的作用，如何有效利用人力资源以实现组织目标便成为管理者关注的重点。有学者认为，从本质上讲，人力资源管理是组织中的领导者为了实现利益最大化而采取的一种规避风险的行政手段。③大多数学者认为人力资源管理是对人这一特殊资源进行有效开发、合理利用和科学管理，在为组织取得高绩效水平的过程中实现人的价值。近年来，人力资源管理理论更加注重采用何种人力资源管理方法提高组织的效益。④另外，管理者的职业化胜任素质、员工敬业度、工作与家庭冲突、雇佣关系和跨文化管理成为研究热点。⑤

（二）人力资源管理理论对本次研究的意义

人力资源管理理论被高校人事行政部门广泛运用。本次研究立足科研行政管理视域，认为对高校人文社会科学教师科研绩效进行评价，也需要通过人力资源管理理论指导科研管理实践。这是因为高校教师在高校中不仅从事教书育人、服务社会、文化传承等方面的工作，也从事科学研究工作。为此，如何对高校教师

①　彼得·德鲁克.2006. 管理的实践. 齐若兰，译. 北京：机械工业出版社，112.
②　彭绪梅，王诺斯.2015. 人力资源管理. 北京：中国铁道出版社，6-7.
③　高艳.2005. 人力资源管理理论研究综述. 西北大学学报（哲学社会科学版），（2）：127-131.
④　赵曙明.2005. 人力资源管理理论研究现状分析. 外国经济与管理，（1）：15-20，26.
⑤　赵曙明.2011. 人力资源管理理论研究新进展评析与未来展望. 外国经济与管理，33（1）：1-10.

的科学研究工作进行有效的管理，以提高高校教师的个体乃至整体绩效水平，便是人力资源管理理论在高校中的运用。本次研究对高校人文社会科学教师的科研成果进行统计，分析其科研绩效。通过统计分析，可以得知高校人文社会科学教师科研绩效评价的实然状态，揭示高校人文社会科学教师科研绩效评价中存在的问题，提出改进建议，可以使高校教师更有效地实现自身的人力资源价值。高校人文社会科学教师科研绩效评价涉及对高校教师科研工作的考评，考评结果会直接影响教师薪酬、职称晋升等一系列切身利益，具有科研导向、激励功能。人力资源管理理论在高校人文社会科学教师科研绩效评价中的运用，能够有效激发高校人文社会科学教师的科研积极性。高校人文社会科学教师科研绩效评价也需要从人力资源管理理论的六大模块中汲取经验。

六、人力资本理论

（一）人力资本理论的内涵

人力资本理论于 20 世纪 60 年代由美国经济学家西奥多·舒尔茨（Theodore W. Schultz）创立。该理论认为人也是一种资本，人力资本是体现在人身上的资本，即对人进行教育、培训花费的资金和其接受教育的机会成本等的总和，这些资本转化并表现为人的知识、能力。人力资本理论是在人力资源管理的基础之上被提出的。它把组织中的"人"作为一种可投资的主体，通过教育、培训投资提高人的生产能力，并结合实时反馈信息及时采取改进措施，以获得高效的价值回报。人力资本理论重视在组织成员身上进行的投资与获得的回报之间的关系，以及如何结合这种绩效结果进一步调整投资计划，因而相对来说更具理性和针对性，有利于优化组织的资源配置，体现公平性，提高个体成员的工作效率，进而促进组织整体绩效水平的提升。

（二）人力资本理论对本次研究的意义

在高校科研过程中，最重要的主体便是科研人员，即高校教师。科研投入无论是落实到人力上还是落实到物力上，最终都必须由科研人员通过脑力劳动转化为研究成果，因此科研过程中的"高校教师"显然也是一种"人力资本"。在本次研究中，人力资本理论是指把高校人文社会科学教师视为人力资本来进行投资与管理，在其承担科研项目期间，通过年度检查等途径进行督导，在结项后根据项目科研经费和相应的成果产出进行绩效评价，目的在于提高高校人文社会科学教师这一资本的价值。最后，本次研究提出了提升高校人文社会科学教师科研绩效的建议，诸如增加对高校人文社会科学教师中青年学者的关注与扶持，增加科研绩效奖励，充分发挥绩效管理的激励作用，这些都是依据人力资本理论来强调对"人力"的管理。

第三章

发达国家及我国高校人文社会科学教师科研绩效评价的产生背景及历史演进

　　"历史是最好的教科书。"[①]本章运用历史分析方法回溯并探究了发达国家诸如英国、美国、德国,以及中国高校人文社会科学教师科研绩效评价的产生背景及历史演进。鉴于东西方高校人文社会科学教师科研绩效评价的产生背景、演进历程与文化特性的差异,在进行历史研究过程中,也要避免拿来主义的倾向,力争做到客观评价他人的经验。此外,有效而客观的历史研究成果也能够为比较研究奠定基础。

---

① 习近平. 2021. 以史为镜、以史明志,知史爱党、知史爱国. 求是,(12):1.

第一节　英国高校人文社会科学教师科研绩效评价的产生背景及历史演进

一、英国高校人文社会科学教师科研绩效评价的产生背景

（一）英国开展高校人文社会科学教师科研绩效评价的理论背景

长期以来，以英国为首的主要西方国家一直以韦伯的官僚制理论作为政府管理的指南。然而，随着 20 世纪 70 年代末期许多西方国家进入经济衰退期，受全球经济一体化的影响以及管理体制本身刻板、僵化的影响，诸如组织臃肿、贪污腐化、徇私舞弊、效率低下等传统的政府管理问题日益显现。众多的学者、社会民众呼吁对政府进行改革，新公共管理思想在这样的背景下应运而生。

新公共管理思想主要包括以下核心内容：降低成本、收缩预算、提高资源分配的透明度、将传统的行政单位分解为单独的机构、在公共机构实行分权管理、区分购买者和供应者的职能、引入市场和准市场机制、要求员工的绩效指标、从终身雇佣制和国家标准薪金向任期合同制和绩效酬金制过渡，并强调重视服务质量、设立标准以及对消费者的回应。[①]它的核心是强调降低经济成本，以低投入获得高产出，引入市场竞争，提升效率。英国政府决定将新公共管理思想应用到英国高等教育领域内，以缓解经费紧张的问题，进而引入了市场化竞争机制，使英国高等教育领域产生了翻天覆地的变化。柯伦（Curran）曾详细总结和概括了受新公共管理思想的冲击，英国高等教育领域引入竞争机制的一些关键时间点[②]，具体如表 3.1 所示。

表 3.1　英国高等教育领域引入竞争机制的关键时间点

年份	事件
1984	教育大臣基思·约瑟夫（Keith Joseph）公布高等教育效率评审报告书

①　罗侃. 2008. 英国高校科研评估研究. 重庆：西南大学，10.

②　Curran P J. 2000. Competition in UK higher education：Competitive advantage in the research assessment exercise and Porter's diamond model. Higher Education Quarterly，54（4）：386-410.

续表

年份	事件
1985	《贾勒特报告》（Jarratt Report）提出高校应设置工作计划和工作目标，提高拨款使用率；大学拨款委员会（University Grants Committee，UGC）提出可以对高校科研进行量化评估
1985—1986	第一次大学科研绩效评价实行，但并未与政府拨款相联系
1986	教育大臣基思·约瑟夫认为，如果使用选择性模式，就应该加大对高校的拨款力度
1988	教育改革法的问世使多数技术学院脱离地方政府，同时废止高校教师晋升中的终身制
1989	《教育白皮书：科研选择性拨款，提高学生入学率》（Education White Paper：Selective Appropriation for Scientific Research to Improve Student Enrollment）发布并实施
1992	将教学和科研拨款分开；在第三次科研绩效评价中，科研评价等级被用于分配高校90%的科研拨款（该拨款影响了1993—1994年度的科研拨款分配）
1993	英格兰高等教育基金委员会（Higher Education Funding Councils for England，HEFCE）将约20%的科研经费转移给了其他机构；但是在首次评估完教学质量时，评估结果并没有与拨款相联系
1996	在第四次科研绩效评价中，科研评级被大规模应用于高校科研拨款分配
1998	高等教育基金委员会（Higher Education Fund Board）对不同的高校教学拨款方式进行了讨论
2001	第五次科研绩效评价实行

资料来源：Curran P J. 2000. Competition in UK higher education：Competitive advantage in the research assessment exercise and Porter's diamond model. Higher Education Quarterly，54（4）：390

除了市场化竞争机制被引入高等教育领域，政府的主要职责和权力也发生了改变。为了避免国家经济的衰退和缓解社会群众的压力，同时提高国家的综合国力和国际竞争力，英国政府开始思考如何使高校科研更好地为国家服务。英国政府倡导将高校科研绩效评价结果与经费拨款挂钩，为了不以政府身份过多干涉高校科研发展，引入高等教育基金委员会作为第三方中介机构，取代之前的拨款委员会对英国高校科研绩效进行评估。政府为高等教育基金委员会制定目标，该委员会执行政府的政策，并与高校进行交流，高校的每一次科研绩效评估结果都将作为最终经费支持的依据。政府在高校科研绩效评价中的职责和权力的改变，在一定程度上是因为受到了新公共管理思想的冲击。英国是新公共管理的发源地和新公共管理改革的输出者[①]，无论是在高等教育领域内引入市场竞争机制还是政府在高校科研管理中的职责和权力的转变，都与受到新公共管理思想的冲击有一定关系。

---

① 常文磊，王报平. 2010. 新公共管理理论对英国高等教育改革与创新的影响. 继续教育研究，（1）：120-123.

（二）英国开展高校人文社会科学教师科研绩效评价的政策背景

在开展高校科研绩效评价的过程中，英国政府和相关机构出台了众多类型的政策。有学者统计，仅 1984—1995 年这 10 余年间涉及绩效评估的各种政策文件就多达近 60 项。①根据侧重点的不同，大致可以将其归为两类：一类是以效率为核心的绩效评价政策；另一类是以质量为核心的绩效评价政策。

以效率为核心的绩效评价政策于 20 世纪 80 年代出台，当时英国政府为改善国内经济的萎靡状态，受到货币主义思想和自由市场思想的启发，开始适度地削减对高校的经常性拨款。政府的目的是减轻高校作为政府开支的成本中心所带来的压力，因此如何以最少的经费投入获得更多产出，提高大学的科研效率，变成了这一时期高等教育改革要解决的首要问题。1985 年，以贾勒特（Jarratt）为首的研究小组发布《大学效率研究指导委员会报告》（Report of the Steering Committee for Efficiency Studies in Universities），通称《贾勒特报告》，其指出了当时大学领域内在科研资源分配和有效利用方面存在的问题，并给政府、各相关委员会、大学提出了很多中肯建议。该报告希望大学能够进行自我管理与监督，制定出属于自己的战略规划，通过制定科学的绩效评价指标来开展各类高校评价，提高大学的管理效益和效率。"以《贾勒特报告》为开端，英国政府引入了一系列绩效管理和评价举措，构建起了'立法—评估—拨款'三位一体的绩效管理与问责体系。"②同年，英国各地区的事务大臣联合向议会提交了绿皮书《20世纪 90 年代高等教育的发展》（The Development of Higher Education into the 1990s）。如何使高等教育有效地为改善国民经济做出贡献成为该议题的重要部分，另外议题还涉及高等教育质量、标准与效率的问题。绿皮书的发表标志着英国高等教育旧时代的结束和后罗宾斯时代的开始。③1987 年，各地区事务大臣又提交了报告《高等教育：迎接挑战》（Higher Education：Meeting the Challenge），再一次强调了高等教育效率以及效率指标的使用对于提高高等教育系统效益的重要性，提议高校尽可能地用一定的成本投入得到更多的成果产出，提高效率。1988 年，英国颁布了《1988 年教育改革法》（Education Reform Act 1988），将 20

---

① Cave M，Hanney S，Henkel M，et al. 1997. The use of performance indicators in higher education：The challenge of the quality movement. Studies in Higher Education，23（100）：280.

② 黄丹凤，杨琼. 2015. 英国高校内部绩效管理模式探析. 复旦教育论坛，13（2）：87-93.

③ 国家教育委员会教育发展与政策研究中心. 1988. 当代国际高等教育改革的趋向. 北京：高等教育出版社，135.

世纪 80 年代英国高等教育各报告书中有关改革高等教育管理的内容以立法形式确定下来。概括而言，前期的政策文件更多地体现在效率上，政府希望高校以更高的效率获得更多的效益，以此来满足国家、社会发展的需要，这种效率观念的盛行也就促进了英国高校科研评价的实施。

以质量为核心的绩效评价政策于 20 世纪 90 年代出台，大众化教育的推行导致英国学生数量增加，加剧了对教育资源的竞争，英国高等教育中的"质量"问题被政府提到议程中。1991 年，英国各地区事务大臣提交了报告《高等教育：一个新的框架》（Higher Education：A New Framework），其目的主要是实现英国每三人中就能有一人享受大学教育①，同时希望通过质量手段来保证大众化教育的过程中高校规模的扩大，强化竞争意识，保证对高校资源的有效利用。1992 年，《1992 年继续和高等教育法》（Further and Higher Education Act 1992）出台，提出高等教育委员会应建立分支委员会来评估高等教育质量，按学科或学科领域开展，采用设定绩效指标、院校自评和评估组实施访问等方法来施行。1997 年 7 月，《迪林报告》（Dearing Report）出台，涉及高等教育经费投入、高等教育质量、高等教育在地方和区域发展中的价值、高等教育机构的管理等问题。而后发布的绿皮书《学习化时代：新英国的复兴》（The Learning Age：A Renaissance for a New Britain），更深入地阐明了政府的立场和观点，强调要实现终身学习，提高人们的科学文化素质。这一文件特意指出了高等教育在保证质量标准和提高绩效方面应该履行的义务。2003 年，白皮书《高等教育的未来》（The Future of Higher Education）发布，提议政府通过回顾与评价现有的高校科研绩效评估体制和拨款机制，结合目前高等教育绩效改革面临的挑战，建立新的评估体制和拨款体制，从而使高校资源的使用效益达到最佳。英国政府吸取了之前只注重效率的教训，改进了促进大众化教育发展的具体路径，提升了国家的科研实力。后期以质量为核心的科研绩效评价政策为增强英国高校科研评价的科学性奠定了基础。

（三）英国开展人文社会科学教师科研绩效评价的社会背景

在社会发展过程中，所有子系统形成社会组织的大系统。高等教育作为其中一个子系统，不是一个孤立的存在。在特殊社会情景下，政治、经济、文化等方面的变革都可能对高等教育产生影响。英国作为开展高校科研绩效评价比较早的

---

① 朱镜人. 1997. 英国高等教育"大众化"述评. 高等教育研究，（6）：94-99.

国家，其高校科研绩效评价的开展也受到了上述几个要素的影响。

在政治方面，受到新公共管理思想的冲击，政府逐渐改变以往对高等教育发展不管不问的做法，转而享受高等教育提供的服务。1963 年，英国发布《罗宾斯报告》（Robbins Report），提出，所有具备入学能力和资格并希望接受高等教育的青年都应该获得接受高等教育的机会①。此报告的发布标志着英国高等教育从精英化向大众化的转变。为应对高等教育大众化时代的到来，缓解教学压力，扩大大学规模，英国政府提出将之前的二元制（又称双重制）高等教育结构转变为一元制高等教育结构。所谓"双重制"高等教育结构，是把大学和非大学两类高等教育机构作为英国高等教育中各自独立、平行的体系，它们都是英国高等教育的有机组成部分。②现在是将非大学办学样式的高等教育机构升格为高等学校。接受高等教育的全日制大学生数量日益增加，高校数量日益扩张，摆在政府面前的问题就是如何管理、控制好高校教学和科研绩效评价的问题。英国高校为实现对教学质量和科研质量的更高水平的监督与管理、应对大众化教育的浪潮，推出了绩效评价体系。

在经济方面，英国政府一直重视教育发展，历年为包含教育的社会福利项目拨款的金额均比较多。尽管从 1973 年开始英国受到了世界经济危机的影响，但高等教育经费的拨款金额始终处于比较高的水平。

撒切尔夫人执政以后，面对国内经济下行的压力、国际经济低迷的状态，英国开始推行以"市场""节约、效率、效益""减少政府预算"等为主要内容的施政纲领来改变经济困境。据统计，在效率和效益原则的影响下，1981—1982 年和 1983—1984 年英国大学经费总共被削减 13%，即减少了 1.3 亿～1.8 亿英镑。③可以说，英国的大学教育逐渐由之前政府无私地资助模式转向政府适度地削减经费拨款、倡导高校通过政府和非政府渠道获得更多的经费并以市场为导向的高校扩张模式。面对高校经费的缩减，人们越来越多地关注如何更好地使用政府提供的公共资金，并希望借助某种测评工具对高校进行评价，以有效地分配资金。于是，英国高校将政府拨款与科研绩效评价相结合，选择性地将资助对象拉开等级，以此促进科研拨款的有效利用。英国的高校科研绩效评价便在这样一种经济背景下产生。

---

① 符华兴，王建武. 2010. 世界主要国家高等教育发展研究. 长沙：湖南人民出版社，278.
② 易红郡. 2012. 战后英国高等教育政策研究. 长沙：湖南师范大学出版社，110.
③ 易红郡. 2004. 英国大学与产业界之间的"伙伴关系". 清华大学教育研究，（1）：71-77.

在文化方面，绅士文化作为英国主流价值的表现之一，受到政府、人民的推崇，也影响了英国高等教育的发展。首先是社会对大学所培养的人才的质量要求，大家都希望大学培养的人才具有绅士风度；其次是社会对绅士的需求量，无论是国家经济、政治的发展还是文化的发展，都需要这类人才的支持；最后是对人才培养目标的要求，国家希望培养的人才兼有自然科学素养与人文社会科学素养。因此，对于绅士文化底蕴深厚的英国来说，高校的教学质量决定了其未来培养的绅士人才的质量。更重要的一点是，绅士文化也一直影响着英国高校科研教师对自然和社会发展的态度，影响着社会群众对高校高水平科研的追求，以及国家对实现科技强国的梦想的追求。为了培养更多的高素质人才，提高国家的科研竞争力，英国政府加强对高校科研的科学性评估已经迫在眉睫。正是在这样一种文化背景下，英国开展了对高校绩效评价的研究。

二、英国高校人文社会科学教师科研绩效评价的历史演变

（一）英国高校人文社会科学教师科研绩效评价的萌芽阶段（1986—1989 年）

随着英国在 20 世纪中叶进入高等教育大发展时期，同时又遭遇国家经济的倒退，为了保证政府合理地压缩高等教育经费，提高科研经费利用效率，英国政府开始推行"择优资助"[①]的思路。1986 年，首次评估由大学拨款委员会发起，依据科研绩效采用选择性投资，即科研选择性评价（research selective exercise, RSE）。该次评价要求英国各高校从自身的科研收入、科研支出、科研规划和科研成果四个方面来提交评估材料。以同行评议法为主，实行代表作制度，大学拨款委员会要求高校各系科的教师提交过去五年的五项代表作，对于不同学科的科研评价，由学科专家制定评价标准。总的来说，科研绩效评价标准一共分为四个等级：杰出的或加注星号（＊）表明星级的、高于平均水平的、平均水平的、低于平均水平的。[②]1986 年的高校科研绩效评价是英国历史上首次对英国大学进行的全面评价，评价方式简单、评价标准模糊、评价过程不透明、评价数据不完整和不准确等问题受到了社会各界的批评。但是作为英国高校科研绩效评价的萌芽，首轮科研选择性评价虽然对后来政府的科研拨款的影响比较有限，但仍然使

① 李漫红. 2013. 英国大学科研评估的改革及其借鉴意义. 东北大学学报（社会科学版），15（1）：91-95.
② 黄小勇. 2010. 英国大学科研评估制度及其启示. 武汉理工大学学报（社会科学版），23（5）：770-774.

英国高校系统感到了压力。许多大学管理者开始更多地关注科研质量、科研学术成果发表以及教师的未来科研发展方向。

为了解决首次评价带来的问题，大学拨款委员会改为大学基金委员会（University Funding Council，UFC）。大学基金委员会要保证下一次评价大学的方法得到改善。经过对三年试行科研拨款的评估，英国于 1989 年进行了第二次科研选择性评价。此次评价原则上仍采用与上次相似的模式，但是在具体细节上做了一定程度的改进。首先，对评价结果做出了详细的等级划分和描述，将其分为 1～5 五个等级，等级由低到高，主要以有多少科研成果达到"国内优秀""国际优秀""国内卓越""国际卓越"作为衡量尺度。[①]其次，对于高校教师，要求每位全职教师提交两篇代表作，并列出其成果被引用的情况，同时要上报培养的研究生数量、课题申请数量、成交的合同，以及科研代表作数量相对于全职科研人员的科研代表作数量的比率。其采用的评价方法依然是同行评议法，评议专家的选择要综合考虑专家在各个学科领域具备的专业知识和能力。

虽然说 1989 年的评价较 1986 年的评价有了很多改进，但是依然受到了各方的批评，问题主要集中在以下三个方面：第一，由于五等级评价标准没有及时公布、没有提前提供学科评价标准的单元列表，大学在提交材料上遇到困难；第二，对出版物发表的定义不明确，评价过程中没有系统验证材料准确性的措施，存在"误报"现象；第三，该次科研绩效评价有利于基础和战略研究，而不利于应用研究。[②]

1986 年的科研评价和 1989 年的科研评价是英国高校科研绩效评价的萌芽，虽然两次评价过程中困难不断，但是评价的结果能作为政府为大学拨款的依据，有效地将绩效与拨款联系在了一起。同时，随着评价策略的不断完善和优化，为之后科研评价的发展指明了方向。

（二）英国高校人文社会科学教师科研绩效评价的发展阶段（1990—2008 年）

随着英国高等教育由二元制向一元制框架的转变，至 1992 年，部分多科技

① Barker K. 2007. The UK research assessment exercise：The evolution of a national research evaluation system. Research Evaluation，16（1）：3-12.

② Bence V，Oppenheim C. 2005. The evolution of the UK's research assessment exercise：Publications，performance and perceptions. Journal of Educational Administration & History，37（2）：137-155.

术学院升级为大学，大学的数量逐渐增多，规模逐渐扩大。同时，随着《1992年继续和高等教育法》的颁布，大学基金委员会和多科技术学院与其他学院基金委员会（Polytechnics and Colleges Funding Council，PCFC）被取消，新的高等教育基金委员会（Higher Education Funding Councils，HEFC）设立。在1992年的第三次高校科研绩效评价中，英国将原来的"科研选择性评价"改为"科研水平评价"（research assessment exercise，RAE），并一直沿用至今。

科研水平评价是由高等教育基金委员会联合所有拨款机构成立的科研评价小组发起的，每4～5年（2008年评价与上一次评价的间隔时间为7年）一次，专门针对高等学校的科研水平进行评价。自1992年开始实施，其在1992年、1996年、2001年、2008年进行过4次评价活动，旨在根据对高校科研绩效的评价，为高校分配科研拨款提供判断依据，其评价结果对科研经费有着深远影响。

与前两次的评价活动相比，1992年的评价出现了许多新的变化。首先，高校拥有更大的自主权，不再拘泥于之前的硬性框架，可以选择提交那些在科研方面活跃的教师的科研成果。每位科研教师提交一定数量的科研成果及相关材料，发表的期刊等级和期刊质量等信息要放在提交材料的首页。其次，评价等级依然是五个，与之前不同的是，增加了对每个等级的经费补助的规定，如表3.2所示。对基础研究与应用研究分开进行评价时，对于一些不易量化评价的艺术与人文科学教师的科研成果，评委会会考虑适当延长考核期1～4.5年。最后，学科评估小组增加至72个，增加审计程序以验证提交材料的准确性。高等教育基金委员会要求对90%的科研资金依据这次评估结果进行分配，因此传统大学成为最大的赢家，获得了91%的科研拨款，1992年升格后的大学获得约7%的科研拨款，其他院校获得约2%的科研拨款。[①]

表 3.2 1992 年科研水平评价经费补助比例　　　　　单位：%

评价等级	5	4	3	2	1
经费补助	4	3	2	1	0

资料来源：Bence V，Oppenheim C. 2005. The evolution of the UK's research assessment exercise：Publications，performance and perceptions. Journal of Educational Administration & History，37（2）：137-155

1996年的科研绩效评价是英国在20世纪进行的最后一次评价活动，与1992

① Johnston R J. 1993. Removing the blindfold after the game is over：The financial outcomes of the 1992 research assessment exercise. Journal of Geography in Higher Education，17（2）：174-180.

年的评价相比较，主要有以下几个方面的变化：①高校可以选择在科研方面活跃的教师提交四篇代表作，而不是整个学术机构所有人员都提交代表作，而且只重视提交的作品的质量，科研成果发表数量和其他可评估的作品数量均不能作为评价科研质量的指标；②不再区分基础研究与应用研究分类评价；③在原有评价等级的基础上，将3等级分成了3a、3b，并且设立最高的5*等级，评价等级细化为5*、5、4、3a、3b、2、1。同时，同行评议小组需要设计评价准则来评价每个单元的学科。④原则上，一个科研部门只能向一个学科评价单元提交一份评价材料，但是为了促进交叉学科发展，也允许这类部门向多个学科评价单元提交多份评价材料。

之所以增加教师提交的科研代表作的数量，主要是由于科研人员的科研效率提升后，以前规定的两篇代表作已不足以反映其科研能力。将基础研究与应用研究进行合并评价，也是为了使各类科研平衡发展，避免顾此失彼。同时，提高了评价过程的透明度，包括对评估小组成立时间的确定、接受外界群众对成员的监督等。

为了打响21世纪科研绩效评价活动的"第一枪"，2001年，英国开始实行第五次科研绩效评价，并进行了改革，一些新的举措投入应用。它的主要内容包括以下四个方面。

其一，评价过程更加透明化。一方面，将个体报告提交给机构负责人，在评价等级方面会提供更多的反馈信息。同时，通过互联网，将学科评价小组的评价报告挂在网上，增强评价的透明度、公开性。更重要的一点是，各高校提交的评价材料（被视为商业机密文件的除外）也会被挂到网上，接受公众的监督与评阅。高校提交的报告内容大体包括科研教师数量与参评教师的个人简介、四项代表性成果、研究生数量、科研获奖情况、科研资金的收入及来源等。另一方面，不区分电子期刊与纸质期刊，二者同等重要，评价小组完全基于科研成果进行评价，不会关注是发表在哪种媒介上。

其二，设立副评价组和保护机构。副评价组主要关注一些专题型范围的评价，对学科领域的分支学科的科研活动进行评价，进一步推动对新兴科研的评价。保护机构主要将之前的67个学科评价单元划分为5个评价小组。为了使科研成果评价更具有针对性和学科性，这5个评价小组分别负责医学和生物科学、物理科学和工程学、社会科学、区域研究和语言、人文和艺术领域的评估。

其三，调整了评价标准和评价方法。相对于上一次评价来说，评价等级没有较大的变动，但是对于每一个评价等级，以是否有一半以上的作品数量达到国际优秀水平和国内优秀水平作为具体的量化指标。根据 2001 年科研水平评价的规定，等级为 1、2、3b 的科研机构或人员（大约占评估对象总体的 17%）将不会获得经费拨款。[①]在评价方法上，具体学科的评价方法由学科专家小组确定，可以采用具体的指标因子量化评估，也可以通过原则性的评价标准来评价。对于跨学科研究成果的评价，若存在一定困难，不能准确衡量该成果的水平，可以征求相关学科专家的意见。

其四，发展性的评价目的越来越明显。主要体现在以下几个方面：①通过设立非正式小组来评价跨学科的科研成果，体现出了对跨学科和多学科研究重视的趋势，也强调应关注边缘学科科研发展；②划分学科评价单元，提出不同的学科评价意见，明确评价的标准和方法，也是为了促进各个学科更加成熟地发展；③明确候选专家组提名的程序，过程更加透明化、公开化，每个时间节点的任务划分详细；④高校提交报告材料的内容翔实，考虑到各个方面的科研情况。以上这些都体现了对评价过程的重视和对评价细节的考虑，即对过程控制的关注。

2008 年，英国进行了第六次高校科研绩效评价活动，距离上次评价长达 7 年。这次评价主要发生了以下三点变化。

其一，对科研评价的星级标准做了重新调整。政府拨款阈值由之前的"3b"等级升级到"1*"等级，进一步缩小了经费拨款范围；科研等级添加了"无等级"一栏的评价说明；评价等级为 4*、3*、2*、1*、无等级，由上一次的 7 个层级的评价等级缩减为 5 个层级的评价等级。最终代表作成果质量评价等级的高低依据其在原创性、重要性和严谨性三个方面是否达到"国内水平""国际水平""卓越水平""世界领先水平"来衡量。[②]

其二，拉大了科研拨款的差距。2001 年，取消了 3b 等级的科研拨款资助，5*等级科研经费是 3a 等级的 8.7 倍，而在 1996 年，前者仅为后者的 2.7 倍。2008 年，科研水平评价的后续拨款更为严格，直接取消了原有评级为 1～5 级的所有科研拨款资助资格，仅对 3*（相当于原来的 5*）和新增加的 4*进行资助，而且 4*科研经费资助权重是 3*的 3 倍，具体如表 3.3 所示。

① 宗晓华，陈静漪. 2014. 英国大学科研绩效评估演变及其规制效应分析. 全球教育展望，43（9）：101-111.

② Barker K. 2007. The UK research assessment exercise：The evolution of a national research evaluation system. Research Evaluation，16（1）：3-12.

表 3.3　历次科研水平评价与相应评级的拨款权重

1992 RAE		1996 RAE		2001 RAE		2008 RAE	
评级	拨款权重	评级	拨款权重	评级	拨款权重	评级	拨款权重
1	0	1	0	1	0	无等级	0
2	1	2	0	2	0		
3	2	3b	1	3b	0		
4	3	a	1.5	3a	0.31		
		4	2.25	4	1.00	1*	0
5	4	5	3.375	5	1.89	2*	0
		5*	4.05	5*	2.71	3*	1
						4*	3

资料来源：宗晓华，陈静漪. 2014. 英国大学科研绩效评估演变及其规制效应分析. 全球教育展望，（9）：105

其三，在评价标准上增加了对科研环境（包括科研基础设施、研究生数量、科研经费收入、科研影响力）和提交单位的生成性评价活动（包括发表期刊等级、企业或政府的科研资助）的评价指标。

纵观科研水平评价发展和变革的历程，尽管每一阶段的科研评价都有重大的变化，但是历次评价也有很多相同之处。①评价单元精简，并由提交的机构选择。要求科研活动围绕既定的主题进行，并要求将评价材料提交到与其最适合的评价小组。②实行代表作制度，每位从事科研的教师需要在科研评价期间提交一定数量的代表作。一般主要是期刊文章，有时也可以是出版的著作，偶尔涉及一些专业化的内容，如音乐表演或艺术作品。③评价小组成员主要由各学科领域的高级学者组成，还有少量的来自专业机构、政府或企业的代表。评价组组长由拨款委员会提名，由政府有关部长任命。④评价目的都是为科研拨款提供参考。其评价的目的并不是对个人划分等级，而是对教师的科研质量评定等级，被评估对象是由参评单位提交的关于研究工作的文章，因此参评单位决定谁提交文章以及哪些评估对象在评估结果公布后会获得资助。

综合来看，英国高校科研绩效评价的发展阶段的显著变化包括以下几个方面。①评价周期延长。评价周期由原来的 3 年一次延长至 4 年、5 年甚至 7 年。最初，周期延长被认为是减轻了大学的负荷，但是随着时间的推移，评价结果并未对院校层面的决策产生重要影响。最后确定的周期是 7 年进行一次评价，本打算 6 年一次，但为了使评价标准更加完善以及被评价的出版物更加明确，最后延长了周期。②评价等级的定义不断修改。1992 年分为 5 个等级，1996 年将第三等级分为 3a 和 3b，并增加了 5*等级，2001 年虽未调整等级，但是在等级描述上增加了数量化的表示，2008 年将等级调整为 4 个等级。③资助分配的等级标准提高。政府科研拨款的门槛逐步提高，评价结果与经费拨款机构的联系不断深化。①

（三）英国高校人文社会科学教师科研绩效评价的创新阶段（2009 年至今）

在结束第六次科研绩效评价后，面对愈演愈烈的国际高等教育竞争和政府科研经费分配不足的压力，英国政府更要不断去解释社会对科研评价引起的科研资源浪费的疑问。英国政府委托高等教育基金委员会制定一套全新的用于测量英国高校科研成果质量的科研绩效评价制度。该制度全名为科研卓越框架（REF），于 2014 年首次实行，其评价结果被作为之后政府科研经费分配的依据。

相比之前的评价方法，REF 的创新性主要体现在以下几个方面。

第一，调整评价指标，注重分类评价。评价指标分为 3 个一级指标：科研成果比重为 65%；科研影响力比重为 20%；科研环境比重为 15%。②对于科研成果，通过科学性、严谨性、重要性 3 个二级指标进行评价；对于科研影响力，从影响范围和意义 2 个二级指标进行评价；对于科研环境，从科研活力和科研可持续性 2 个二级指标进行评价。

第二，改善评价方法，节约评价成本。同行评议法过于劳动密集化，耗费的人力成本大。文献计量法便于统计、客观并且容易形成规模化作业。经过专家的建议和几轮测评，为了节约评价成本，提高评价的效率和公平性，决定在此次评价活动中，对人文科学依然使用同行评议法，而对社会科学转而采用以同行评议为主、文献计量为辅的方法。社会科学的副评价组的专家可以专家在 REF 具体标准上的一致性水平作为评价指标，同时将科研成果产生的学术意义作为附加评价指标。

第三，减少评价单元，强调跨学科科研。进一步优化学科的分类，调整后的结果是评价单元由原来的 67 个减少到 36 个，主评价组从原来的 15 个减少到 4

---

① Otley D. 2010. Research assessment in the UK：An overview of 1992-2008. Australian Accounting Review，20（1）：3-13.

② HEFCE. 2011. Assessment framework and guidance on submissions. 2014 Research Evaluation Framework，（6）：8-9.

个，大致包括 A 类医学和生命科学、B 类物理科学、C 类社会科学以及 D 类人文科学。①同时，评审专家团队吸收具有跨学科背景的专家作为评审组成员，增设候补评审委员，增加副专家小组，增加评审专家团队知识构成的深度和广度，应对越来越多的跨学科研究。

第二节　美国高校人文社会科学教师科研绩效评价的产生背景及历史演进

一、美国高校人文社会科学教师科研绩效评价的产生背景

美国是世界上相对较早对高校人文社会科学教师科研绩效进行分类评价的国家，尤其是对人文艺术类教师设立了专门的评价指标。伴随 1776 年美国独立后大学的发展，与自然科学成果大量涌现并驾齐驱的是人文社会科学研究成果层出不穷，高校教师则成为人文社会科学研究成果的主要产出者。于是，一个问题就被提上了日程：如何评价高校人文社会科学教师的研究成果，以保障其质量并引导其向着良性方向发展？我们回溯历史就会发现，美国高校的人文社会科学教师科研绩效评价始于 20 世纪 40 年代，原因是此前美国学术界对高校教师科研绩效评价的呼吁及倡导。20 世纪 80 年代，美国学者琳达·达林-哈蒙德（Linda Darling-Hammond）提出了绩效评价的四个基本目标，即教师专业发展、学校人事决策、发展定位、学校地位判断，推动美国正式将绩效制度应用到高校之中②，也因此促使美国高校人文社会科学教师科研绩效评价体系逐渐确立。

同行评议制度作为美国高校教师科研绩效评价的基本制度，始于 20 世纪 60—70 年代，后来同行评议成了美国对高校人文社会科学教师科研绩效进行评价的主要方法。为此，对同行专家的选取就有了严格的标准，既要注重相关专家的学术声誉，同时也要实行回避制度，所选专家不能是被评价者的导师、曾经的

---

① HEFCE. 2011. Assessment framework and guidance on submissions. 2014 Research Evaluation Framework，（6）：14.

② 王斌华. 2005. 教师评价：绩效管理与专业发展. 上海：上海教育出版社，189-205.

学生、亲密友人或合作者等。[①]1993 年，美国国会通过了《政府绩效与结果法案》（Government Performance and Results Act，GPRA），才使得美国高校教师的科研绩效评价有法可依。[②]该法案规定，美国高校教师科研绩效评价主要由美国国家科学院创建的民间非营利组织——国家科学研究委员会（National Research Council，NRC）承担，采取第三方评价。

二、美国高校人文社会科学教师科研绩效评价的历史演进

在国际化教育浪潮中极具竞争优势的美国，对高校教师科研绩效评价进行了理论与实践探索，不断推陈出新，提出了许多颇具特色的评价模式和行之有效的评价方法。美国高校人文社会科学教师科研绩效评价体系的发展和完善经历了三个阶段的演进，使得美国高校人文社会科学教师科研绩效评价体系不断调整与改进，有力地推动了高等教育的进步与革新，达到了"管理出效能"的目的。

（一）美国高校人文社会科学教师科研绩效评价起步阶段（1942—1974 年）

早在 1942 年，美国教育学家泰勒（R. W. Tyler）就提出了以目标为导向的教师评价理念，即著名的"泰勒模式"。在该思想的指引下，此时的高校人文社会科学教师科研绩效评价主要以能否达到学校设立的目标来衡量教师的科研水平。

20 世纪 50 年代末，苏联卫星成功上天对美国的经济格局、军事战略和教育体系等均产生了巨大的冲击，出于对培养高精尖技术人才的高度重视，美国学界对高校教师科研绩效评价的关注度空前提高，美国教育部门强调要明确人才培养目标，并根据目标进行系统的教育规划，制定教育经费预算，积极引导联邦政府和各州制定绩效责任法。20 世纪 60—70 年代，美国教育部门制定了多项与教师绩效评价相关的法案，部分高校开始建立起科学规范的科研绩效评价体系。不同于以往只重视对自然科学教师科研绩效的评价，人文社会科学教师也备受重视，各高校逐步开展对人文社会科学教师科研绩效的评价工作。

---

① The University of Georgia. 2013. Guidelines for Appointment，Promotion and Tenure. Athens：The University of Georgia Press，10.

② 史万兵. 2016. 教育经济与管理研究. 沈阳：东北大学出版社，131.

（二）美国高校人文社会科学教师科研绩效评价发展阶段（1975—
1983 年）

在 20 世纪 60—70 年代美苏争霸的 "双极世界" 大背景下，以美国布朗大学
校长、美国国家人文基金会主席巴纳比·基尼（Barnaby C. Keeney）为首的学术
领袖向联邦政府正式提出资助美国人文社会科学，以全面开展人文社会科学研
究，帮助美国民众重塑自信和积极的价值观，巩固美国在全球的地位。1965
年，约翰逊总统签署《国家艺术和人文科学基金会法案》（National Foundation on
the Arts and the Humanities Act），成立美国国家艺术和人文科学基金会。它是美国
的基金组织，隶属于联邦政府，旨在资助和推进美国艺术和人文社会学科的研究
与发展，下辖全国艺术基金会、全国艺术协会、全国人文科学基金会、全国人文
科学协会及全国艺术和人文学科科学协会 5 个机构。其中，全国艺术基金会负责
为从事艺术活动的团体和个人提供补助金，通过鼓励艺术的传播、资助文化机构
和个人，促进美国艺术的发展。全国艺术协会负责就全国艺术基金会的政策、计
划提出建议，审查机构或个人的资助申请，主席由全国艺术基金会主席担任。这
是美国第一次以官方形式资助高校人文科学研究。20 世纪 70 年代，美国财政陷
入危机，美国高校人文社会科学教师科研绩效评价进入发展时期，几乎所有高校
都有书面形式的教师绩效评价程序。这一时期民众最大的觉悟就是经济的发展离
不开教育，而教育的发展则离不开教师。许多高校试图通过解雇表现不佳的教师
来摆脱经济困境，教师绩效评价发挥作用的空间得以拓宽，科研成为绩效评价的
重要指标，由此形成了高校人文社会科学教师科研绩效评价体系的雏形。随着高
等教育的普及，美国高等教育质量下降的新危机开始浮现。1983 年，美国卓越
教育委员会（National Commission on Excellence in Education）发布了报告《国家
处于危机中》（A Nation at Risk），强调高校教师在高等教育中扮演重要角色，教
师科研水平的提高和高等教育水平的提升直接相关。这一时期，美国社会各界对
高等教育质量的广泛关注促使对教师的评价升温，普遍希望从教师教学及教师科
研绩效评价入手，通过提高教师的教学水平及科研质量来保证教育质量。

《国家处于危机中》一经公布，便迅速引发了美国教育界对绩效标准的全面
讨论，增加评价工作量、建立绩效责任机制、确定评价标准等开始正式被各个州
的公立高校接纳，教育绩效考核逐步与教师的薪资体系相挂钩。在当时新经济体
制的要求下，美国高校人文社会科学教师绩效评价制度也在逐渐完善，评价体系

和评价方法日益多元化，同行评价、院系评价相结合成为美国教育体系中教师绩效评价的崭新方法。在高校教师绩效管理方面，从年度聘任、职称晋升、终身聘任等角度，以是否被高校继续接纳等标准作为评价基础，教师科研绩效评价等方面的管理以更加人性化、自由化和公平化的方式表现出来，这为美国高校科研质量的提升和教师科研能力的提高奠定了坚实基础。

（三）美国高校人文社会科学教师科研绩效评价成熟阶段（1984年至今）

1984年至今，大部分美国高校逐渐建立起较为有效且完善的人文社会科学教师科研绩效评价体系，制定了清晰的评价制度，评价方法也日臻丰富和完备，几乎所有高校都根据科研质量制定了教师的薪金标准。至此，美国高校逐步建立起行之有效的人文社会科学教师科研绩效评价体系。1990年，卡内基教学促进基金会（Carnegie Foundation for the Advancement of Teaching）主席欧内斯特·博耶（Ernest L. Boyer）在其著作《学术水平反思》（Scholarship Reconsidered）中提出，教授的工作应具备4种功能，即发现的学术（scholarship of discovery）、综合的学术（scholarship of integration）、应用的学术（scholarship of application）和教学的学术（scholarship of teaching），其中，发现的学术和综合的学术都与教师科研工作密切相关。1993年，美国国会通过的《政府绩效与结果法案》规定美国的高校科研绩效评价工作主要由美国国家科学院创建的民间非营利组织——国家科学研究委员会承担。该观点对于促进人文社会科学教师科研绩效评价体系的发展具有里程碑式的意义。2009年，奥巴马政府启动"力争上游"（Race to the Top）教育计划，激励美国各州（区）建立全新的教师绩效评价体系，其中最为著名的当属华盛顿公立高校的"模范教师评价体系"，被认为具有"冲击力"或"巨大影响力"。

值得一提的是，自1990年起，实行教师评价制度成为美国各州（区）对各公立高校的一项法律要求。但最开始的人文社会科学教师科研绩效评价主要是一种强制进行的管理性评价，教师反感这种对其缺乏尊重的奖惩性评价而不愿积极配合，高校领导对这种评价模式在校内造成的负面影响感到无能为力，上级行政部门对这种评价方式的无效或低效爱莫能助。鉴于此，基于教师科研表现的发展性评价逐渐取代管理性评价。针对教师科研表现的发展性评价是为了提高教师科研成绩的一种新型评价。该评价主要具备五个特点，即评价主体多元化、注重教师个人的科研发展、重视教师的资料采集、关注学科的差异性、强化评价的诊断功能。前三个特点是针对教师提出的，强调了在评价过程中教师的重要性；后两个特点是针对院系领导和同行专家提出的，要求其根据人文社会科学教师专业的特殊性分析他们的优势和不足，并在此基础上给出具有针对性的改进建议。总之，发展性评价的目的是提高人文社会科学教师的科研水平，并在此基础上为高校人事部门制定出合理的评价制度奠定基础。实施该评价模式的主要目的是，在提高教师科研能力的同时促进学校整体科研目标的实现。至此，美国大部分高校逐步建立起较为有效且完善的人文社会科学教师科研绩效评价体系，制定了清晰的评价制度，评价方法也渐趋合理、科学。不同于自然科学教师科研绩效评价体系，人文社会科学教师科研绩效评价体系更具本土性、复杂性、多样性和不确定性。美国一些高校根据人文社会科学教师的特性进行分类评价，摒弃了文理混同评价。显然，对于高校管理者而言，这是一个巨大的挑战。然而，美国高校人文社会科学教师科研绩效评价体系的不断革新，为美国社会的进步做出的巨大贡献是毋庸置疑的。

第三节　德国高校人文社会科学教师科研绩效评价的产生背景及历史演进

　　德国是世界高等教育相对发达的国家，其因深厚的历史积淀、健全的教育体制结构在国际上享有极高的声誉。德国高等教育历史悠久、实力雄厚，一直是人文社会科学领域具备良好底蕴的传统国家。德国高校人文社会科学教师科研绩效评价的产生背景主要体现为以下三个方面：德国高等教育发展推动了德国高校人文社会科学教师科研绩效评价的产生与变革；"洪堡思想"影响了德国高校人文社会科学教师科研绩效评价的产生与发展；高校科学研究的发展直接推动了德国高校人文社会科学教师科研绩效评价的发展。

一、德国高校人文社会科学教师科研绩效评价的产生背景

　　相较于自然科学科研绩效评价，德国高校人文社会科学教师科研绩效评价出

现得较晚。管理体制是管理系统的结构和组成方式，德国高校人文社会科学教师科研绩效评价的形成与德国高校组织管理体制变革具有十分紧密的关系。关于德国高校组织管理体制变革情况，本部分主要从两方面进行分析，即德国高校外部管理体制和德国高校内部管理体制。

（一）德国高校外部管理体制变革推动人文社会科学教师科研绩效评价的产生

教育管理体制是推进教育事业持续发展的重要保障，决定了学校的发展方向，是一个国家在一定的政治、经济和文化制度基础上建立起来的对教育事业进行组织管理的各项制度的总和。德国高校外部管理实行的是分权制，德国政府主要通过出台相关方针政策从大方向上对高校进行原则性指导，并不直接参与学校管理，而各州在高校及高等教育组织管理方面享有相当大的自主权。各州设有教育部，在高校管理中主要负责审核大学考试制度和规划，批准大学章程、任命教学人员、拨发高校经费等。各州教育法规由州议会制定，由州教育部颁布实施。

同时，德国政府成立了协调咨询机构，目的在于确保各州的教育政策与国家教育政策有效统一，以有益于探讨各州共同关心的高等教育问题。①

（二）德国高校内部管理体制变革推动人文社会科学教师科研绩效评价的产生

高校内部管理体制是对高校内部各种管理系统结构及其关系的总称，它关系着学校内部组织管理中领导、行政及学术发展的趋势，也是确保教师科学研究顺利开展的前提。第二次世界大战前及战后初期，德国高校一直实行教授治校的管理体制，即以教授为主组成校务委员会，管理学校的重大事务。第二次世界大战后尤其是 20 世纪 60 年代后期，德国高校内部管理体制得到了调整和改革。德国的《高等学校总纲法》规定：大学最高权力机构为校务委员会（也称代表大会），由四方面的代表组成，即教授、助教和科学助手、其他职工、学生。校务委员会也是大学立法机构，其职能是选举校长、副校长，讨论决定学校的重大学术问题，审核学校的财政预算等。

---

① 曾绍元. 1999. 外国高校师资管理比较研究 . 北京：海洋出版社，15-18.

除设有校务委员会外，德国一些高校还设有评议会，由校长、教师和学生的代表组成，负责审议教师聘任事宜。部分学校还设有咨询委员会，如科研委员会、教学委员会、基建财政委员会。①由此可以看出，教授作为德国高校学术权力和行政权力的核心，在学术机构和国家机构中确立了稳定的地位，对德国高校组织管理发挥着举足轻重的作用。

德国高校外部管理体制变革和内部管理体制变革为人文社会科学教师科研绩效评价的产生提供了一定的条件、创造了一定的环境。

二、德国高校人文社会科学教师科研绩效评价的历史演进

德国高校人文社会科学教师科研绩效评价的演进经历了几个阶段，包括萌芽阶段、产生阶段、创新发展阶段。

（一）德国高校人文社会科学教师科研绩效评价的萌芽阶段（1809—1936 年）

18 世纪中叶以后，德国的启蒙运动进入全盛时期，思想文化领域崛起并成为一股强大的革新力量。新的思想理念开始取代旧有传统观念，学者开始形成理性的思维，对过去宗教的教条和旧有观念重新进行审视。席勒（Schiller）和康德（Kant）作为思想文化的先行者，提出教师应成为哲学型的学者，而不是谋生型的学者。这一系列思想文化的革新预示着德国高校正往现代大学方向发展。②

19 世纪，德国高等教育的发展进入黄金时期。洪堡认为，大学的主要任务是追求真理，科学研究是第一位的，没有科学研究，就无法发展科学，也不能培养出真正的科学人才。这一倡导在德国大学改革运动中取得了显著成效，并成为德国现代大学发展的推动力。自此德国高等教育在世界上享有盛名，形成了独具特色的办学风格，各高校逐渐拥有了一定的自主权。教授可以参与到学校管理事务之中，并在科研和教学方面被赋予了一定的权力，教师的教学和科研活动可由教师本人自行安排。③

第二次世界大战前，德国对高等教育体系进行了实质性的改革，将科研作为

① 曾绍元. 1999. 外国高校师资管理比较研究. 北京：海洋出版社，69-72.
② 陈洪捷. 2002. 德国古典大学观及其对中国大学的影响. 北京：北京大学出版社，13.
③ 曾绍元. 1999. 外国高校师资管理比较研究. 北京：海洋出版社，15-16.

高校的重要职能，对基础科研和实用科研予以大力扶持，确保研究成果能够有效服务于国家并产生实际价值。[①]

19世纪至20世纪40年代，德国高等教育一直被大众公认为处于较高水平。正是高水平的高等教育质量为德国高校培养了一批具有竞争性的优秀人才，其科学技术也得到了一定程度的发展，从而有效推动了德国经济的发展。[②]伯顿·克拉克（B. R. Clark）在论述德国高校教学与科研的情况时认为，科研和教学的统一规定着大学教师的专业任务，他们的教学将密切地和其正在进行的科研相结合，而且直接建立在他们正在进行的科研的基础之上。大学教师应该永远专心致志于科研，他们的科研活动成果应该直接成为他们教学的财产。大学教师有义务进行科研，其成果应立即用于教学的目的。[③]这都为德国高校人文社会科学教师科研绩效评价的萌芽奠定了思想与实践基础。

（二）德国高校人文社会科学教师科研绩效评价的产生阶段（1937—1969年）

第二次世界大战后到20世纪60年代初，德国高等学校虽然坚持教师教学和学术自由的传统，但教育的目的性和针对性较弱。[④]相比其他资本主义国家，德国高等教育的发展已经落后，高校所培养的高级人才已难以满足当时经济发展的需要。

20世纪60年代，为了使科技发展与经济发展同步，德国开始计划对高等教育实施一系列改革。改革的指导思想即满足社会对高级人才的多层次需要，加大对中间型层次人才的培养，重新调整高等教育管理结构，采取多途径、多渠道的招生办法。具体实施措施如下：为大学招生创造条件，通过夜校和补习学校使中学毕业生获得大学入学资格；增加高等专科学校，实行就近招收走读生的办法；将传统大学、高等师范学校与高等专科学校联合，建立综合高等学校（这种综合高等学校与传统大学的区别是不设立学院，只设较小的系科及教学科研单位，设置以研究某些问题为重点的专业）；实行集中管理，建立集中的教学设施和学生宿舍。这一系列措施为后续德国高等教育的改革和发展奠定了基础，高校人

① 曾绍元. 1999. 外国高校师资管理比较研究. 北京：海洋出版社，17.
② 曾绍元. 1999. 外国高校师资管理比较研究. 北京：海洋出版社，17.
③ 姚利民. 2008. 大学教师教学论. 长沙：湖南大学出版社，160.
④ 曾绍元. 1999. 外国高校师资管理比较研究. 北京：海洋出版社，18-47.

文社会科学教师科研绩效评价也在这一阶段产生。

（三）德国高校人文社会科学教师科研绩效评价的创新发展阶段（1970 年至今）

随着社会的进步和经济的发展，德国高等教育的科研效益和效率受到越来越多的重视，德国政府开始寻求发展世界一流大学。2004 年，德国科学委员会开始评价德国所有大学和学术机构的研究表现。2005 年起，进入实验评估阶段，社会科学和人文科学（"英美研究"专业）成为试点学科。2005 年 6 月，德国推出"卓越计划"，本质是高等学校的遴选制度，通过对高校科研能力的评价分配政府资金。"卓越计划"重视对年轻学者的培养，对未来的研究潜力进行投入，确保年轻的学生有更多的学术发展机会，建立优秀的研究标准。[①]2006 年修订的《高等教育基准法》的修正方向包含国家管制松绑、重视绩效与责任及调整组织与学制等，第六条强调高校在科研、教学、培养学术后备人才以及在促进性别平等方面的工作要接受定期评估，学生应参与评估，公布评估结果。[②]对高等教育的教学评价和科研评价是迈向"学术服务质量保障系统"的第一步，德国逐步建立了具有特色的包括国家级的评价体系和学校自身的评价体系在内的高校科研评价体系，发展趋势是每五六年评价一次，由独立的专家进行评定，评价结果将作为经费分配的一个重要依据，指标权重也在发生一些变化，更加注重科研产出和国际化的项目。德国高校人文社会科学科研绩效评价也步入创新发展阶段，最显著的做法就是将实验评估阶段的社会科学和人文科学（"英美研究"专业）作为推广性学科加以评价。

在此基础上，德国高校人文社会科学教师科研绩效评价体系得以确立，形成了外部评价体系——由德国研究与技术部（Bundesministeriun für Forschung und Technologie，BMFT）的科研评价、"卓越计划"中的科研评价构成的德国政府的科研绩效评价体系；第三方科研绩效评价体系——由德意志研究联合会、科学委员会、高校发展中心、洪堡基金会主导；内部评价体系——由校内同行专家主导。

---

① 吕勇. 2020. 德国"卓越计划"对"双一流"建设机制的镜鉴. 比较教育研究，（4）：34-42.
② 张源泉. 2011. 德国大学管理体制的演变——以《高等学校基准法》为线索//王贵松. 宪政与行政法治评论（第五卷）. 北京：中国人民大学出版社，320-339.

第四节 中国高校人文社会科学教师科研绩效评价的产生背景及历史演进

一、中国高校人文社会科学教师科研绩效评价的产生背景

（一）我国哲学社会科学研究评价及教育评价改革政策的推动

人文社会科学是探究"人和社会"的学问，具有与自然科学不同的学术特性和研究方法。近年来，党和国家领导人高度重视哲学社会科学研究评价工作，相关研究数量也逐渐增多，研究水平和创新能力不断提升。

人文社会科学在高等教育发展中的重要地位是毋庸置疑的，人文社会科学教师的科研贡献促进了高校持续繁荣发展。

为了全面推进高校人文社会科学研究评价工作，我国政府出台了一系列政策予以保障。2011 年 11 月，《教育部关于进一步改进高等学校哲学社会科学研究评价的意见》印发，提出建立健全分类评价标准体系，首次以政策文本形式，提出针对人文科学和社会科学等不同领域，建立符合哲学社会科学特点的分类评价标准体系。2013 年 11 月，《教育部关于深化高等学校科技评价改革的意见》印发，强调针对不同对象，分别建立科学合理、各有侧重的评价标准，推行分类评价政策。2020 年 10 月，中共中央、国务院印发《深化新时代教育评价改革总体方案》，明确提出改进高校教师科研评价；根据不同学科、不同岗位特点，坚持分类评价，推行代表性成果评价。2020 年 12 月，教育部印发《关于破除高校哲学社会科学研究评价中"唯论文"不良导向的若干意见》，提出建立健全中国特色哲学社会科学学术规范和评价体系。2022 年 5 月，中共中央宣传部、教育部联合印发《面向 2035 高校哲学社会科学高质量发展行动计划》，指出推进评价体系改革；赋予科研人员更大的人财物支配权和学术研究自主权。通过解读政策能够发现，我国正在构建中国特色哲学社会科学知识体系，倡导科研评价、教育评价改革，也力主对人文社会科学与自然科学进行分类评价。基于此，高校要充分发挥

科研职能，致力于哲学社会科学事业的高质量发展。

（二）发达国家高校人文科学教师科研评价发展趋势的影响

从全球范围来看，英国、美国等是具有代表性的发达国家，拥有数量众多的世界一流大学和一流学科，这些国家对全球高校科研评价有着积极的引导作用。在人文社会科学科研评价方面，英国、美国等一直走在前列，主要采取分类评价模式，将人文社会科学和自然科学分开评价。

作为最早开展科研绩效评价的国家，美国高校教师及其科研成果评价主要由同行专家主导。在评价标准方面，美国高校看重科研成果的创新性，即是否能为民众带来社会效益；在评价方法方面，将同行评议法和文献计量分析法相结合，以同行评议法为主。英国的 REF 评价体系强调分类评价的必要性，指出人文社会科学科研成果与自然科学差距较大，将人文社会科学划分为哲学社会科学和人文艺术科学两类。其中，人文科学领域由艺术与人文研究委员会（Arts and Humanities Research Council，AHRC）负责，该委员会将人文科学特有的展览和演出同期刊论文一样视作科研成果。在评价方法的具体运用方面，自然科学的评价以文献计量法等定量评价法为主，而人文社会科学科研成果具有抽象性和长周期性，则以定性评价法为主，定量评价法作为补充。德国对高等教育的外部和内部管理体制进行了相应的改革，强调高校的科研职能，针对高等教育制定了国家级评价体系和校级评价体系，将实验评估阶段的社会科学和人文科学（"英美研究"专业）作为推广性学科加以评价。

纵观几个发达国家高校科研评价的现状，不难发现其科研评价体系呈现三个发展趋势。①政府逐步向第三方评价机构让权。如前所述，英国、美国等国高校在科研评价中主要采取二元主体模式，即以政府主导为主、第三方评价机构为辅。近年来，以法国和日本为首的发达国家开始将政府权力让渡给第三方评价机构，既可以减少政府的财政支出，又可以简化评价流程。②成果评价以质量为导向。欧美发达国家高校重视科研成果的社会效益和经济效益，长期追求科研成果的数量。近年来，欧美发达国家意识到科研成果质量的重要性，开始看重科研成果的学术性和创新性。③同行评议法与引文分析法相结合将成为主流。一直以来，人文社会科学沿用自然科学的定量评价法，而定性评价法的引入改变了单一评价法的窘境。近些年，以英国、澳大利亚为首的西方发达国家提倡采用综合评价法，即以同行评议法为主、引文分析法为辅，这种定性、定量相结合的综合评价法已成为当下主流趋势。

（三）高校人文社会科学教师科研评价现实问题亟待解决的迫切需要

近年来，我国高校人文社会科学教师科研评价取得了一定进展，但是与社会发展的需求、国家的需要相比，仍然存在一些亟待解决的问题。①基本价值取向存在偏颇，表现为重数量轻质量、重形式轻内容、重理论研究轻应用研究、重立项轻结项、重个人轻团队、重短期效益轻长远效益等，未能充分考虑人文社会科学教师科研的劳动属性及特殊性。②分类评价的推广不足。尚未根据学科特色及特点实施分类评价，高校人文社会科学教师科研评价的针对性和有效性有待提高。③评价方法的科学化程度不够。人文社会科学研究的高度复杂性决定了其评价方法应该具有多元化特点，但多元化要求在现实评价活动中未受到应有的重视，评价方法过于单一。④评价工作的规范化水平有待提高，包括评价制度、评价程序、评价标准在内的规范建设工作尚未被列入重要议程。⑤评价活动过频过泛，评价周期短，未能充分考虑人文社会科学的特征。事实上，精评、评精是科研评价的特点之一，适时适度地对人文社会科学科研成果进行评价是由其科学研究内在规律决定的。⑥评价工作行政化。科研评价本质是学术评价，是学术活动的延伸，应该遵循学术发展规律，以利于学术发展。行政权力过度介入学术事务会导致学术色彩被冲淡，行政色彩日益浓重，这样不利于学术发展。⑦某些不良现象及行为侵犯了学术品质及他人的合法权益，亟待解决。①

二、中国高校人文社会科学教师科研绩效评价的历史演进

回顾我国高校人文社会科学教师科研绩效评价制度的变革历程，其经历了从单一定性评价到定性评价与定量评价相结合的演变过程。具体来讲，我国高校人文社会科学教师科研绩效评价制度经历了行政评议、同行评议、指标量化评议和国际科研计量评价 4 个阶段，但现状仍不尽如人意。我国高校人文社会科学教师科研绩效评价制度的变革和发展与我国人文社会科学地位的提升和高等教育快速发展息息相关。2017 年 9 月，教育部、财政部、国家发展和改革委员会印发《关于公布世界一流大学和一流学科建设高校及建设学科名单的通知》，要求加快

---

① 教育部社会科学委员会. 2016. 高等学校哲学社会科学研究评价指南. 北京：高等教育出版社，3-7.

建成一批世界一流大学和世界一流学科，"双一流"中的一流学科建设受到极大关注。人文社会科学占据科学研究重要位置，是推进人类社会进步的重要力量，具有提升国民思维能力、理论水平、精神素养和推进人类文明进程的作用，促进人文社会科学的繁荣发展是一项历史性任务。本次研究从历史的角度回顾我国高校人文社会科学教师科研绩效评价的演变历程，找出事物发展规律，为改进目前科研评价中存在的不足提供有益借鉴。

在高等教育管理探索与实践的改革大潮中，科研绩效评价是一个引人注目的话题。在我国高校教育管理的发展与进化过程中，科研绩效评价已然成为绩效改革的重头戏。高校人文社会科学教师科研绩效评价的最终目的是提高科研质量。为此，我国通过评价检验教师的科研绩效调动其科研积极性。①我国人文社会科学教师科研绩效评价始于 20 世纪 50 年代，如今已经形成相对完善的评价体系。高校教师科研绩效评价是高校教师评价的一个重要组成部分，其发展历程与教育评价的发展历程密不可分，而教育评价的发展历程又与整个国家政治、经济、文化的变迁息息相关，不同阶段的高校教育评价都与当时的政治事件息息相关。

（一）高校人文社会科学教师科研绩效评价初步探索阶段（1949—1977 年）

这一阶段的高校科研绩效评价主要呈现出高度重视自然科学，对人文社会科学重视不够的特点。自 1949 年起，我国开始大规模开展工业化建设，人文社会科学在当时的大环境下因对工业化建设没有直接的帮助而不受重视，社会学、政治学等学科甚至被取消。1950 年 6 月，教育部召开第一次全国高等教育会议，指出准备和开始吸收工农干部和工农青年进入高校，以培养工农出身的新型知识分子；高等教育无论在内容、制度还是方法方面，都必须密切地配合国家的经济、政治、国防和文化建设，必须很好地适应国家建设的需要，首先应该适应经济建设的需要。②人文社会科学教师因与这一时期的发展需求不符而在某种程度上被忽视。1953 年，全国对高等学校院系进行调整，人文社会科学教师因无法满足国民经济建设的需求，数量被大幅削减，一些综合性大学保留部分人文社会科学学科，成为文理综合大学。1955 年，高等教育部公布《高等学校教师工作

---

① 史万兵，杨慧.2014.高等学校教师科研绩效评价方法研究.高教探索，（6）：112-117.

② 吴镇柔，陆叔云，汪太辅.2001.中华人民共和国研究生教育和学位制度史.北京：北京理工大学出版社：491.

日和教学工作量试行办法》，规定各级职务教师的全年工作量定额。高校教师科研绩效评价工作首次有了明确的指导文件和可操作的计算方法，对人文社会科学教师、自然科学教师采用混同评价的方法。1956 年，为了系统地引导高校科研为国家建设服务，中央政府开始着手制定新中国第一个中长期科研规划——《1956—1967 年科学技术发展远景规划》，又称作"十二年科技规划"。该规划的实施对我国高校学科及专业的调整、教师队伍培养方向的确立、科研管理体系和方法的建立，以及科研体制的形成起到了决定性作用。这一时期高校主要开展自然科学研究，尤其重视数学、物理学、化学、生物学、地质学、地理学和天文学等，对人文社会科学的研究可以说是少之又少。[①]1961 年 9 月，中共中央批准试行《教育部直属高等学校暂行工作条例（草案）》，简称"高教六十条"，明确要求学校应该定期地对教师进行考核；教学研究室应该有比较固定的科学研究方向；教师的科学研究时间，应该根据各校的教学任务和科学研究任务来安排；高等学校的领导制度，是党委领导下的以校长为首的校务委员会负责制；设立校务委员会。1962 年，由于国家对经济、文化和教育的大规模调整，全国范围内的人文社会科学教师陆续终止科研工作，科研绩效评价活动受此影响也暂停了。1966—1976 年，评价工作基本处于停滞状态。

该阶段呈现出如下特点。

1）评价主体威权化。这一时期的高校人文社会科学教师科研绩效评价主体主要由中央政府和教育部组成，同行专家和教师本人的参与度很低，院系领导和教学研究室仅仅起到了上传下达的作用。中央政府是人文社会科学研究的直接授权者。同行专家是指对人文社会科学相关领域科研成果做出评价的专家学者，但这一时期的评价主体是政府，同行专家的参与度有限，同行评价制度尚未真正形成。

2）评价客体单一化。作为开展科研工作的重要力量，高校人文社会科学教师要在完成教学任务的前提下，积极开展科研工作。对于新任职和新开课的教师，高校会酌情减少或者取消对其科研绩效方面的评价。根据国家的统一安排，高校人文社会科学教师可以适当获得教育部部门的科研经费拨款，但科研工作必须同科研机关、生产部门建立紧密的联系，并接受相关部门的委派，协助解决具体的科研问题。同时，科研项目在选题上主要兼顾理论、历史和现状三个方面，

① 张久春，张柏春. 2019. 规划科学技术：《1956—1967 年科学技术发展远景规划》的制定与实施. 中国科学院院刊，34（9）：982-991.

把理论研究放在首位，从实际情况出发，高校在布置科研任务和考察科研进度的同时会量力而行，杜绝出现重点科研项目扎堆的现象。

3）评价标准统一化。1949 年以来，人文社会科学教师科研绩效评价的最大特点就是过于强调统一性，即对人文社会科学教师和自然科学教师用同一个评价标准，不同学科的教师在评价过程中都遵循同样的要求，具体来说主要侧重基本规范、理论依据和评价原则三方面。基本规范主要是指高校在进行科研绩效评价时，应该有计划、有重点地进行，各个学科应该有比较固定的科研方向，科研计划要力求把国家的需要同教师本人的专长结合起来，不同学派和不同学术见解可以在规定的范围内进行探讨。理论依据主要是指人文社会科学教师科研绩效评价要根据教师本人的科研志趣和学术见解进行，并且在科研工作上尽可能地给予教师帮助。评价原则主要是指从事人文社会科学研究的教师在享有科研工作权利的同时，必须遵守政府的相关规定。

4）评价方法单一化。中华人民共和国成立初期，相关部门规定人文社会科学教师要运用正确的观点和方法研究哲学、文学和艺术学，以期取得切合实际需要的发明、著作等成就，传播文学和艺术的成果。[①]但是该阶段的人文社会科学教师科研绩效评价方法相对单一，尤其是对文学和艺术学教师的评价，重视教师科研成果的数量，在一定程度上忽视了科研成果的质量。高校对人文社会科学教师主要实行岗位任命制，一部分教师受时局影响转行研究其他学科，评价方法缺乏一定的客观性。

（二）高校人文社会科学教师科研绩效评价改革发展阶段（1978—2010 年）

如果说初步探索阶段的人文社会科学教师科研绩效评价具有间断性和不确定性，那么改革发展阶段的人文社会科学教师科研绩效评价则颇具持续性和科学性，最显著的特点当数对人文社会科学的重新审视。随着社会的进步和高等教育事业的蓬勃发展，我国人文社会科学教师科研绩效评价作为高校教师管理工作的重要依据，其重要性日益得以凸显。尤其是我国教师职务由任职资格制度转向聘任制度后，各高校基本建立了教师科研绩效评价体系并逐步走向规范。这一阶段，教学仍然占据主导地位，但科研所占的比例越来越大。至 1977 年恢复高

---

① 张慧明. 1998. 中外高等教育史研究. 长沙：湖南大学出版社，126-127.

考，我国高校人文社会科学教师科研绩效评价中断 15 年。1977 年，邓小平同志同教育部主要负责同志谈话时指出：大专院校也应该恢复教授、讲师、助教等职称。①同年 9 月，《中共中央关于召开全国科学大会的通知》中明确提出，应当恢复技术职称，建立考核制度，实行技术岗位责任制。1978 年以来，高校人事行政主要工作之一是建立符合现代科研人才评价的制度体系，包括合理的收入分配制度、专业技术职务制度以及各类奖励制度。人事部（现人力资源和社会保障部）牵头，以激励型工具为主，指导制度重建和工作开展。该阶段呈现出政策可执行性不足、政策覆盖面小、激励性不足等特征。②20 世纪 80 年代起，高校人文社会科学教师逐步恢复科研工作。1981 年，教育部发布《关于试行高等学校教师工作量制度的通知》，提出了关于高等学校教师工作量的试行办法。对于人文社会科学教师而言，在科研工作量方面主要考察论文发表情况。③1983 年，改革开放后，我国将竞争机制引入高等教育领域，高校之间的竞争日益激烈，人文社会科学教师科研绩效评价也受到了一定影响，教师作为校内竞争的主体，也是教育竞争的产物，需要产生行为的动力，教师的需要主要体现在职称和待遇两方面，竞争须由此入手。因此，教师须为续聘、职务晋升、终身聘用和科研经费、课题项目等相互竞争，这为教师素质提升和职业发展提供了强大动力。要促进教师之间的竞争，必然要进行高校人事制度改革，尤其是分配制度改革。竞争的结果是校内各成员（包括校领导层、教职工层）强化了优胜劣汰的意识，促使高校师资队伍实力增强、形象优化、质量提高。④1986 年，国务院颁布《普通高等学校设置暂行条例》，扩大了高校教师管理权限。⑤这一时期的人文社会科学教师，尤其是艺术类教师的科研自由度显著提升，科研绩效评价的地位较以往也有所提高。20 世纪 90 年代后期，随着我国事业单位岗位聘用制度和收入分配制度改革的深入，科研绩效作为岗位聘用和收入分配的重要依据得到前所未有的重视。2004 年，为适应高等学校哲学社会科学研究事业发展的需要，推进科研管理决

① 人民网. 邓小平思想年谱·1977 年. http://cpc.people.com.cn/GB/33839/34943/34980/2632739.html[2022-02-24].
② 谭玉，吴晓旺，李明雪. 2019. 科技人才评价与激励政策变迁研究——基于 1978—2018 年政策文本分析. 科技与经济，32（5）：66-70.
③ 《中国教育年鉴》编辑部. 1984. 中国教育年鉴（1949—1981）. 北京：中国大百科全书出版社，857-858.
④ 胡弼成，李斌. 2014. 论高等教育质量调节的市场机制. 高等教育研究，35（7）：26-33.
⑤ 国务院. 1987. 普通高等学校设置暂行条例.（1986-12-15）. http://www.moe.gov.cn/jyb_sjzl/sjzl_zcfg/zcfg_jyx zf g/202204/t20220422_620525.html[2020-10-12]

策的科学化与民主化，教育部决定成立社会科学委员会作为指导全国高等学校哲学社会科学研究工作的咨询机构。社会科学委员会按学科门类分成 10 个学科组，其中包括与人文科学相关的哲学、语言文学和历史学，必须指出的是，艺术类学科并未列入其中。[①]2006 年，《教育部关于大力提高高等学校哲学社会科学研究质量的意见》发布，要求建立健全高等学校哲学社会科学科研管理制度，建立重视实际绩效的人才选拔和激励机制，对信誉好、成果优的研究人员优先资助。[②]该阶段呈现出如下特点。

1）评价主体开放化。改革开放以来，高校人文社会科学教师科研绩效评价仍然以政府为主导，校领导、科研部门、院系领导、同行专家为辅助，而教师本人能够亲自参与的评价并不多。相关部门采取了一系列为高校领导"松绑""放权"的相关政策，高校领导在人文社会科学教师科研绩效评价中获得了更多的话语权和执行权。在绩效评价工作中，高校领导负责依据相关条例晋升、聘任或解雇教师，在遵守国家财政法规的前提下，自行安排教师的科研项目经费以及开展对外学术交流活动。科研部门负责设计符合本校学科特色的评价目标，并根据大政方针调整评价标准和评价方法。院系领导在保证教师完成科研任务的前提下，决定教师是否具有资格参加其他科研项目的投标。随着艺术类学科的兴起，同行专家在评价中的地位在这一时期有显著提升，也在人文社会科学教师科研绩效评价主体中具有了无可替代的地位。

2）评价客体多样化。改革发展阶段沿用了初步探索阶段的部分评价模式。这一时期的高校人文社会科学教师科研绩效评价客体仍然分为两部分，一部分是教师本人，另一部分是论文、专著、科研项目等。不同于以往，该阶段针对艺术类教师还增添了艺术创作和科研潜力等评价客体。教师作为评价客体的重要组成部分，在科研工作中不喜欢受条条框框的约束，很难对其进行具体的量化评价。对论文和专著的评价主要包括期刊级别、被引次数、发表数量和作者排名等，其中期刊级别和被引次数是最受重视的，但对艺术类教师的论文和专著发表数量并没有做过多的要求。科研项目评价主要包括项目级别、项目结构、项目经费、项目排名、项目进展和项目验收等方面，其中项目经费又可划分为总项目

① 教育部. 教育部关于印发《教育部社会科学委员会章程》的通知. （2004-06-21）. http://www.moe.gov.cn/jyb_xxgk/gk_gbgg/moe_0/moe_1/moe_201/tnull_5016.html［2022-02-27］.
② 教育部. 教育部关于大力提高高等学校哲学社会科学研究质量的意见. （2006-06-05）. http://www.moe.gov.cn/s78/A13/s8353/moe_1205/tnull_16533.html［2022-02-27］.

经费数和单项经费数。艺术类教师的科研创作主要包括作品获奖情况和作品的社会效益、经济效益等。艺术类教师的科研特点决定了其科研创作的重要性。作为一个新生的评价客体，科研潜力则代表了艺术类教师的科研持续能力，即未来的科研发展前景，这改变了以往只看重过去、不展望未来的刻板评价方式。

3）评价目的学术化。高校人文社会科学教师科研绩效评价的目的应与学科定位和发展目标保持高度一致，尤其要体现艺术类学科的差异性和专业性。科研是研究新知识的活动，而人文社会科学教师科研绩效评价的目的则具有不确定性和随机性，在设立过程中需要克服重重困难。人文社会科学教师的科研创造活动不仅是对现有科研工作的梳理和延续，也是对未来的一种展望，需要较长的科研周期，很多时候到了评价期限却还未完成科研成果，尤其是艺术类教师的科研成果在完成之前要经过反复试练。人文社会科学教师科研绩效评价成果很难在社会上得到广泛应用，但是随着时代的进步，相关成果对科学技术的进步、生产活动的发展都会产生积极的影响。所以，制定明晰的评价目的很有必要，人文社会科学教师科研绩效评价的目的是对教师的科研工作进行全面评价，为教师的职称晋升、薪酬决策提供依据，了解教师的职业生涯规划，进而加强高校人文社会科学教师队伍建设。

4）评价标准兼顾多样性。这一阶段与上一阶段大不相同，人文社会科学教师科研绩效评价出现了一种新的思维，即人文社会科学教师与自然科学教师的评价标准可以有重叠之处，但在具体细节方面还要有所区别。1977年恢复高考，仅有88所全国重点大学招生，其中综合类高校16所，师范类高校2所，外国语类高校2所，政法类高校1所，艺术类高校1所。[1]以综合类高校为例，当时全国高校的科研水平、科研规模和科研条件都不尽相同，如果不设立一个统一的评价标准，则很难对人文社会科学教师科研绩效评价结果进行鉴别，但各地区培养的人文社会科学教师大都是为本地区的社会经济发展服务的，尤其是艺术类教师的评价标准在设置上不能偏离实际。因此，人文社会科学教师科研绩效评价在具备一个统一的标准基础上，还应该根据学科特点有所改进，同一性和多样性是符合新时代科研绩效评价标准的发展规律的。

5）评价制度自主化。这一阶段既是我国高校管理制度的恢复时期和发展时期，也是高校教师评价的深化探索时期，绩效评价成为教师评价的重要组成部

---

① 搜狐网. 1977 年恢复高考时仅有的 88 所全国重点大学汇总！（2017-05-03）. https://www.sohu.com/a/137984952_617765[2021-12-05]

分。这一阶段的人文社会科学教师科研绩效评价制度最大的特点就是高校自主权的提升，绩效评价制度的改革不断深化，高校陆续开始在教师管理制度方面进行大刀阔斧的改革，人文社会科学教师的社会地位得到提升，大量优秀的人文社会科学教师重新投入科研工作。这一阶段的评价制度具体包括高校教师职称制度、职务聘任制度等，对教师职务聘任、职称晋升做出了更详尽的规定，科研绩效评价成为教师职称晋升的重要参考依据之一。由此，高校开始根据科研绩效调整人文社会科学教师的岗位津贴，科研绩效评价已然成为高校调薪的重要手段。但在具体落实过程中仍然遇到了一些阻碍，比如，在人文社会科学教师科研绩效评价中出现了系对教师科研内容有所限制、教师难以向其他高校调动，使得部分人才无用武之地、科研工作没有动力进行下去。

6）评价方法可操作化。随着人文社会科学教师科研绩效评价体系的进一步完善，评价方法也有所改进。关于这一阶段的人文社会科学教师科研绩效评价方法，最重要的变化主要表现为量化指标的完善和同行专家的广泛参与。具体来说，由于高校管理自主权的增强，关于高校人文社会科学教师科研绩效的评价方法也出现了两种呼声，一部分专家学者建议参考自然科学教师科研绩效评价的成功经验，采用"打分制"评价法，即通过详尽的评价指标体系对人文社会科学教师科研工作进行量化考核。另一部分专家学者则提倡代表作制度评价法，强调了标志性科研成果的重要性，即在聘期内只要发表或出版了有较大影响的论文或著作，经同行专家认定在相关学科领域内属于领先地位，则对该教师的科研工作免去量化评价。同行评价法在 20 世纪 80 年代后期被引入人文社会科学教师科研绩效评价中，最初主要应用于聘任考核，既具有优势也存在弊端，如该评价法导致的"一家独大"和"一言堂"等不公正现象时有发生。必须指出的是，艺术类教师的同行评价具有一定的人为操作性，且评价时间相对局促，同行专家对教师的评价材料没有充足的时间审阅，无法保证评价结果的"含金量"。艺术学科有别于人文社会科学的其他学科，但是许多高校对艺术类教师应发表论文数量并未做出明确规定，从某种意义上讲，同行评价方法的引入缓解了这一矛盾。

（三）高校人文社会科学教师科研绩效评价创新发展阶段（2011 年至今）

2011 年 11 月，为了贯彻落实中央精神，推进高校哲学社会科学繁荣发展，相关部门印发了《高等学校哲学社会科学繁荣计划（2011—2020 年）》《教育部关于进一步改进高等学校哲学社会科学研究评价的意见》《高等学校哲学社会科学"走出去"计划》。[①]"高等学校哲学社会科学繁荣计划"是教育部、财政部贯彻落实中央精神，推进高等学校哲学社会科学繁荣发展的重大举措，自 2003 年实施以来，调动了高校广大哲学社会科学工作者的积极性、主动性和创造性，提升了高校的综合实力和整体水平，推动了高等教育事业改革和发展，为进一步繁荣发展高等学校哲学社会科学奠定了坚实基础。[②]《教育部关于进一步改进高等学校哲学社会科学研究评价的意见》进一步改进了哲学社会科学教师科研绩效评价，促进高校人文社会科学健康发展，建立健全符合哲学社会科学特点的分类评价标准体系。[③]《高等学校哲学社会科学"走出去"计划》对于深入推进哲学社会科学繁荣发展，进一步提升高等教育国际化水平，扩大中国学术的国际影响力，妥善回应外部关切，增进国际社会对我国基本国情、价值观念、发展道路、内外政策的了解和认识，展现我国文明、民主、开放、进步的形象，增强我国国际话语权，具有十分重要的意义。[④]2012 年 11 月，教育部学位与研究生教育发展中心启动了第三轮学科评估，于 2013 年 1 月公布了第三轮学科评估结果。此轮评估中，全国共有 391 所高校和科研机构的 4235 个学科参评。[⑤]此轮评估为人文社会科学单独设立评价指标，为特色一级学科设立特色指标，为艺术类学科设置"艺术创作水平"评价指标，鼓励人文社会科学学科办出自己的特色。2016 年 4 月，教育部学位与研究生教育发展中心启动了第四轮学科评估，在前三轮评估的基础上做了很多更新，延续了分类评价的举措，首次对人文科学和社会科学分开设立评价指标，并为艺术类学科细分出很多新的评价指标，进一步体现了人文科学的特点，规避了学科建设同质化。2018 年，中共中央办公厅、国务院办公厅印发的《关于深化项目评审、人才评价、机构评估改革的意见》提出，"突出品德、能力、业绩导向，克服唯论文、唯职称、唯学历、唯奖项倾向，推行代表作

① 季庆庆. 2018. 我国高校人文社会科学科研评价研究热点及发展态势. 科技管理研究，38（18）：43-49.

② 教育部，财政部. 教育部 财政部关于印发《高等学校哲学社会科学繁荣计划（2011—2020 年）》的通知.（2011-11-07）. http://www.moe.gov.cn/srcsite/A13/s7061/201111/t20111107_126304.html[2022-02-27].

③ 教育部. 教育部关于进一步改进高等学校哲学社会科学研究评价的意见.（2011-11-07）. http://www.moe.gov.cn/ srcsite/A13/s7061/201111/t20111107_126301.html[2022-02-27].

④ 教育部. 教育部关于印发《高等学校哲学社会科学 "走出去" 计划》的通知.（2011-11-07）. http://www.moe.gov.cn/ srcsite/A13/s7061/201111/t20111107_126303.html[2022-02-27].

⑤ 教育部. 2012 年学科评估结果公布.（2013-01-30）. http://www.moe.gov.cn/jyb_xwfb/s5147/201301/t20130130_147331.html[2022-02-27].

评价制度，注重标志性成果的质量、贡献、影响"①，进而为我国高校人文社会科学教师科研绩效评价体系的建立指明了方向。该阶段呈现出如下特点。

1）评价主体多元化。2011 年以后，高校人文社会科学教师科研绩效评价的主体有所细化，主要包括教育行政部门、学术组织、同行专家以及教师本人，这一阶段教师本人的评价主体地位有所强化。其中，教育行政部门主要是指教育部社会科学委员会。学术组织主要分为两类：一类是校内的学术委员会；另一类是相关学会、协会。学术委员会是我国高校设立的学术评价与审核机构，一般分为校、院两级，各委员会成员均由副教授以上职称的教师担任，主要职能是制定本院科研发展规划，对相关教师的科研成果、科研水平和科研贡献进行评价，从而为其职称晋升、升职提薪给出建议。不同于自然科学领域，人文社会科学领域更看重同行专家的作用，并视同行专家为评价主体的重要组成部分。在科研绩效评价过程中，相关评价材料被受理后，同行专家就要根据该评价材料对教师的相关科研理论和科研背景做出判断，可以说同行专家的思路和理解对评价结果有很大影响。这一时期的人文社会科学教师科研绩效评价还有一大进步，即教师作为评价主体享有更大的自主权。人文社会科学教师会通过自我评价给予自己进行科研创作的动力，对科研工作中存在的不足进行反思，从而使评价变成了一个互动的过程。

2）评价客体特色化。例如，对于艺术类学科则纳入了"创作表演"指标，以体现学科特色。"科研成果（与转化）"指标主要考察"学术论文质量""科研获奖"。其中，"学术论文质量"指标包含"扩展版 ESI 论文数"和"代表性论文"同行评议两个方面。同时，要求代表性论文须包含一定比例的国内期刊（特别是哲学社会科学），以鼓励优秀成果优先在国内期刊发表。"科研获奖"除关注国家和省级政府设奖外，第四轮学科评估采纳了先前调研意见，选取部分在学科领域内具有广泛共识、在行业具有突出影响的社会力量设奖，丰富了指标内涵。②

3）评价目的人性化。我国高校人文社会科学教师科研绩效评价的目的是坚持服务国家目标与鼓励自由探索相结合，即科研成果要有创新点，在推动学科建

---

① 中共中央办公厅 国务院办公厅印发《关于深化项目评审、人才评价、机构评估改革的意见》.（2018-07-03）. http://www.gov.cn/zhengce/2018-07/03/content_5303251.htm[2022-02-27].

② 全国第四轮学科评估工作概览.（2017-12-28）. http://www.cdgdc.edu.cn/xwyyjsjyxx/xkpgjg/283494.shtml[2022-02-27].

设的前提下，为促进人文社会科学的进步与发展做出贡献。开展高校人文社会科学教师科研绩效评价，是为了区别对待不同类别的科研成果，推动科研管理创新，优化科研资源配置，构建具有中国特色的高校人文社会科学教师科研绩效评价体系。

4）评价标准广泛化。我国高校人文社会科学教师科研绩效评价紧跟社会主义先进文化前进方向，以服务国家需求、引领科研发展为取向，严格坚持政治标准与科研标准的统一。相比以往，该阶段的高校人文社会科学教师科研绩效评价考虑到了人文科学和社会科学的不同，但是仅仅将人文科学的艺术学同社会科学分开评价，并未单独为所有人文科学开设一个评价窗口，而是把人文科学和艺术学同时归入社会科学进行评价，这一方面仍有待改进。笔者认为，上述评价标准之下还可以细化出具体的评价指标，比如，学科领域影响力、重要学术组织或期刊任职、科研成果的原创性等，这些评价指标既是评价内容的载体，也是评价内容的外在表现。

5）评价制度完善化。我国高校人文社会科学教师科研绩效采用分类评价制度，具体包括代表作制度、评价答辩制度、回避制度、公示制度、反馈制度、申诉制度、举报制度、回溯评价制度、专家遴选制度、评价专家信誉制度、问责制度、评价结果的公布和共享制度等。在这 5 年间，教育部学位与研究生教育发展中心每年采用科学的方法抽取一定比例的高校，对它们的年度科研绩效完成情况进行评价，开展年度科研绩效评价验收工作，随机或有目的地对教师的科研工作进行监督。科研绩效评价制度的建立在很大程度上是为科研成果的有效利用服务，该制度除了具有激励作用，还有一定的管束作用。在人文社会科学教师科研绩效评价工作中，科研绩效评价结果是评价制度是否有效履行的重要证据。总而言之，评价制度是评价工作在公平、公正、公开的环境下运行的有力保障。

6）评价方法科学化。随着《社会科学引文索引》（Social Sciences Citation Index，SSCI）、南京大学的《中文社会科学引文索引》（Chinese Social Sciences Citation Index，CSSCI）、《艺术与人文科学引文索引》（Arts & Humanities Citation Index，A&HCI）等在高校人文社会科学教师科研绩效评价中被引用，严格的量化评价法使人文社会科学教师更加专注于本职工作，一些高校的论文数量迅速增加。但这种方法并未顾及人文社会科学各学科间的差异性，重数量轻质量、重形式轻内容，导致一些教师急功近利，没有了"十年磨一剑"的韧劲儿。同行评价法则更加注重科研工作质量，同行专家在评价中占据主导地位，鼓励教师多出原创性科研精品，但由于受主观因素的影响较大，重人情拉关系、本位主义和门户之见等不良现象时有发生，社会监督机制还亟待进一步"破冰"。如何在两种科研评价方法中寻求平衡，成为目前很多高校思考的主要问题。对于艺术类教师而言，同行专家基本都是业内人士，极少邀请其他领域专家进行评价，"小同行"的重要作用发挥得淋漓尽致。根据不同学科发展的具体情况，在这一阶段，我国高校人文社会科学教师科研绩效评价还引入了海外同行专家评价、多学科同行联合评价、相关学科分别评价等崭新的方法开展跨学科、交叉学科、新兴学科领域的科研绩效评价。

第四章
我国高校人文社会科学教师科研绩效评价现状调研与分析

　　本次研究对我国高校人文社会科学教师科研绩效评价现状进行调研与分析，旨在解决"为什么评"的问题。首先，本章对高校人文社会科学教师科研绩效评价现状展开调研，运用实证分析方法调研与本次研究密切相关的几个方面——评价主体、评价客体、评价目的、评价标准、评价方法、评价制度。具体做法如下：运用案例分析、问卷调查、深度访谈、抽样调查、统计分析等实证分析方法，了解并掌握现行的高校人文社会科学教师科研绩效评价现状。其次，本次研究对高校人文社会科学教师科研绩效评价现状的利弊进行分析，肯定高校人文社会科学教师科研绩效评价取得的成绩，揭示其不足之处及其成因。最后，对我国高校人文社会科学教师科研分科成果绩效存在的问题及其成因加以分析，为后续深入研究并尝试构建高校人文社会科学教师科研绩效评价体系做铺垫。

第一节 我国高校人文社会科学教师科研绩效评价现状调研

一、我国高校人文社会科学教师科研绩效评价的个案调研

人文社会科学研究是科学研究的重要组成部分，人文社会科学科研绩效评价体系是高校人文社会科学教师科研绩效考核的重要依据，能够真实、客观地评估教师的科研水平，引导教师的科研工作方向，激发教师的科研工作热情。中华人民共和国成立以来，我国高校人文社会科学教师的科学研究取得了一定成就，研究成果数量迅速增加。毋庸置疑的是，在不断问世的大量科研成果中，具有实质性创新的成果较少，科研成果数量多、质量低的情况时有发生，部分高校出现了学术不端和学术腐败现象。关于其原因，社会各界特别是学术界已经基本达成共识，认为这是我国现行高校人文社会科学教师科研绩效评价体系不完善导致的。本章考察三所代表性高校人文社会科学教师科研绩效评价的具体实施情况，通过分析个案院校人文社会科学教师科研绩效考核情况，进而归纳总结出目前我国高校人文社会科学教师科研绩效评价的实然状况，为接下来提出完善的对策建议提供参考依据。

（一）我国高校人文社会科学教师科研绩效评价个案院校的选择与分析

1. 对我国高校人文社会科学教师科研评绩效价个案院校的选择

我国高等教育进入大众化阶段以后，高等教育规模迅速扩张，高等教育结构也日趋复杂化。我国关于高校类型的分类一直没有统一的标准，但不同历史时期出现过几种高校类型划分办法，如根据国家建设的重点可以划分为重点高校和非重点高校；根据管理部门不同，可以划分为教育部直属高校和其他部委直属高校、省属高校、市属高校；根据不同学科类别，可以划分为理工类、综合类、语言类、医药类、财经类、体育类、艺术类、师范类、民族类、农林类、军事类、

政法类。本次研究选取的省属重点师范类高校 S、教育部直属重点文科类高校 R、教育部直属重点理工类高校 D，均根据自身的科研发展情况制定了相应的人文社会科学教师科研绩效评价体系。叶继元指出，"一个合理的学术评价体系应该由评价主体、评价客体、评价目的、评价方法、评价标准及指标和评价制度六大要素构成"①。高校 S、高校 R 和高校 D 的科研绩效评价体系全部或部分包含这六个要素，如高校 R 不包含人文社会科学教师科研评价的具体标准，高校 D 则不包含人文社会科学教师科研绩效评价的制度保障。本次研究尝试通过分析三所高校的人文社会科学教师科研绩效考核方案来概括目前我国高校人文社会科学教师科研绩效评价的现状。

2. 对我国高校人文社会科学教师科研绩效评价个案院校进行分析

纳入个案院校分析的高校包括省属重点师范类高校 S、教育部直属重点文科类高校 R、教育部直属重点理工类高校 D 三所不同层次、不同类型的高校。高校 S 是以师范类专业教育为主，涵盖多种学科的省属重点高校。笔者通过调研得知，2016 年该校获批各级各类项目 293 项，获批经费 1663.03 万元。其中国家级项目获批 41 项，获批经费 1106 万元。在全国教育科学规划课题立项项目上连续多年位居全国前五名。国家社会科学基金项目 10 项，立项总数居全省高校第四位，获批经费 198 万元。2016 年，学校共奖励 2015 年度全校教师各级各类科研成果 210 项，总奖励金额达 531.7 万元，为历年最高水平。

高校 R 是一所以人文社会科学为主的教育部直属的综合性全国重点大学，研究重大政治、经济、文化和社会问题，学校承担或参与了一些特大、重大项目。2001—2017 年，该校共获得国家社会科学基金项目、国家自然科学基金项目、教育部人文社会科学规划项目、北京市社会科学基金项目等各级各类项目 1.46 万余项，共获得经费 24.1 亿余元，其中国家社会科学基金重大项目、教育部哲学社会科学重大课题攻关项目立项数量居全国高校第一位。学校教师发表的学术论文数量逐年增加，2004—2014 年，CSSCI 收录的该校论文数量连续 11 年保持全国高校第一。自 2010 年起至 2017 年止，该校共有 32 部学术专著入选"国家哲学社会科学成果文库"，位居全国高校第一。

高校 D 是一所以理工类专业教育为主的教育部直属理工类研究型全国重点

---

① 叶继元. 2010. 人文社会科学评价体系探讨. 南京大学学报（哲学·人文科学·社会科学版），47（1）：97-110，160.

大学。"十二五"时期,学校先后承担了国家级和省级科技项目达 6287 项,获得国家级奖励 300 余项,省部级奖励百余项。截止到 2017 年 9 月,该校累计获得国家级专利 1499 项;被三大检索收录的论文有 14 644 篇。该校鼓励教师积极开展学术交流,至 2017 年,该校举办了 161 次学术研讨会,其中有 65 次国际性会议,在学术界产生了良好反响。

总结这三所高校近年来的发展情况,三所高校科研水平在各自发展定位和所处平台上处于中上游水平,波动幅度不大。这三所个案院校既包含省属院校,又包括部属院校,既有师范类院校、理工类院校,又有以人文社会科学为主的院校,其人文社会科学教师科研绩效评价情况基本可以反映我国高校人文社会科学教师科研绩效评价的总体趋势。通过对这三所个案高校人文社会科学教师科研绩效评价具体方案和细则的采集,可以大致总结出我国高校人文社会科学教师科研绩效评价的一些共性。本次研究中的三所高校的人文社会科学教师科研绩效评价方案,主要采集于各高校的科技处、人事处网站以及各高校下发的教师科研绩效评价整体方案和通知等。本次研究调研三所不同类型高校人文社会科学教师科研绩效评价体系构成要素,对各高校人文社会科学教师科研绩效评价的主体、客体、目的、方法、标准、指标、制度等进行归纳总结。

(二)个案高校人文社会科学教师科研绩效评价体系分析

为了对三所不同类型代表性高校进行对比研究,分析归纳出我国高校人文社会科学教师科研绩效评价的实然状况,本次研究调研了三所代表性高校人文社会科学教师科研绩效评价体系,围绕评价体系的六要素分述如下。

1. 个案高校人文社会科学教师科研绩效评价主体

高校人文社会科学教师科研绩效评价主体包括个人、组织等。高校 S、高校 R 和高校 D 的人文社会科学教师科研绩效评价主体主要是由学校和院系两级行政领导构成的教师岗位聘任机构、学科与科研工作处、人事处和科研处等相关职能部门(表 4.1)。部分个案高校人文社会科学教师科研绩效评价由学校、院系两级行政领导负责实施,由校教师聘任机构全面负责学校教师科研绩效评价工作,由各个院系的教师聘任机构负责具体实施。人事处与科研处负责协助学校、院系两级部门科研绩效评价制度的制定与实施。高校 S 规定,在科研评价中,被评价教师如果存有异议,可申请由专家教授组成的学院教授委员会和学校学术委员会裁定。高校 R 和高校 D 规定，在遇到院、校两级教师岗位聘任委员会存有异议时，可委托科研处组织同行专家进行学术评价。

表 4.1 个案高校人文社会科学教师科研绩效评价主体构成

院校名称	科研绩效评价主体的有关规定
S	学科与科研工作处统一提供量化考核基础数据库平台。在教师科研业绩考核计分过程中，如遇当事人存有异议，由所在学院的教授委员会裁定，并报学科与科研工作处备案；如遇二级单位存有异议，由校学术委员会裁定
R	科研处下发教师科研绩效考核通知，教师考核工作领导小组的考核工作按照学校统一领导，学校、学院分段负责的方式进行。具有教授、副教授职称的教师由学校组织考核，具有讲师职称的教师由学院组织考核。由学校、院系两级教师岗位聘任委员会对教师的代表性成果进行评议，必要时由科研处组织同行专家评议
D	由校级和院系两级教师聘任小组负责教师评价方案的制订和具体实施，其中校级教师聘任委员会全面负责学校的科研绩效评价工作，院系机构根据方案和本单位实际情况具体实施，并存在组织同行评议的情况。人事处和科研处辅助以上部门进行科研绩效评价活动

资料来源：根据各高校人文社会科学教师科研绩效考核方案整理而得

由表 4.1 可以看出，高校人文社会科学教师科研绩效评价的行政色彩过浓，同行专家评议机制尚未健全，学校与教师是管理与被管理的关系，一些教师在科研绩效评价过程中处于被动地位，在评价过程中的参与度较低。

2. 个案高校人文社会科学教师科研绩效评价客体

从所考察的三所个案高校人文社会科学教师科研绩效评价情况来看，科研绩效评价内容主要包括科研项目、科研成果（学术论文、学术著作、专利、成果转化）、成果奖励、平台团队和学术活动等。具体而言，高校 S、高校 R 和高校 D 的人文社会科学教师科研绩效评价主要是考核人文社会科学教师在哪一级别的期刊上发表了多少篇论文，申报成功的课题、项目的数量和级别，发表论文的期刊等级，获得奖励的数量和级别，然后给这些论文、专著、项目、奖励赋值。值得注意的是，高校 S、高校 R 和高校 D 的人文社会科学教师科研绩效评价内容缺少科研产出背后的科研投入成本，重数量轻质量，最后导致高校人文社会科学教师科研绩效评价忽视了科研绩效成本。本次研究对高校 S、高校 R 和高校 D 的人文社会科学教师科研绩效考核方案和实施细则加以整理、筛选统计，分别从科研项目、学术论文、学术著作、专利、成果转化、成果奖励、平台团队、学术活动、代表作制和免考核等方面对各校的科研绩效评价内容进行归类，借此分析现阶段我国高校人文社会科学教师科研绩效评价客体的构成，具体可见表 4.2。

表 4.2 个案高校人文社会科学教师科研评价内容

院校名称	科研项目	学术论文	学术著作	专利	成果转化	成果奖励	平台团队	学术活动	代表作制	免考核
S	√	√	√	√	√	√	√	√	×	×
R	√	√	√	√	√	√	×	×	√	√
D	√	√	√	√	√	√	√	√	×	×

资料来源：根据各高校人文社会科学教师科研绩效考核方案整理而得

3. 个案高校人文社会科学教师科研绩效评价目的

高校人文社会科学教师科研绩效评价目的指的是科研评价要达到的预期和总的要求，即评价的理由。2014 年，高校 S 颁布的《教师岗位科研业绩量化考核办法》总则第一条明确规定："为进一步调动全校教师开展科学研究、科技开发和科技服务的积极性，促进我校科研水平和社会服务能力的提高，完善教师考核制度，结合兄弟院校的成熟做法和我校实际，制定本办法。"2011 年，高校 R 制定的《教师科研工作考核办法》总则第一条明确指出："为发展繁荣科学研究事业，推进我校建设'人民满意、世界一流'大学进程，制定本办法。"高校 D 在最新的教师岗位聘任条件和聘期目标要求中明确规定科研绩效评价的目的在于加强教师的聘期内管理，通过制定具体的科研绩效评价标准，使得教师的聘期内管理更加科学有效。

通过对高校 S、高校 R 和高校 D 人文社会科学教师科研绩效评价目的的有关文件的分析，可以整理归纳出我国高校人文社会科学教师科研绩效评价目的主要有两个：一是激发教师进行科研的积极性，进而提高学校整体的科研水平，提高学校知名度和社会声誉；二是将高校人文社会科学教师科研绩效评价制度纳入学校常规管理制度中，配合学校进行正常的人事管理，主要为教师奖惩、岗位聘任和收入分配等提供依据。

4. 个案高校人文社会科学教师科研绩效评价方法

高校人文社会科学教师科研绩效评价方法指的是科研绩效评价中使用的工具或手段。高校 S 颁布的《教师岗位科研业绩量化考核办法（试行）》明确规定，教师科研业绩考核实行定量考核。该办法将教师分为教授、副教授、讲师、助教四个层次，并设置了不同的科研业绩标准定额，对教师科研业绩实行"计分制"。高校 S 的科研绩效评价体系是一个典型的定量评价体系，它将论文、学术著作、教材等科研成果都换成数字来计算。高校 R 颁布的《教师科研工作考核办法》重点考核以论文为主要形式的科研成果等基本指标，文件还规定了代表作制度、延期考核和免考核的情况及标准。高校 D 颁布的《专业技术人员考核办法》规定了对教授、副教授、讲师和助教聘期内科研工作的不同要求。《专业技术人员考核办法》规定了教授、副教授、讲师和助教在一定级别期刊上发表多少篇文章，承担几项省部级或国家级科研项目，出版多少著作等一般条件，并且规定了聘期考核的特殊条件。

对高校 S、高校 R 和高校 D 人文社会科学教师科研绩效评价的相关文件进行具体分析可以得出，我国高校人文社会科学教师科研绩效评价体系中用数字标准规定了教师科研标准定额，将教师科研工作量与标准定额比较，得出教师在聘期内的考核结果。高校人文社会科学教师科研绩效评价方法过度强调科研成果的产量，量化评价方法在高校教师科研绩效评价体系中占据着主导地位，科研绩效评价过度依赖数量指标。

5. 个案高校人文社会科学教师科研绩效评价标准及指标

高校人文社会科学教师科研绩效评价标准有其独特性，要与自然科学区分开来，要充分体现人文社会科学的学术价值。高校 S 评价内容中的科研项目、学术论文、学术著作、专利、成果转化、成果奖励、平台团队和学术活动，由评价人员按照对应的量化标准进行赋分。高校 R 的《教师科研工作考核办法》总则第二条规定："科研成果应具有一定的学术价值和实践意义，符合有关的学术规范及国家有关知识产权的法律法规。"高校 D 在教师聘期考核中采取了同行专家评议方法评价科研成果，将教师对本学科的贡献和对社会的贡献纳入评价标准之中。通过分析个案高校人文社会科学教师科研绩效评价方案和相关细则，可以发现，目前我国高校人文社会科学教师科研绩效评价标准主要包含两个维度：一是评价对象是否得到同行专家的认同及认同程度的高低；二是评价对象的实践情况，主要是指同行专家的舆论以及决策部门主导的实践。

高校人文社会科学教师科研绩效评价指标是评价标准的具体细化。评价指标是对科研成果某个方面或者某个属性的反映，合理的评价指标应包括量化指标和定性指标。其中，高校 S 的评价方案将科研项目、科研成果（学术论文、学术著作、专利、成果转化）、成果奖励、平台团队和学术活动分别赋值定分，将最终累计科研业绩得分与对应岗位聘期基本科研工作业绩定额标准比对，得出评价结果。高校 R 和高校 D 主要考核教师聘期内论文发表的达标情况，如高校 R 对于教学科研型岗位教师，规定教授平均每年发表 1 篇核心期刊论文，副教授一级岗在 4 年聘期内发表 3 篇核心期刊论文，二级或三级岗在 3 年聘期内发表 2 篇核心期刊论文等，相应地出台了新的核心期刊基本目录。高校 D 同样规定了教授、副教授、讲师、助教聘期内应达到的论文、项目等基本要求。通过考察高校 S、高校 R 和高校 D 的具体科研绩效评价指标可以看出，目前我国高校主要使用量化指标的方式对人文社会科学教师科研绩效进行考核，主要考核教师在什么级别期刊上发表多少篇论文，成功申报某一级别多少个项目，在什么级别的出版社出版多少字数的学术著作，获得什么奖励等。从各校的具体考核方案可以看出，各高校都建立了相应的科研绩效评价体系。本次研究对采集到的三所高校人文社会科学教师科研绩效评价指标及量化加分细则进行了筛选和整理，结果详见表 4.3、表 4.4 和表 4.5。

表 4.3　高校 S 人文社会科学教师科研业绩分类及量化标准　　单位：万元

	项目类别	量化标准
科研项目	国家级重大重点项目	$200+a/$万元 $\times$ 经费数
	国家级普通项目及部级重大重点项目	$150+a/$万元 $\times$ 经费数
	部级普通项目及省级重大重点项目	$90+a/$万元 $\times$ 经费数
	省级项目	$40+a/$万元 $\times$ 经费数
	市级项目	$15+a/$万元 $\times$ 经费数
	校级项目	$5+a/$万元 $\times$ 经费数
	横向项目	$a/$万元 $\times$ 经费数
学术论文	在《科学》（Science）、《自然》（Nature）等世界顶级期刊上发表	200
	SSCI（影响因子为 2.0 以上）、SCI（1 区）收录；《中国社会科学》《中国科学》发表	100
	SSCI（影响因子为 1.0～2.0）、SCI（2 区）收录	80
	SSCI（影响因子小于 1.0）、SCI（3～4 区）、EI（工程索引，The Engineering Index；检索类型为 Journal Article）、A&HCI 收录；《中国社会科学文摘》《新华文摘》全文转载，《求是》《人民日报》《光明日报（理论版）》发表（2000 字以上）；A+类期刊	50
	EI（检索类型为 Conference Article）、《科技会议录索引》（Index to Scientific & Technical Proceedings，ISTP）、中国科学引文数据库（Chinese Science Citation Database，CSCD）、CSSCI 收录；《中国人民大学复印报刊资料》全文转载；A 类期刊发表	30

续表

学术 论文	项目类别	量化标准		
	CSCD、CSSCI 扩展期刊收录；中文核心期刊发表；B 类期刊发表	20		
	发表在省级及以上期刊	10		

著作	项目类别	学术 专著	译著、编著、 演绎类著作	文艺作品、 科普类著作
	国家自然科学基金、国家出版基金或其他省（部）级及以上设立的科技出版基金或面向全国的出版基金资助出版	60	45	35
	国家一级出版社出版	50	35	25
	其他国家级出版社和省级出版社出版	30	20	15

专利	项目类别	授权 专利	受理申请
	发明专利	50	5
	实用新型专利及软件著作权	20	2
	外观设计专利	10	1

成果 转化	科技开发、科技成果转化或科技推广取得较大的社会和经济效益，且为学校创造经济效益 10 万元以上	a/万元 × 经费数（理工类 $a=1$，人文社会科学类 $a=3$）		
	提案建议或咨政报告被各级领导批示或采纳，或被各级政府部门采用，或以主要政策形式颁布实施	国家级	省部级	市厅级
		100	50	30

成果 奖励	项目类别			一等奖 （金奖）	二等奖 （银奖）	三等奖 （铜奖）
	学术研究类	国家科技奖	国家级	200	150	100
		科学研究优秀成果奖	部级	150	120	80
			省级	120	80	50
		学术研究类成果奖	厅级	50	30	20
			市级	30	20	10
		学会奖	国家级	30	20	10
			省级	20	10	5
			市级	10	5	2
	竞技·表演·创作类	国际性竞技、表演、创作类成果	国际级	150	120	80
		官方机构主办的竞技、表演、创作类成果	国家级	120	80	50
			省级	50	30	20
			市级	30	20	10

续表

项目类别			一等奖 （金奖）	二等奖 （银奖）	三等奖 （铜奖）
成果 奖励	竞技·表 演·创作类	协会主办的竞技、表 演、创作类成果			
		国家级	30	20	10
		省级	20	10	5
		市级	10	5	2
平台 团队	国家级重点学科、平台、团队，两院院士，"长江学者奖励 计划"，国家"万人计划"，国家"百千万人才工程"		200		
	部级重点学科、平台、团队，协同创新中心，教育部"新 世纪优秀人才支持计划"，"攀登学者"		150		
	省级科研平台、创新团队、一流特色学科，"百千万人才工 程"万人层次，省"百千万人才工程"百人层次，省"高 校优秀科技人才支持计划"第一层次，省特聘教授，省优 秀专家		100		
	市级科研平台、创新团队，省"百千万人才工程"千人层 次，省"高校优秀科技人才支持计划"第二层次；市优秀 专家、市创新型领军人才		50		
	校级科研平台、创新团队和校级重点建设学科（含二级学 科）；入选校级"优秀人才支持计划"		20		
学术 活动	主办国际学术会议		50		
	主办学术会议；承办国际会议		30		
	承办国内学术会议		20		
	由校科协组织的面向全校师生的专题学术报告		2		

资料来源：高校 S 制定的《教师岗位科研业绩量化考核办法》

表 4.4　高校 R 人文社会科学教师科研绩效考核指标基本要求

教师类型	教师级别	聘期内科研基本要求
教学科研型	教授	以独立作者、第一作者或通讯作者身份平均每年发表核心期刊论文 1 篇
	副教授一级	4 年聘期内以独立作者、第一作者或通讯作者身份发表核心期刊论文 3 篇
	副教授二、三级	3 年聘期内以独立作者、第一作者或通讯作者身份发表核心期刊论文 2 篇
教学为主型	教授三、四级	4 年聘期内完成下列任务之一：①主持学校或省部级以上教学改革项目 1 项；②主持或参与学校或省部级以上精品课程 1 门；③主编学校或省部级 以上规划教材 1 部；④作为主要成员获得学校或省部级以上教学成果奖、 教学优秀奖 1 项；⑤以独立作者、第一作者或通讯作者身份发表核心期刊 论文 1 篇；⑥以独立作者、第一作者或通讯作者身份发表学术论文及教学 研究、教学改革等论文各 1 篇
	副教授	副教授一级岗位教师在 4 年聘期内，副教授二、三级岗位教师在 3 年聘期 内完成下列任务之一的为科研工作考核合格：①参与学校或省部级以上教 学改革项目 1 项；②参编校级或省部级以上规划教材 1 章；③作为成员获 得学校或省部级以上教学成果奖、教学优秀奖 1 项；④以独立作者、第一 作者或通讯作者身份发表学术论文或教学研究或者教学改革论文 1 篇

续表

教师类型	教师级别	聘期内科研基本要求
科研为主型	教授	科研为主型教师的岗位基本任务应为教学科研型教师相应岗位基本任务的1.6倍及以上，且其核心期刊论文应有1/2以上在非本校主办的学术期刊上发表
	副教授一级	
	副教授二、三级	

资料来源：高校 R 制定的《教师科研工作考核办法》

表 4.5 高校 D 人文社会科学教师岗位聘期科研工作基本要求

教师级别	聘期内科研业务一般条件
教授	第一条为必备项。第一条对论文的要求如下：①教学科研并重的教师，以第一作者公开发表并被检索的学术论文 3 篇；或以第一作者公开发表并被检索的学术论文 2 篇，其中被 SCI 检索的至少 1 篇。②以教学为主的教师，以第一作者在核心期刊及以上级别的杂志上发表学术论文或教学研究论文 2 篇。③以科研为主的教师，以第一作者公开发表并被检索的学术论文 4 篇；或以第一作者公开发表并被 SCI 检索的学术论文 2 篇。第二条：作为课题负责人承担省部级及以上纵向科研项目 1 项；或参与国家级纵向科研项目 1 项；或个人年均科研经费进账额理工科 25 万元及以上，管理学科 15 万元及以上，文科 3 万元及以上；或以教学为主的教师作为负责人承担市级及以上纵向科研项目 1 项。第三条：作为课题负责人承担省部级教育改革项目 1 项；或被评为校级及以上教学名师；或作为负责人获省级精品课及省级教学团队；或主编出版国家级规划教材 1 部。第四条：作为主编，编撰的教材被评为国家级精品教材；或获省部级及以上优秀教材一等奖；或获省部级及以上优秀教材二等奖。第五条：作为第一发明人，获发明专利 1 项；或作为第一发明人获得的发明专利为学校创造的转让经费进账额在 50 万元及以上。第六条：获得国家科学技术奖或省部级科学技术奖（或社会科学优秀成果奖），并获得一等奖 1 项（有个人获奖证书）；或获得省部级及以上科学技术奖（或社会科学优秀成果奖），并获得二等奖 1 项（校内排序前 3 名且有个人获奖证书）。第七条：主编出版有学术价值的专著（含译著）1 部。第八条：作为组织者组织申报省重点学科、国家工程中心、国家实验教学示范中心、部级以上重点实验室获得成功。第九条：在社会公益事业中做出突出贡献且有充分证据表明为学校带来显著的社会影响
副教授	第一条为必备项。第一条对论文的要求如下：教学科研并重的教师，以第一作者公开发表并被检索的学术论文 2 篇；以教学为主的教师，以第一作者在核心期刊及以上级别的杂志上发表学术论文或教学研究论文 1 篇；以科研为主的教师，以第一作者公开发表并被检索的学术论文 3 篇。第二条：作为负责人承担省部级以上纵向科研项目 1 项；或作为负责人承担科研经费进款额 20 万元及以上的横向科研项目 1 项；或参与国家级纵向科研项目 1 项或科研经费进款额 100 万元以上的横向科研项目 1 项；或以教学为主的教师作为负责人承担市级及以上纵向科研项目 1 项。第三条：主编出版国家级规划教材 1 部；或参编出版国家级规划教材 1 部，本人撰写部分在 10 万字及以上。第四条：作为第一发明人获发明专利 1 项；或作为第一发明人获得的发明专利为学校创造的转让经费进账额在 30 万元及以上。第五条：获省部级及以上科学技术奖二等奖及以上 1 项。第六条：主编出版有学术价值的专著 1 部。第七条：作为主要参加者在申报省重点学科、国家工程中心、国家实验教学示范中心、部级及以上重点实验室等工作中发挥显著作用。第八条：在社会公益事业中做出突出贡献且为学校带来显著的社会影响
讲师、助教	讲师：以第一、第二作者公开发表学术论文或教学研究论文 3 篇，其中以第一作者发表的至少 1 篇；或以第一作者公开发表并被检索的学术论文 1 篇。 助教：公开发表学术论文或教学研究论文 2 篇；或以第一作者在核心期刊及以上级别的杂志上发表学术论文 1 篇

资料来源：高校 D 某文科学院教师岗位聘任条件聘期目标要求

6. 个案高校人文社会科学教师科研绩效评价制度

科研绩效评价制度是整个科研绩效评价活动的制度性保障，也是整个科研评价体系的关键组成部分。科研绩效评价制度是指由科研管理部门制定的科研绩效评价活动中必须遵循的章程。从所考察的高校 S、高校 R 和高校 D 来看，高校 S 为推动教师科研评价工作顺利进行，针对教师科研业绩考核实行年度考核和聘期考核，依照基本科研工作业绩定额标准，考核结果分为优秀、合格和不合格三个等级，如遇评价对象存有异议，设立评价对象申诉制度予以保障。高校 R 在正常科研绩效评价标准和方法之外，还规定了若未完成相应的科研任务，可采用代表作制度。另外，根据人文社会科学研究特点规定了延期考核和免考核制度。高校 D 科研绩效评价采取年度与聘期考核相结合的制度，评价结果直接关系到教师职称晋升和收入。从对三所高校的调研情况来看，目前我国高等学校重视科研绩效评价制度的建立与完善，但对于评价程序、同行评议、评价结果公示、评价结果反馈等制度缺乏具体规定。

二、高校人文社会科学教师科研成果评价的分科个案调研

（一）2006—2015 年高校教师教育经济与管理学科结题项目的绩效评价

本次研究使用的数据来自全国教育科学规划领导小组办公室的国家社会科学基金项目——全国教育科学规划年度课题，其中包括教育学门类下的教育经济与管理学科的高校教师申请的基金项目，对该基金项目中的资金投入与论文产出数据进行分析。本次研究选择了 2006—2015 年的结题项目，因国家社会科学基金项目成果需先鉴定后出版，故采集了这些项目 2006 年至 2017 年 5 月 1 日的绩效数据。

1. 2006—2015 年高校教师承担教育经济与管理学科结题项目的投入数据统计

（1）高校教师承担教育经济与管理学科结题项目投入变化趋势

全国教育科学规划年度课题分为国家课题和教育部课题，包括国家重大项目、国家重点项目、国家一般项目、国家青年项目、教育部重点项目、教育部青年项目等。2006—2015 年，教育经济与管理学科并未在国家重大项目类中立项，故本次研究选择国家重点项目、国家一般项目、国家青年项目、教育部

重点项目、教育部青年项目进行分析（表 4.6）。

表 4.6 2006—2015 年项目资助额度　　　　　单位：万元

年份	国家重点项目	国家一般项目	国家青年项目	教育部重点项目	教育部青年项目
2006	15.0	8.0	6.0	2.0	1.0
2007	15.0	8.0	6.0	2.0	1.0
2008	15.0	8.0	6.0	2.0	1.0
2009	15.0	8.0	6.4	2.0	1.0
2010	20.0	10.0	8.0	3.0	2.0
2011	23.0	13.0	11.0	3.0	2.0
2012	23.0	13.0	11.0	3.0	2.0
2013	23.0	13.0	11.0	3.0	2.0
2014	30.0	18.0	15.0	3.0	2.0
2015	30.0	18.0	15.0	3.0	2.0

资料来源：根据 2006—2015 年全国教育科学规划领导小组办公室公布的全国教育科学规划年度课题组织申报办法中的数据整理得出

　　不同类别的项目资助额度不同，同一类别中各个项目的资助额度也不尽相同，但是申报办法中采用平均数表示，因此，本次研究也取资助金额的平均数来进行分析。2006—2015 年，各类国家项目的资助经费额度处于稳定的上升趋势。国家重点项目的资助经费从 2006 年的 15 万元增加到 2015 年的 30 万元，这 10 年间，国家重点项目资助金额的涨幅为 15 万元，增长率为 100%，且仅 2013—2014 年，国家重点项目资助经费就增长了 7 万元。国家一般项目的资助经费从 2006 年的 8 万元增加到 2015 年的 18 万元，这 10 年间，国家一般项目资助金额的涨幅为 10 万元，增长率为 125%，2013—2014 年涨幅最大，为 5 万元。国家青年项目的资助金额从 2006 年的 6 万元增长到 2015 年的 15 万元，这 10 年间，国家青年项目的资助金额增长了 9 万元，增长率为 150%。2006 年，国家重点项目与国家一般项目的资助经费相差 7 万元，到 2015 年，国家重点项目与国家一般项目的资助经费相差 12 万元。2006 年，国家重点项目与国家青年项目的资助经费相差 9 万元，到 2015 年，国家重点项目与国家青年项目的资助经费相差 15 万元。2006 年，国家一般项目与国家青年项目的资助经费相差 2 万元，到 2015 年国家一般项目与国家青年项目的资助经费相差 3 万元，波动较小，二者涨幅基本一致。综上，在国家项目中，各项目的增长率水平由高到低排序为：国家青年项目、国家一般项目、国家重点项目。

　　反观这 10 年间的教育部项目，无论是教育部重点项目还是教育部青年项目，虽然整体上呈现出增长的趋势，但是都不明显。2006—2009 年，教育部重点项目资助金额为 2 万元，教育部青年项目资助金额为 1 万元；2010—2015 年，教育部重点项目资助金额为 3 万元，教育部青年项目资助金额为 2 万元。教育部重点项目与教育部青年项目的资助金额在这 10 年间的涨幅均为 1 万元，增长率分别为 50%和 100%，教育部青年项目资助金额的增长率高于教育部重点项目。

（2）高校教师获批教育经济与管理学科项目的立项、结项数据统计

2006—2015 年，在全国教育科学规划年度课题中，教育经济与管理学科立项中的国家重点项目数量每年都是最低的，而且数量波动比较小；教育部青年项目的立项数量每年都是最高的，数量的变化也最大，从 2006 年开始数量增长，2009 年的数量达到最高，随后开始下降，2013 年的数量又开始增长，2015 年数量又开始下降；2006—2009 年，教育部重点项目每年的立项数量呈逐年增长的趋势，且都排在这五类项目中的第二位，虽然其数量没有教育部青年项目的数量高，但也远高于其他三类国家级项目，从 2010 年起立项数量呈下降趋势；国家一般项目与国家青年项目的立项数量虽然也呈现有升有降的趋势，但波动较小，比较平稳（表 4.7）。

表 4.7　2006—2015 年教育经济与管理学科项目立项、结项数量　　单位：项

年份	国家重点项目		国家一般项目		国家青年项目		教育部重点项目		教育部青年项目	
	立项数量	结项数量	立项数量	结项数量	立项数量	结项数量	立项数量	结项数量	立项数量	结项数量
2006	0	0	4	2	2	2	9	4	17	1
2007	1	0	4	3	3	0	11	5	26	6
2008	2	1	3	2	3	1	15	9	35	10
2009	0	0	11	7	6	4	29	19	61	9
2010	1	1	8	6	4	3	24	14	57	13
2011	3	3	13	5	10	7	14	6	51	6
2012	0	0	5	1	7	0	8	1	26	1
2013	1	0	8	0	9	0	7	0	29	1
2014	3	0	8	0	11	0	7	0	34	0
2015	0	0	6	0	7	0	5	0	23	0
合计	11	5	70	26	62	17	129	58	359	47

资料来源：根据 2006—2015 年全国教育科学规划领导小组办公室公布的"全国教育科学'十一五'规划年度立项课题名单""全国教育科学'十二五'规划年度立项课题名单""全国教育科学规划立项课题鉴定情况一览表"中的数据整理得出

从 2006—2015 年各类项目的立项总数量来看，教育部青年项目的立项总量最高，超过其他四类项目的立项数量之和；其次是教育部重点项目，其数量基本与三类国家项目的总量相当。在三类国家项目中，国家一般项目的立项数量略高于国家青年项目，国家重点项目的立项数量最低（表 4.7）。

由此可知，2006—2015 年教育经济与管理学科各类项目的立项数量由高到低排序为教育部青年项目、教育部重点项目、国家一般项目、国家青年项目、国家重点项目。各类项目的立项数量大致呈现出先增长后下降，接着趋于平稳的趋势。国家项目立项数量低于教育部项目立项数量，国家重点项目立项数量最低，而教育部青年项目的立项数量最高且远高于其他类项目的立项数量。整体上看，立项的数量与项目类别的投入资金数量呈负相关关系。

完成项目需要一定的周期，所以近几年立项的项目还有一部分没有结项，故而在选取数据时，笔者选用 2006—2015 年已结项项目的数据。然而，在教育经济与管理学科的已结项项目中，有一部分项目负责人不是高校教师，还有一部分项目没有论文产出，因此本次研究使用的为 2006—2015 年教育经济与管理学科中由高校人文社会科学教师负责且有论文产出的已结项项目数据。

教育部重点项目的结项数量波动是最大的，从 2007 年开始增长，到 2009 年其结项数量在这 5 类项目中达到最高，随后结项数量开始下降；教育部青年项目的结项数量在 2010 年达到最高，随后呈下降趋势；国家一般项目的结项数量在 2009 年达到最高，随后呈下降趋势；国家重点项目和国家青年项目的结项数量在 2012 年之前呈有波动的增长趋势（表 4.7）。

从整体的结项数量来看，在两类教育部项目中，教育部重点项目的结项数量高于教育部青年项目；在国家项目中，国家一般项目的结项数量高于国家青年项目，国家重点项目的结项数量最低（表 4.7）。

由此可知，2006—2015 年，教育经济与管理学科教师结项数量等级排序中，由高到低依次为教育部重点项目、教育部青年项目、国家一般项目、国家青年项目、国家重点项目。2006—2015 年，高校人文社会科学教师结项数量的总体趋势是先增长后下降；教育部项目结项数量的波动较大，国家项目的结项数量较稳定；受立项数量的影响，国家项目的结项数量总体上低于教育部项目。

2006—2015 年，国家重点项目立项数量和结项数量一直都很低，共立项 11 项，结项 5 项，结项率为 45.45%；国家一般项目共立项 70 项，结项 26 项，结项率为 37.14%；国家青年项目共立项 62 项，结项 17 项，结项率为 27.42%；教育部重点项目共立项 129 项，结项 58 项，结项率为 44.96%；教育部青年项目共立项 359 项，结项 47 项，结项率为 13.09%（表 4.7）。

在这 5 类项目中，虽然国家重点项目的数量很低，但是其结项率最高，而教育部青年项目的立项数量最高，超过了其他 4 类项目立项数量之和，但是结项率却最低。其他 3 类项目的结项率由高到低分别为教育部重点项目、国家一般项目、国家青年项目。

（3）高校教师教育经济与管理学科已结项项目的投入总额

已结项项目投入总金额（记为 M）等于已结项项目中各年立项数量与当年项目投入金额乘积的和。从表 4.8 可知，2006—2015 年，在高校人文社会科学教师的教育经济与管理学科已结项项目中，5 类项目共投入资金 703.6 万元。本次研究中的数据采自 2017 年，2014 年、2015 年的结题项目尚有成果未出版的，故投资金额呈先上升、后下降的趋势。其中，国家一般项目投入最高，为 250 万元；教育部青年项目投入最低，为 68 万元。其余由高到低分别是国家青年项目、教育部重点项目、国家重点项目，金额分别为 144.6 万元、137 万元、104 万元。

表 4.8　2006—2015 年教育经济与管理学科各类已结项
项目投入总金额　　　　　　　　单位：万元

年份	国家重点项目	国家一般项目	国家青年项目	教育部重点项目	教育部青年项目	合计
2006	0	16.0	12.0	8.0	1.0	37.0
2007	0	24.0	0	10.0	6.0	40.0
2008	15.0	16.0	6.0	18.0	10.0	65.0
2009	0	56.0	25.6	38.0	9.0	128.6
2010	20.0	60.0	24.0	42.0	26.0	172.0
2011	69.0	65.0	77.0	18.0	12.0	241.0
2012	0	13.0	0	3.0	2.0	18.0
2013	0	0	0	0	2.0	2.0
2014	0	0	0	0	0	0
2015	0	0	0	0	0	0
合计	104.0	250.0	144.6	137.0	68.0	703.6

资料来源：根据 2006—2015 年全国教育科学规划领导小组办公室公布的"全国教育科学规划年度课题组织申报办法""全国教育科学规划立项课题结题鉴定情况一览表"中的数据整理得出

2. 2006—2015 年高校教师教育经济与管理学科已结项项目的产出数据统计

笔者收集了全国教育科学规划领导小组办公室于 2006—2015 年公布的"全

国教育科学规划年度立项课题名单""全国教育科学规划立项课题结题鉴定一览表"中教育经济与管理学科年度基金项目的立项和结项数据，选择 2006—2015 年全国教育科学规划年度课题中教育经济与管理学科的高校人文社会科学教师承担的已结项项目进行分析。综合项目数量、投入金额、产出论文数量等相关因素，决定对国家重点项目、国家一般项目、国家青年项目、教育部重点项目与教育部青年项目产出论文的绩效状况进行比较分析。

（1）2006—2015 年高校教师教育经济与管理学科已结项项目论文产出量

《全国教育科学规划课题成果鉴定结题细则》规定每个项目结项都要有研究报告和发表学术论文。例如，对国家重大（重点）项目在论文方面的结项要求是：在 SSCI 或 CSSCI 期刊上发表 3 篇以上系列论文。对国家一般项目在论文方面的结项要求是：在 CSSCI 期刊上发表 3 篇系列论文。对国家青年项目在论文方面的结项要求是：在 CSSCI 期刊上发表 2 篇系列论文。对教育部重点项目在论文方面的结项要求是：在核心期刊（北京大学图书馆版）上发表 3 篇系列论文。对教育部青年项目在论文方面的结项要求是：在核心期刊（北京大学图书馆版）上发表 2 篇系列论文。综合来说，国家项目结项需要在 SSCI 或 CSSCI 期刊上发表论文，教育部项目结项时需要在核心期刊上发表论文。

因此，在搜集论文的时候，笔者选用了发表在核心期刊、SSCI 和 CSSCI 期刊上的论文数据。教育经济与管理学科来源于教育学，目前属于管理学，所以对以上三类数据库中的论文数据进一步进行筛选，选择发表在本专业相关的教育学和管理学期刊上的论文作为可用数据进行分析。

在论文筛选过程中，教育部重点项目和教育部青年项目中各有 3 个已结项项目产出的学术论文发表的期刊不属于教育经济与管理学科的相关期刊，其属于虽然有资金投入但是没有产出的部分，所以其资金投入算在总投入之内，但是产出论文不计入总论文数量之中，也不计入后续绩效计算的范围之内。

结项数量与论文数量基本上呈正相关关系，结项数量越高，产出的论文数量也就越高。国家重点项目结项数量只有 5 项，却产出了 157 篇论文，项目平均产出论文数高达 31.4 篇。国家一般项目产出论文 180 篇，项目平均产出论文数为 6.9 篇；国家青年项目产出论文 124 篇，项目平均产出论文数为 7.3 篇；教育部重点项目和教育部青年项目分别产出论文 247 篇、148 篇，项目平均产出论文数分别为 4.3 篇和 3.1 篇（表 4.9）。其中，国家青年项目的投入资金略少于国家一般项目，平均产出的论文数量却略高于国家一般项目。

表 4.9 高校教师的教育经济与管理学科教师结项数量与产出论文数量表

项目类别	结项数量/项	产出论文数量/篇	项目平均产出论文数量/篇
国家重点项目	5	157	31.4
国家一般项目	26	180	6.9
国家青年项目	17	124	7.3
教育部重点项目	58	247	4.3
教育部青年项目	47	148	3.1
合计	153	856	5.6

资料来源：根据 2006—2015 年全国教育科学规划领导小组办公室公布的"全国教育科学规划立项课题结题鉴定情况一览表"的内容及在中国知网中检索项目编号得出的数据整理得出

综合来看，5 类项目的学术论文产出数量由高到低排序为教育部重点项目、国家一般项目、国家重点项目、教育部青年项目、国家青年项目。5 类项目的平均论文产出数量由高到低排序为国家重点项目、国家青年项目、国家一般项目、教育部重点项目、教育部青年项目。平均论文产出数量与项目的投资金额基本上呈正相关关系，除了国家一般项目与国家青年基金项目，可以说投入资金越多，项目的平均产出论文数量越高。

（2）2006—2015 年高校教师教育经济与管理学科已结项项目的产出值

对产出值进行计算时，项目产出的论文数量与质量都是衡量其产出的标准，也是衡量项目绩效水平的重要标准。期刊的影响因子是评价期刊影响力和质量的重要标准之一，也是评价该期刊中发表的论文影响力和质量的重要标准之一。而且，国际的期刊引证报告（Journal Citation Reports，JCR）与中国科学院对 SCI 数据库的论文进行评价时，也是考察该论文所在的分区为第几区，而确定分区的重要标准便是影响因子。同时，本次研究是对 2006—2015 年立项的项目进行分析，每篇论文发表的时间不同且时间跨度较大，所以在本次研究中，将论文的被引次数定为评价论文质量的指标是不科学的。期刊的影响因子是对论文质量和影响力的综合性评价，尤其是对发表不久的论文在未来一段时间的影响力的评价。因此，本次研究在收集论文相关数据时，采集了每一个已结项项目产出的学术论文总数，以及发表于 SSCI、CSSCI 期刊及核心期刊上的，与教育学和管理学相关的论文所在期刊的复合影响因子与综合影响因子，通过对影响因子进行分区来体现项目论文的质量。

笔者使用 MATLAB 软件，利用加权比较法对教育经济与管理学科的高校人文社会科学教师的论文产出值进行计算。以下为部分 MATLAB 计算过程。

```
clear;
>> max1=max(all(:,1));max2=max(all(:,2));min1=min(all(:,1));min2=min(all(:,2));
int1=(max1-min1)/4;int2=(max2-min2)/4;
r11=min1+int1;r12=r11+int1;r13=r12+int1;
r21=min2+int2;r22=r21+int2;r23=r22+int2;
>> z1=0;z2=0;z3=0;z4=0;
>> g11=group1(:,1);g12=group1(:,2);
>> for i=1:length(g11)
if g11(i)>=min1 && g11(i)<r11
z1=z1+1;
elseif g11(i)>=r11 && g11(i)<r12
z2=z2+1;
elseif g11(i)>=r12 && g11(i)<r13
z3=z3+1;
else z4=z4+1;
end
```

笔者对所有结项项目发表的论文所在期刊的复合影响因子和综合影响因子进行统计，按升序排序，将其等距分为 4 个区间，由低到高记为 z_1、z_2、z_3、z_4。

如表 4.9 所示，2006—2015 年，各类项目共发表论文 856 篇，因此共有期刊复合影响因子和综合影响因子各 856 个。表 4.10 展示了期刊复合影响因子的最低值和最高值分别为 0.096 和 7.651，等距分为 4 份，间距为 1.889，因此构成期刊复合影响因子 4 个区间的 5 个临界值为 0.096、1.985、3.874、5.762、7.651。期刊综合影响因子的最低值和最高值分别为 0.027 和 4.765，等距分为 4 份，间距为 1.185，因此构成期刊综合影响因子 4 个区间的 5 个临界值为 0.027、1.212、2.396、3.581、4.765。

表 4.10　区间与权重

因子	复合影响因子（间距：1.889）	综合影响因子（间距：1.185）	权重
z_1	0.096，1.985	0.027，1.212	0.05
z_2	1.985，3.874	1.212，2.396	0.15
z_3	3.874，5.762	2.396，3.581	0.30
z_4	5.762，7.651	3.581，4.765	0.50

在此基础上，笔者筛选出国家重点项目、国家一般项目、国家青年项目以及教育部重点项目和教育部青年项目这几类项目中所有结项项目的已发表

论文所在期刊的复合影响因子和综合影响因子在每个区间的数量，即 g_1、g_2、g_3、g_4。

一般来说，期刊的影响因子越高，说明期刊的影响力越大，该期刊所收录的文章质量越高。所以，权重的大小与期刊影响因子的大小呈正相关。又考虑到各个权重的和为 1，且权重应该达到使最终结果体现出区分度的效果，这样才可以看出不同类别的科研项目的绩效水平的区别，故而界定权重为 $w_1=0.05$，$w_2=0.15$，$w_3=0.3$，$w_4=0.5$。

将各类项目的每个 g 值分别与相应的 w 值相乘，得出的值为某一类项目在每个区间的加权值 R，即

$$R=gw \tag{4.1}$$

将某一类项目的四个区间的加权值相加，得出该类项目的总产出 Sum，即

$$Sum=R_1+R_2+R_3+R_4 \tag{4.2}$$

由上可知，无论基于期刊的复合影响因子还是综合影响因子，这 5 类项目的产出值由高到低排序都是一样的，均为教育部重点项目、国家一般项目、国家重点项目、教育部青年项目、国家青年项目（表 4.11、表 4.12）。

表 4.11 各类已结项项目产出值（基于复合影响因子）

项目类别	g_1	R_1	g_2	R_2	g_3	R_3	g_4	R_4	Sum
国家重点项目	146	7.3	11	1.65	0	0	0	0	8.95
国家一般项目	163	8.15	17	2.55	0	0	0	0	10.70
国家青年项目	111	5.55	10	1.5	2	0.6	1	0.5	8.15
教育部重点项目	235	11.75	11	1.65	1	0.3	0	0	13.70
教育部青年项目	141	7.05	6	0.9	1	0.3	0	0	8.25

表 4.12 各类已结项项目产出值（基于综合影响因子）

项目类别	g_1	R_1	g_2	R_2	g_3	R_3	g_4	R_4	Sum
国家重点项目	140	7	17	2.55	0	0	0	0	9.55
国家一般项目	156	7.8	23	3.45	1	0.3	0	0	11.55
国家青年项目	106	5.3	15	2.25	1	0.3	2	1	8.85
教育部重点项目	222	11.1	25	3.75	0	0	0	0	14.85
教育部青年项目	134	6.7	13	1.95	0	0	1	0.5	9.15

3. 2006—2015 年高校教师教育经济与管理学科已结项项目的绩效评价

本次研究对 2006—2015 年教育经济与管理学科已结项项目的资金投入、产出数据进行了收集和整理，进而运用加权比较的方法结合论文产出数量与质量对已结项目的产出值进行计算。在此基础上计算各类项目的绩效值，并对 2006—2015 年教育经济与管理学科已结项项目的绩效进行客观、公正的评价。

本次研究引入产出与投入的比值这一绩效概念来反映绩效情况，故而用各类项目的总产出值 Sum 除相对应的 2006—2015 年各类项目所有已结项项目的总投资金额 M，得出该类项目的绩效 F，即

$$F=\mathrm{Sum}/M \tag{4.3}$$

2006—2015 年，在这 5 类项目中，基于期刊复合影响因子的绩效水平从高到低的顺序为教育部青年项目、教育部重点项目、国家重点项目、国家青年项目、国家一般项目，其绩效值分别为 0.121、0.100、0.086、0.056、0.043（表 4.13）。

2006—2015 年，在这 5 类项目中，基于期刊综合影响因子的绩效水平从高到低的顺序为教育部青年项目、教育部重点项目、国家重点项目、国家青年项目、国家一般项目，其绩效值分别为 0.135、0.108、0.092、0.061、0.046（表 4.14）。

表 4.13 各类已结项项目的绩效值（基于复合影响因子）

项目类别	Sum	M	F
国家重点项目	8.95	104.0	0.086
国家一般项目	10.70	250.0	0.043
国家青年项目	8.15	144.6	0.056
教育部重点项目	13.70	137.0	0.100
教育部青年项目	8.25	68.0	0.121

表 4.14 各类已结项项目的绩效值（基于综合影响因子）

项目类别	Sum	M	F
国家重点项目	9.55	104.0	0.092
国家一般项目	11.55	250.0	0.046
国家青年项目	8.85	144.6	0.061
教育部重点项目	14.85	137.0	0.108
教育部青年项目	9.15	68.0	0.135

（1）2006—2015 年教育部项目整体绩效水平高于国家项目整体绩效水平

综合来看，无论是基于复合影响因子的计算还是基于综合影响因子的计算，这 5 类已结项项目的绩效情况均一致，在国家项目中，国家重点项目的绩效高于国家青年项目的绩效，国家青年项目的绩效高于国家一般项目的绩效。在教育部项目中，教育部青年项目的绩效高于教育部重点项目的绩效。然而，从整体来看，两类教育部项目的绩效水平均高于 3 类国家项目，2006—2015 年这 5 类项目的绩效水平由高到低排序为教育部青年项目、教育部重点项目、国家重点项目、国家青年项目、国家一般项目（表 4.13，表 4.14）。

2006—2015 年，虽然国家项目的投入资金高于教育部项目，但是从整体绩效水平来看，教育部项目高于国家项目。这也就表明，项目科研资金投入多少与绩效水平高低没有呈现出正相关的关系，国家社会科学基金教育经济与管理学科已结项项目的投入与产出情况呈现出非常态化的特点。

（2）投入相近时，青年项目的绩效水平较高

国家项目和教育部项目中都有青年项目，即国家青年项目和教育部青年项目。在国家项目中，虽然 2006—2015 年国家青年项目的投入资金增长率略高于国家一般项目，但是每一年国家一般项目的投入资金都略高于国家青年项目的投入资金，且差额都在 3 万元或 3 万元以内。这表明二者的投入资金非常接近，只是国家一般项目的投入资金略高。结合表 4.13 和表 4.14 可知，无论是基于复合影响因子还是综合影响因子，国家青年项目的绩效水平都高于国家一般项目。在国家项目中，国家重点项目的投入资金远高于其他两类项目，其绩效水平也高于其他两类项目。

2006—2015 年，在教育部项目中，教育部青年项目的投入资金增长率高于教育部重点项目，但是每一年每一项教育部重点项目的投入资金都略高于教育部青年项目，差额为 1 万元。这表明教育部重点项目的投入资金与教育部青年项目的投入资金是比较接近的，教育部重点项目的投入资金略高。无论基于复合影响因子还是综合影响因子，教育部青年项目的绩效水平都高于教育部重点项目（表 4.13，表 4.14）。

因此，对于 2006—2015 年已结项的国家项目和教育部项目，在投入相近的情况下，青年项目的绩效水平更高。

（3）教育部项目的年均绩效水平整体呈下降趋势

本次研究同时还统计了 2006—2015 年教育经济与管理学科在国家社会科学基金

教育学中已结项项目的数据，项目完成需要一定的周期，所以近几年立项的项目中已结项的项目很少甚至没有。在这 5 类项目中，时间最近的于 2013 年结项。另外，每年已结项项目的数量不同，所以在比较年度各项目绩效变化情况时，用每年各个项目绩效的平均数表示当年的整体绩效情况。

无论是基于复合影响因子还是综合影响因子，教育部重点项目和教育部青年项目的年均绩效水平在 2006—2015 年都呈下降趋势。教育部青年项目的年均绩效水平在 2006—2015 年呈现波动趋势，其中 2006—2010 年呈现出上升趋势，2011—2015 年呈现出大幅下降趋势。2006—2015 年，教育部重点项目的年均绩效水平虽没有教育部青年项目下滑得明显，但是也呈现出下滑的趋势。

（4）国家项目的年均绩效水平无显著提升

笔者同时统计了国家项目的年均绩效水平，三类国家项目 2006—2015 年的年均绩效水平比较稳定，国家重点项目与国家一般项目在不同年份的绩效水平差异不大，年均绩效水平虽有波动，但是总体上呈现出上升的趋势，与之相较，国家青年项目的年均绩效水平则呈现出逐年下降的趋势。

在对国家项目的资金投入进行分析时，3 类国家项目的资金投入增长率都达到了 100% 及以上，而国家重点项目、国家一般项目和国家青年项目在 2006—2015 年基于复合影响因子的年均绩效增长率分别为 11.00%、92.86% 和 −59.00%；基于综合影响因子的年均绩效增长率分别为 23.00%、92.86% 和 −89.00%。三者的绩效水平并没有实现与投入资金增长率相应幅度的提高，教育部青年项目甚至出现了负增长的趋势。

（5）2006—2015 年教育部项目中个体绩效水平的差异较大

与上述各类项目绩效值的算法相同，计算出 5 类项目中各个项目基于复合影响因子和综合影响因子的绩效情况，以便分析各类项目中单个项目绩效水平的差异（基于表 4.8、表 4.13 与表 4.14）。

通过数据计算出这 5 类项目中各个项目绩效值的标准差，以体现各个项目绩效的离散程度。基于复合影响因子绩效的标准差如下：教育部青年项目为 0.116，教育部重点项目为 0.080，国家青年项目为 0.032，国家一般项目为 0.032，国家重点项目为 0.042。基于综合影响因子绩效的标准差如下：教育部青年项目为 0.147，教育部重点项目为 0.084，国家青年项目为 0.045，国家一般项目为 0.037，国家重点项目为 0.045。这表明无论是基于复合影响因子还是综合影响因子，这 5 类项目中各个项目绩效水平的离散程度从高到低排序都相同。

在 5 类项目中，每一类中各项目的绩效都不尽相同，无论是基于复合影响因子还是综合影响因子，相对于国家项目而言，教育部项目中各类项目的绩效水平散点图曲线波动都较大，这两类项目中单个项目的绩效水平差异较大，其基于绩效值计算的标准差也较大，说明各项目的绩效离散程度较高，各项目的绩效水平差异较大。

（6）2006—2015 年国家项目中个体绩效水平差异较小

笔者同时考察了国家项目中的个体绩效水平，结果发现，相较于教育部项目，无论是基于复合影响因子还是综合影响因子，国家项目中各类项目绩效的标准差都较小。2006—2015 年，国家项目中各类项目的绩效水平散点图曲线比较平稳，没有较大波动，说明 2006—2015 年各类项目的绩效水平没有太大的变化，保持稳定，即在国家项目中，各个项目的绩效离散程度较低，个体绩效水平差异较小。

此外，我们还可以看出，无论是教育部项目还是国家项目，投入的科研资金越多，则该类基金中各个项目的科研绩效离散程度就越低，这表明各类中各个项目的绩效离散程度高低与各类项目投入资金的多少呈负相关关系。

（二）高校教师承担国家社会科学基金管理学项目的论文成果绩效评价

1. 国家社会科学基金管理学项目的立项与结项情况概述

管理学项目和其他国家社会科学基金项目类型的设置基本一致，包括重大项目、年度项目、青年项目、西部项目、后期资助项目等。其中，重大项目立项少、资助额度大，每年进行两次统一招标，过程管理和结项要求都明显比其他项目严格；西部项目立项较少，主要是为了扶持西部地区科研发展，在地域上不具有代表性；后期资助项目、国家哲学社会科学成果文库项目、中华学术外译项目主要资助图书类成果。因此，本次研究在统计分析管理学项目的论文产出时，对上述类别项目忽略不计。年度项目（即重点项目、一般项目）和青年项目是申报人员最具普遍性、立项数最多、影响最为深远的三类项目，立项结果在每年的年中统一公布，其立项及管理方式也基本一致，具有一定的代表性和可比性。

（1）国家社会科学基金管理学项目立项情况概述

2010—2016 年，每年都有国家社会科学基金管理学项目立项。根据各项目的实际情况，完成时间一般为 2～5 年。

2010—2013 年，国家社会科学基金全部学科年度和青年项目立项总数由
2285 项跃升至 3826 项，增加了 1541 项，涨幅为 67%；其中仅 2011 年较上一年
增加了 598 项，涨幅为 26%，2012 年较上一年增加了 408 项，2013 年较上一年
增加了 535 项。自 2014 年起，出现小幅回落并趋于稳定。作为国家社会科学基
金 20 多个学科中立项数排名位于前列的管理学，2010—2016 年一直保持接近
10% 的立项总数占有率。其立项数变化趋势也与全学科相近，2010—2013 年由
210 项增长至 344 项，共增加了 134 项，涨幅为 64%；2014 年起开始出现小幅回
落，直到 2016 年都在 320 项左右徘徊。可见，2014 年起，项目管理部门开始限
制立项数和立项增速。虽然根据公布的立项结果，2010—2016 年适当限额申
报，需要经各地哲学社会科学规划办公室和申报单位把关，以减少选题重复现
象，进一步提高申请层次，但每年最终受理有效申报数的增长率仍在 10% 以上，
这也在一定程度上体现了国家社会科学基金在人文社会科学科研和高校教师科研
绩效评价中的地位在不断提升、影响力在不断提高（表 4.15）。

表 4.15　国家社会科学基金全学科和管理学学科历年立项数　单位：项

年份	全学科年立项总数	管理学年立项总数	管理学重点项目立项总数	管理学一般项目立项总数	管理学青年项目立项总数
2010	2 285	210	18	109	83
2011	2 883	240	11	113	116
2012	3 291	277	14	138	125
2013	3 826	344	16	167	161
2014	3 818	325	29	218	78
2015	3 777	328	25	224	79
2016	3 917	320	24	221	75
合计	23 797	2 044	137	1 190	717

资料来源：2010—2016 年国家社会科学基金重点项目、一般项目和青年项目成果鉴定等级公告

在管理学项目中，7 年间重点项目立项数均最少，每年为十几项到二十几项
不等，这说明重点项目立项难度最大；2010 年和 2012—2013 年，一般项目立项
数略多于青年项目，2013—2014 年，一般项目由 167 项快速增至 218 项，青年
项目则由 161 项跌至 78 项，此后两年这两类项目立项数也基本保持该水平。导
致如此巨大变化的原因之一，可能是从 2014 年开始，青年项目申请者的年龄条
件由 39 周岁以下调至 35 周岁以下，这给 35 周岁以下的青年学者减少了一部分
竞争对手，所扶持的对象更加年轻化，但是得以立项的数量却大幅下降，对 35

周岁以下的青年学者来说，立项的成功率究竟是提高了还是下降了，不得而知。

（2）国家社会科学基金管理学项目结项情况概述

本次研究选取的研究对象是 2016 年 12 月 31 日前验收结项的高校系统管理学年度项目和青年项目，考察高校教师从事管理学项目研究的论文成果产出情况。在高校、中国社会科学院、党校、军队、各级党政机关五大社会科学研究系统中，高校每年立项数基本占 85%以上；中国社会科学院、党校、军队、各级党政机关及其他立项总数少，且因单位性质差异而与高校系统的实际立项、结项标准也有差异，还有的成果可能涉密而无从获取，因此笔者仅考察高校系统的项目。本次研究的统计数据主要来自 2010—2016 年国家社会科学基金重点项目、一般项目和青年项目成果鉴定等级公告（按月发布）、项目数据库和中国知网期刊全文数据库。根据《国家社会科学基金管理办法》等文件的相关规定，一般来说，基础理论研究项目应在 3～5 年内完成，延期后最长可达 7 年；应用对策研究项目历时 2～3 年，延期后最长可达 4 年。根据历年每月成果鉴定报告，笔者筛选出三类项目中的已结项项目。2011 年 12 月，出现了第一个高校系统管理学结项项目（项目编号 10BGL076）；2015 年立项的项目，至 2016 年尚无结项。后文所说的管理学一般项目和青年项目都是指高校系统的项目。表 4.16 显示的是笔者获取的管理学已结项项目样例。

表 4.16　管理学已结项项目样例

项目编号	项目类别	学科	项目名称	立项时间	结项时间
11AGL004	重点项目	管理学	华中丘陵地区油茶生态产业链构建及对策研究	2011 年 7 月 1 日	2013 年 2 月 28 日
10AGL008	重点项目	管理学	"十二五"时期提升我国高校大学生创业技能战略研究	2010 年 6 月 17 日	2013 年 7 月 26 日
10BGL076	一般项目	管理学	促进我国政府与公立高校关系良性互动研究	2010 年 6 月 17 日	2011 年 12 月 14 日
10BGL101	一般项目	管理学	我国城市公用事业民营化与管制政策研究	2010 年 6 月 17 日	2012 年 1 月 30 日
11CGL017	青年项目	管理学	政治关联对会计信息质量的影响机制及其后果的研究	2011 年 7 月 1 日	2013 年 1 月 1 日
11CGL050	青年项目	管理学	转型期中国企业并购后控制研究	2011 年 7 月 1 日	2013 年 2 月 26 日

资料来源：2010—2016 年国家社会科学基金重点项目、一般项目和青年项目成果鉴定等级公告

截至 2016 年末，重点项目共结项 16 项，一般项目共结项 173 项，青年项目

共结项 138 项，这些项目的论文成果是本章的主要统计对象。立项年份越靠后，结项数越少。历年已结项数和立项数的布局也基本吻合，重点项目很少，一般项目略多于青年项目（图 4.1）。重点项目基数较小，结项率出现了大的起伏波动，参考价值不大；一般项目的结项率始终高于青年项目，但差异不明显，2012年，一般项目的结项率比青年项目高 6.36 个百分点，因此，从结项率上难以比较二者的项目完成情况差异（图 4.2）。

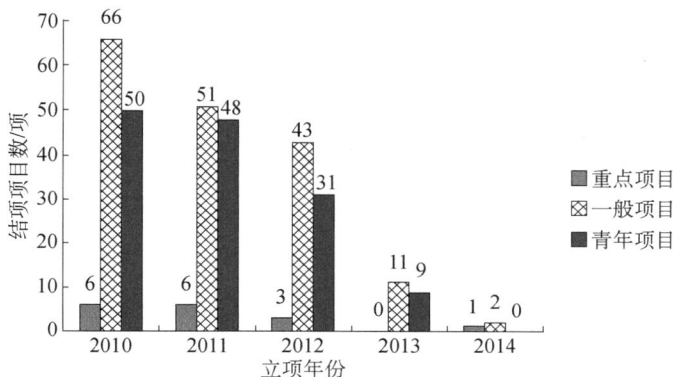

图 4.1　重点项目、一般项目和青年项目历年结项数量

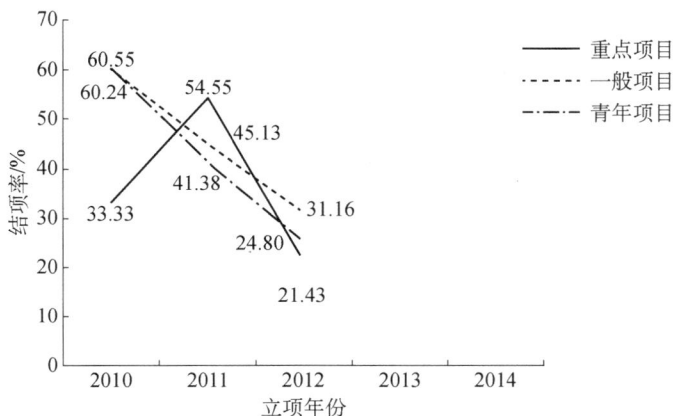

图 4.2　重点项目、一般项目和青年项目历年结项率

注：截至 2016 年末，2013 年、2014 年立项的国家社科基金项目的大多数项目尚未满 3～5 年研究时限，未申请结项，故未统计 2013 年和 2014 年的结项率

2. 高校教师承担国家社会科学基金管理学项目的论文成果统计

要对一个项目产出的论文进行评价，应从论文的数量和质量两个方面入手。产出论文数量显而易见，而如何对论文质量进行有效的评价则是人文社会科学界

尚未解决的难题，不但在中国没有统一的标准，其他国家也没有一套令人普遍信服的标准。笔者结合国家社会科学基金项目评价工作实际和学术界广泛认可的反映论文质量的指标，对管理学项目论文成果进行了统计。

（1）高校教师承担国家社会科学基金管理学项目的论文成果统计依据

在我国，绝大多数高校对教师科研的评价管理以论文为主，而高校科研管理部门很难做到专门组织同行专家对教师的论文水平进行评价，因此一般还是要通过发表期刊的收录情况、论文被引次数等指标来评定该论文的质量或影响力。论文被引次数最能体现论文的学术影响力，因此是评价论文影响力的重要参考。引文文献作为论文的主要属性之一，可以反映被引论文的影响、时效性、效用等，从某种程度上说，引文反映的是被引论文的质量。当然，引用者引用文献的动机比较复杂，研究表明，一般而言，所引用的引文中，批评与否定作者观点的引文占的比例较小，约为 5%，大多数引用都是正面引证。但是，论文被引次数与发表时间有关，同等质量的两篇学术论文，在某种程度上发表时间早的被引次数更多，而且人文社会科学论文一般是在发表的数年（通常是 3 年）后才会被广泛引用。因此，利用论文被引次数研究 2010—2016 年项目产出论文的影响力存在明显的局限性。在期刊收录方面，据了解，在人文社会科学教师科研绩效评价中，各高校都根据学校实际情况对教师发表论文提出要求，有的要求发表在核心期刊，有的要求发表在 CSSCI 期刊，后者因为收录期刊数目更少且只包括人文社会科学类，在学界的认可度更高，发表难度更大。有些学校还会根据一定标准列出本校的 A 类、B 类、C 类期刊目录，作为学校内职称评定的重要参考。

也就是说，尽管以期刊质量评价论文质量不尽科学，但这是目前学术界普遍接受的做法，因为一般来说论文发表的难度和期刊质量呈正相关。国内主要以下面三类级别期刊作为评价依据。第一，CSSCI 期刊。目前，国家社会科学基金项目结项论文成果验收的重要标准是 CSSCI 收录情况，而且我国人文社会科学界广泛认可 CSSCI 收录期刊的质量，因此，笔者对项目论文成果质量统计的指标主要是 CSSCI 期刊论文数量。第二，核心期刊作为辅助参考。除个别情况，绝大多数 CSSCI 期刊是核心期刊。同时，由于核心期刊的覆盖面更广，一些发表期刊级别不够高但本身的影响力不低（从现有的被引次数看）的论文也可以被统计进来。第三，普通期刊（简称"普刊"），其可被用于反向评价。本次研究所说的"普刊"是完全排除了当年 CSSCI、CSSCI 扩展版和核心期刊之外的期刊。通常情况下，普通期刊上发表的论文会被判定为质量一般的论文。

此外，笔者在统计 CSSCI 期刊论文的过程中发现，并不是所有的 CSSCI 期刊都有较高的影响因子，也并不是所有 CSSCI 期刊收录的论文都被多次引用。例如，某一般项目的某篇成果发表在某 CSSCI 期刊上，该期刊在 2010—2016 年都被收录在 CSSCI 目录中，但其复合影响因子、综合影响因子（2016 版）仅分别为 0.262 和 0.162，这篇文章发表于 2013 年，截至 2016 年底，被引数只有 4 次。另外，有些论文是发表在与管理学研究关联度很低的语言学、文学、艺术学等人文学科 CSSCI 期刊上，那么其论文对管理学学科科研的贡献值、影响力是难以保证的。因此，为了弥补 CSSCI 期刊统计的缺陷，笔者找到了另一个评价论文质量的尺度——教育部官方认定的 A 类期刊。2016 年上半年，全国第四轮学科评估工作启动，教育部学位与研究生教育发展中心发布的《全国第四轮学科评估邀请函》表明，关于对于学术论文的评价方法，坚持"定量与定性、国内与国外、质量与数量"三结合，在人文社会与管理等学科采用 A 类期刊指标。《全国第四轮学科评估邀请函》的附件中指出，"分别与汤森路透、中国知网、CSCD、CSSCI 等机构进行研讨，改进论文评估方法；面向全国万余名博导及有关学科评议组进行全面调研和投票，形成'A 类期刊'清单"。基于 A 类期刊评价确立过程的综合性与科学性、对论文质量评价的权威性，考虑到管理学项目中与其他学科存在交叉的现象普遍存在，教育部学位与研究生教育发展中心发布国内国外管理类 A 类期刊 65 种。其中，公共管理国内 14 种，国外 11 种；管理科学工程与工商管理国内 15 种，国外 12 种；农林经济管理国内 4 种，国外 9 种。经对比发现，仅有管理科学工程下属的《系统工程》未被 CSSCI 收录，因此在统计 A 类期刊时将其删去，可将统计结果理解为经教育部组织评审筛选出来的与管理学密切相关的部分高水平 CSSCI 期刊。发表在这些期刊上的大多数是对管理学的科研发展、社会政治经济发展有较大影响力的高水平论文。为确保无误，笔者还验证了三类项目产出的 A 类期刊的高被引率。如表 4.17 所示，重点项目产出 A 类期刊论文篇均被引 22.07 次，一般项目产出 A 类期刊论文篇均被引 18.48 次，青年项目产出 A 类期刊论文篇均被引 21.12 次，远远高于全部成果的篇均被引数 7.19 次、6.70 次和 7.19 次，其中有 21 篇论文被引高达 50 次以上，这在人文社会科学类论文尤其是发表时间为 6 年以内的论文中是非常高的。这证明，用 A 类期刊评价管理学项目高质量论文产出具有一定的可靠性。

表 4.17　管理学项目产出 A 类期刊论文被引情况　　　　单位：次

项目类型	A 类期刊论文篇均被引次数	全部论文篇均被引次数
重点项目	22.07	7.19
一般项目	18.48	6.70
青年项目	21.12	7.19

综上，本次研究对项目论文成果按表 4.18 所示的指标进行统计。

表 4.18　管理学项目论文成果统计指标

一级指标	二级指标	三级指标
	论文数量	产出论文总数	
项目产出论文成果评价		总被引次数	
	论文质量	期刊质量	A 类期刊论文篇数
			CSSCI 期刊论文篇数
			核心期刊论文篇数
			普通期刊论文篇数

　　如表 4.18 所示，对项目论文成果的统计分论文数量和论文质量两大方面。本次研究统计的论文数量是指该项目从立项之日到结项之日产出的全部论文数目（结项后继续发表的论文不计入其中，因为已经不再涉及国家社会科学基金管理部门的管理和评价，并且可能仍处在不断更新中）；论文质量是通过一些可量化的指标进行统计反映出的论文水平。其中，总被引次数反映了该项目论文的影响力，有一定的局限性，比如，2016 年结项的项目和 2012 年结项的项目论文成果的被引次数显然不具备可比性。总被引次数适合用于对结项时间较早且相近的项目做对比，以及对单篇论文影响力的观测。期刊质量按表中排序，教育部认定的 A 类期刊论文篇数可反映管理学学科高质量论文数，然后是 CSSCI 期刊论文篇数，核心期刊论文篇数可作为一定的参考；普通期刊论文篇数和比例用来对论文质量进行反向评价。本次研究的统计和比较偏重论文质量，因此优先看重 A 类期刊论文的发表情况，同等情况下依次类推，并考虑其他指标。

　　（2）高校教师承担国家社会科学基金管理学项目的论文成果统计结果

　　根据上述项目产出论文成果评价指标，笔者对每个管理学项目产出的每篇论文的期刊收录情况进行了统计。值得注意的是，近年来，尽管 CSSCI 收录期刊总数变化不大，但其中的细微变化不少，7 年间一些排名靠后、质量不稳定的期刊可能在 CSSCI、CSSCI 扩展版甚至普通期刊之间跳出跳入。笔者在统计时发现了类似情况，如果简单地以统计时中国知网标注（2014—2016 年）CSSCI（包含扩展版）收录情况为标准进行统计，就会出现把当年非 CSSCI 收录期刊计入、把扩展版期刊计入 CSSCI 的多录问题以及漏录问题。因此，本次研究对 CSSCI 期刊论文的统计是基于南京大学中国社会科学研究评价中心官网公布的 2010—2011 年、2012—2013 年、2014—2016 年三版 CSSCI 以及三版 CSSCI 扩展版目录，对照论文发表当年的期刊目录，笔者翔实地统计了每篇文献的被收录情况，虽然耗时较长，但确保了统计数据的准确性。表 4.19 给出了其中 4 个 CSSCI 目录中收录情况有变化的期刊，类似的情况、涉及的论文还有很多，在此不一一列举。

表 4.19   2010—2016 年 CSSCI 目录变化及涉及的论文举例

期刊名称	2010—2011 年	2012—2013 年	2014—2016 年	涉及论文举例	所属项目编号	最终认定
《科技管理研究》	未收录	CSSCI 扩展版	CSSCI	《论生态文化与技术创新的生态化》	10CGL064	CSSCI 扩展版
《运筹与管理》	未收录	CSSCI 扩展版	CSSCI 扩展版	《中小私营企业信用行为演化研究》	12BGL025	CSSCI 扩展版
《社会科学家》	CSSCI	CSSCI 扩展版	CSSCI	《我国房地产市场管理与调控的金融安全思考》	12CGL094	CSSCI 扩展版
《苏州大学学报（哲学社会科学版）》	CSSCI	CSSCI 扩展版	CSSCI	《风险投资，价值提供者还是资金提供者？——基于 PSM 方法的检验》	10CGL032	CSSCI 扩展版

基于各期刊目录，笔者对各项目产出的每篇论文收录情况及被引情况进行统计，据此分别得出在每个项目支持下在各类期刊发表的论文数（表 4.20），并以某个一般项目为例，按项目类别制成表 4.21。

表 4.20　管理学项目产出论文的收录和被引情况统计（以部分一般项目为例）

项目类型	项目编号	论文总数/篇	总被引数/次	A 类期刊论文/篇	A 类期刊论文总被引数/次	CSSCI 期刊论文/篇	核心期刊论文/篇	普通期刊论文/篇
一般项目	10BGL028	1	1	0	0	0	0	0
	10BGL032	17	91	4	46	10	12	4
	10BGL002	14	152	5	86	10	11	2
	10BGL059	2	79	1	79	1	1	1
	11BGL085	6	85	0	0	4	5	1
	10BGL017	8	259	3	149	6	6	2

表 4.21　获取的管理学项目资助下的论文及期刊收录情况样例

项目类型	项目编号	名称	论文题目	期刊名称	A 类期刊	CSSCI 期刊	核心期刊	普通期刊	备注
一般项目	11BGL072	延迟退休年龄对社保养老基金收支规模及就业的影响	《信用风险中回收率分布的双 Beta 模型》	《中国管理科学》	√	√	√		
			《基于独立成分分析的山东省就业人数预测》	《经济与管理评论》				√	
			《我国人口死亡率建模与养老金账户的长寿风险分析》	《统计与决策》		√	√		
			《基于粗糙集与分类器集成的财险公司全面风险预警研究》	《保险研究》					其他*

　　*　"其他"是指 CSSCI 扩展版、会议论文集和部分不能判定水平的英文期刊（3499 篇文献中仅有 18 篇外文论文且没有集中分布于某一类项目，其对统计结果的影响可以忽略）

　　本次研究重点关注每类项目论文绩效的年度变化情况。笔者对三类项目的论文产出情况分别按立项年度做了统计，如表 4.22～表 4.24 所示。重点项目立项数量少，结项数量也少，2013—2014 年仅有 1 项结项，因此这两年的项目不具有研究意义。对于投入额度、立项数和结项数都很接近的一般项目和青年项目，二者的成果对比可以进行到 2013 年，2014 年的结项数量太少，无法进行比较。

表 4.22　历年已结项管理学重点项目论文成果统计

指标	2010 年	2011 年	2012 年	2013 年	2014 年	合计
结项数/项	6	6	3	0	1	16
论文总数/篇	80	103	25	0	6	214

续表

指标	2010 年	2011 年	2012 年	2013 年	2014 年	合计
总被引数/次	870	797	88	0	21	1776
A 类期刊论文/篇	14	14	0	0	1	29
CSSCI 期刊论文/篇	51	60	15	0	6	132
核心期刊论文/篇	60	74	18	0	5	157
普通期刊论文/篇	10	9	6	0	0	25

表 4.23 历年已结项管理学一般项目论文成果统计

指标	2010 年	2011 年	2012 年	2013 年	2014 年	合计
结项数/项	66	51	43	11	2	173
论文总数/篇	698	631	407	66	12	1 814
总被引数/次	5 328	4 226	2 264	259	24	12 101
A 类期刊论文/篇	62	39	39	3	0	143
CSSCI 期刊论文/篇	316	266	206	40	7	835
核心期刊论文/篇	401	393	269	54	7	1 124
普通期刊论文/篇	190	168	92	10	5	465

表 4.24 历年已结项管理学青年项目论文成果统计

指标	2010 年	2011 年	2012 年	2013 年	2014 年	合计
结项数/项	50	48	31	9	0	138
论文总数/篇	485	546	365	75	0	1 471
总被引数/次	4 388	3 940	1 974	270	0	10 572
A 类期刊论文/篇	56	43	40	17	0	156
CSSCI 期刊论文/篇	233	231	194	52	0	710
核心期刊论文/篇	326	368	254	54	0	1 002
普通期刊论文/篇	87	130	67	18	0	302

3. 高校教师承担国家社会科学基金管理学项目产出论文的统计结果分析

在对论文成果进行对比分析之前，应对历年各类项目资助额度的变化情况有所了解。2010—2016 年，三类项目的单项资助额度在不断提高（表 4.25），项目的论文产出情况有没有改善，是笔者对各类项目的论文成果进行分析和比较的主要着眼点。

表 4.25　历年管理学重点、一般和青年项目单项资助额度　单位：万元

项目类别	2010 年	2011 年	2012 年	2013 年	2014 年	2015 年	2016 年
重点项目	20	25	25	30	35	35	35
一般项目	12	15	15	18	20	20	20
青年项目	10	15	15	18	20	20	20

资料来源：根据全国哲学社会科学工作办公室官网发布的数据整理而得

（1）不同项目类型的管理学项目产出论文的统计结果分析

重点项目和一般项目除了资助额度不同，二者在管理上的差距不大。同样，青年项目和一般项目资助额度相近，管理方式也几乎没有什么不同。因此，这三类项目的论文成果有进行比较的基础。每类项目之间、每类项目各年度之间结项论文数量和质量各不相同甚至差距悬殊，因此将论文数量等部分指标的总体统计结果转化为项目均值，更有利于分析该类项目论文成果的水平；倘若项目均值相同或很接近，则比较该组数据的标准差或标准差系数。如果标准差或标准差系数小的一组数据的离散程度更小，据此可以认定该组数据对应的成果更集中、水平更高。

首先，对管理学重点项目产出论文的统计结果进行分析（表 4.26）。笔者对2010—2013 年已结项的重点项目产出论文数量、被引用次数的平均值进行分析。由于项目完成时间、各论文发表时间差距大，故项目被引次数的平均值不具备比较意义；项目产出普刊篇数的均数作为负向评价的指标，其大小、增减并不直接意味着项目论文成果的好坏，还与所有重点项目论文总数的平均值有关，故将其转化为"项目产出普通期刊论文均值"，该比例越高，说明成果中质量一般的期刊论文占比越高。

表 4.26　管理学重点项目历年已结项项目的各指标情况

类别	2010 年	2011 年	2012 年	2013 年
结项数/项	6.00	6.00	3.00	—
项目产出论文总数均值/篇	13.33	17.17	8.33	—
项目被引次数均值/次	145.00	132.83	29.33	—
项目产出 A 类期刊论文均值/篇	2.33	2.33	0	—
项目产出 CSSCI 期刊论文均值/篇	8.50	10.00	5.00	—
项目产出核心期刊论文均值/篇	10.00	12.33	6.00	—
项目产出普通期刊论文均值/篇	1.67	1.50	2.00	—

注：截至 2016 年采集数据时，2013 年立项的项目尚未结项，故无法统计各指标数值

2011 年，除了 A 类期刊论文篇数与上一年持平，项目产出 CSSCI 期刊论文均值、核心期刊论文均值和论文总数均值都有较为明显的提升，其中主要评价指标产出 CSSCI 期刊论文均值由 8.5 篇增加到 10 篇；普通期刊论文所占比例下降了约 4%。这说明 2011 年的重点项目成果较上年无论是数量上还是质量上都有了明显的提高。从资助额度来说，对重点项目的资助额由 2010 年的 20 万元上升到 2011 年的 25 万元，同时项目产出的论文成果也在增加。然而，2012 年结项项目的论文成果各项指标直线下降，每个项目产出 A 类期刊论文 0 篇，产出的 CSSCI 期刊论文跌至 5 篇，产出的普通期刊论文数量与上年相比却猛增，产出论文的数量与质量均远远低于 2011 年甚至 2010 年的项目，而 2011—2012 年的项目资助额度均是 25 万元。综上所述，2010—2012 年，重点项目产出论文数量、质量都呈先涨后跌的趋势，2011 年的各项指标水平较高；2012 年项目的产出成果数量不如 2010 年，与资助额度不匹配（表 4.26）。

其次，对管理学一般项目产出论文的统计结果进行分析。总体上，除了 A 类期刊论文的波动，其他指标都是在 2011 年上升，其后两年下降。一般项目的论文成果数量、质量表现为波动下降。2011 年结项的一般项目论文产出总数均值增加了约 2 篇，CSSCI 期刊论文均值由 4.79 篇升至 5.22 篇，A 类期刊论文篇数不增，反而降了约 0.2 篇，这说明 3 万元资助额度的提升并未产生明显的成果质量提高。2013 年，项目资助额度较上年涨了 3 万元，论文数量、质量却较之前继续缩水。基于优先考虑高水平论文情况，从 A 类期刊论文篇数结合 CSSCI 期刊论文篇数来看，2010 年、2012 年结项的论文成果较优，2011 年、2013 年结项的成果综合水平较低。以上说明，随着资助额度的提升，2011—2013 年一般项目的结项论文质量并没有明显的提高，而是呈下降趋势，特别是 2013 年出现了大幅下跌，这似乎与每项获 18 万元的资助不符。详见表4.27。

表 4.27　管理学一般项目历年已结项项目的情况

类别	2010 年	2011 年	2012 年	2013 年
结项数/项	66.00	51.00	43.00	11.00
项目产出论文总数均值/篇	10.58	12.37	9.47	6.00
项目被引次数均值/次	80.73	82.86	52.65	23.55
项目产出 A 类期刊论文均值/篇	0.94	0.76	0.91	0.27
项目产出 CSSCI 期刊论文均值/篇	4.79	5.22	4.79	3.64
项目产出核心期刊论文均值/篇	6.08	7.71	6.26	4.91

最后，对管理学青年项目产出论文的统计结果进行分析。青年项目产出的 A
类期刊论文除 2011 年有所减少以外，总体呈增加趋势，2013 年较前一年增加较
多；CSSCI 期刊、核心期刊论文的总数均值变化趋势相同，前三年不断上升，
2013 年的数量下降。2013 年青年项目产出的论文呈现出量不多但质优的特点，
A 类期刊论文占 CSSCI 论文总数的 33%。也就是说，青年项目产出论文数量、
质量总体呈上升趋势，2013 年虽然结项总数下降，但论文总体质量有所提高。
除了 2011 年（资助额度增加，产出论文总数增加，但质量没有提升）产出论文
情况与项目资助额度变化情况基本吻合，随着资助额度的提高，产出论文的质量
亦有所提高。详见表 4.28。

表 4.28 管理学青年项目历年已结项项目的情况

类别	2010 年	2011 年	2012 年	2013 年
结项数/项	50.00	48.00	31.00	9.00
项目产出论文总数均值/篇	9.70	11.38	11.77	8.33
项目被引次数均值/次	87.76	82.08	63.68	30.00
项目产出 A 类期刊论文均值/篇	1.12	0.90	1.29	1.89
项目产出 CSSCI 期刊论文均值/篇	4.66	4.81	6.26	5.78
项目产出核心期刊论文均值/篇	6.52	7.67	8.19	6.00

以上我们分别分析了各类项目产出论文的数量、质量随着时间变化及资助额
度的变化。如果单纯考虑资助额度变化趋势，各类项目的成果也应该呈现出
"2011 年上升—2012 年持平—2013 年再上升"这样一个总体上升的分布情况。
重点项目只有三年的结项数据，2011 年的成果数量、质量都上升了，但 2012 年
却出现大幅度下滑，甚至都低于 2010 年。这说明只有 2011 年资助额度的提高对
论文产出形成了积极效果。一般项目 2011 年的平均发文数量提高了 1.79 篇，但
质量（A 类期刊论文数、CSSCI 期刊论文数）几乎没有提高，并且此后数量、质
量各项指标均呈下降或波动下降趋势。可以说，在一般项目的论文成果水平上，
资助额度的增加并未带来成果水平的提升，随着资助额度的增加，成果水平反而
下降。考虑到截至 2016 年，2013 年以后立项的项目尚未结项，成果尚未全部发
表或出版，青年项目论文成果数量、质量总体呈上升趋势。除 2011 年 A 类期刊
论文略有下降外，论文水平与项目资助额度变化情况总体吻合，随着资助额度的
增加，产出论文的质量也在提高。

　　相比之下，三类项目中只有青年项目的年度发展变化趋势是上升的，是最符合资助额度变化规律的。当然，由于重点项目只有 3 年的结项数据，所得出的趋势变化可能说服力不足。但至少可以确定，2010—2013 年，青年项目产出论文的数量、质量总体上是上升的，一般项目论文产出在数量、质量上是下滑的，二者的单项资助额度除了 2010 年相差 2 万元，其他年份均相同。这足以说明，青年项目对资助变化的敏感度更高，对一般项目与青年项目增加同等投入额度，在青年项目上收到了明显效果，而在一般项目上的效果却不进反退。

　　（2）不同评价指标的管理学项目产出论文的统计结果分析

　　为了比较管理学重点项目、一般项目和青年项目的论文产出情况，笔者选取数量指标"项目产出论文总数均值"和主要的质量指标"项目产出 CSSCI 期刊论文均值""项目产出 A 类期刊论文均值"分别进行分析。

　　首先，对管理学重点项目、一般项目和青年项目的产出论文总数均值进行对比分析。从论文总数来看，2010 年、2011 年的重点项目论文总数在三类中最高且优势明显，2011 年的重点项目达到平均每项产出 17.17 篇论文，但 2012 年有大幅下降。这三类项目的产出论文总数均值都在 2011 年有所上升，然后持平或下降。与青年项目相比，一般项目前两年比青年项目每项多产出大约 1 篇；后两年青年项目反超，比一般项目每项多产出约 2 篇（表 4.27，表 4.28）。2011 年，资助额度提高，三类项目的论文产出数量都有不同程度的提高，但这种效果并未持续，甚至 2013 年第二次提高资助额度也没有改变数量下滑的状态。在论文总数方面，青年项目产出论文数量均高于一般项目（表 4.23，表 4.24）。

　　其次，对管理学重点项目、一般项目和青年项目产出 CSSCI 期刊论文均值进行对比分析。CSSCI 收录是国家社会科学基金对论文进行评价的重要尺度。2010—2011 年，重点项目产出的 CSSCI 期刊论文篇数均较其他两类项目有着压倒性的优势，2011 年的 10 篇更是达到了一般项目、青年项目篇数的 2 倍左右；2012 年，其优势不再，还被青年项目反超。2011 年，三类项目的产出都在数量、质量上有不同程度的提升，重点项目的产出进步最明显，较上一年增加了1.5 篇。与青年项目相比，一般项目的产出总体呈下降趋势（从 2012 年的 4.79 篇减少至 2013 年的 3.64 篇，下降明显）；青年项目的产出总体呈上升趋势（2012年较前一年增长了 1.45 篇），2013 年较前一年有所下滑，但也明显高于 2010年、2011 年。2010—2011 年，一般项目的产出 CSSCI 期刊论文均值略高于青年项目（差值分别为 0.13 篇和 0.41 篇）；2012—2013 年，青年项目产出 CSSCI 期刊论文均值提高并明显优于一般项目（差值分别为 1.47 篇和 2.14 篇）。通过考察每类项目产出 CSSCI 期刊论文占论文总数的比例，可以看出 2011—2013 年青年项目产出的 CSSCI 期刊论文所占比例也有波动，重点项目的该比例越来越低。综上可见，在这 4 年的结项项目中，青年项目产出的 CSSCI 期刊论文篇数总体是上升的，占论文总数的比例也在提高，一般项目反之；前两年青年项目产出的 CSSCI 期刊论文篇数略低于一般项目，但后劲十足，后两年这一数值优于一般项目（基于表 4.22～表 4.24）。

最后，对管理学重点项目、一般项目和青年项目产出的 A 类期刊论文均值进行对比分析。A 类期刊是教育部遴选出来的部分优秀期刊，但经过对比发现，在管理学以及其他与管理学项目相关的社会科学期刊中，除《系统工程学报》期刊以外都是 CSSCI 期刊。笔者在统计中将其删去（只涉及一般项目 2 篇、青年项目 3 篇，对研究结果的影响可以忽略），据此可将本次研究中的 A 类期刊理解为 CSSCI 期刊中经教育部评选出的优秀部分。图 4.3 中的 A 类期刊论文占 CSSCI 论文的比例就是高水平 CSSCI 论文的比例。A 类期刊论文篇数多、比例高，说明该项目不单单是追求产出 CSSCI 期刊论文以满足国家社会科学基金验收的硬性要求，更追求在高水平的 CSSCI 期刊上发表真正的高水平学科成果。

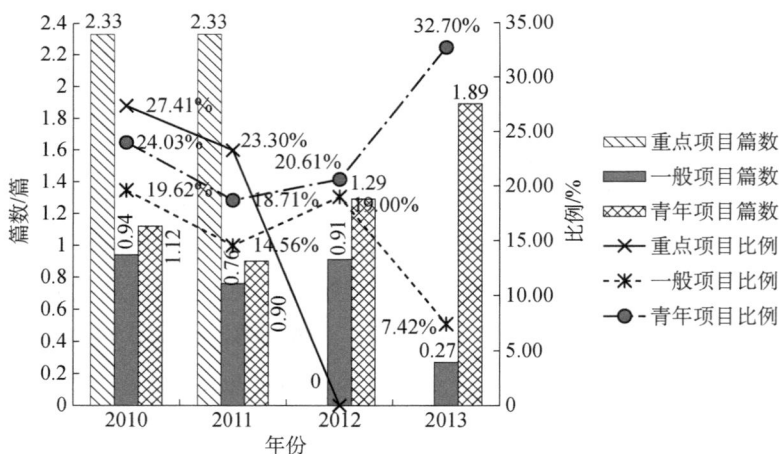

图 4.3　管理学重点项目、一般项目和青年项目历年 A 类期刊论文均值对比图

同 CSSCI 期刊的情况，2010 年、2011 年重点项目产出的 A 类期刊论文数量较其他两类项目优势明显，是它们的 2 倍多；但 2012 年低至 0 篇，论文质量

急剧下降。一般项目和青年项目对比，前者呈波动下降趋势，后者总体呈上升趋势（只有 2011 年较上一年有所下降）。4 年内，青年项目产出的 A 类期刊论文篇数一直高于一般项目，前两年的优势不太明显，后两年特别是 2013 年，青年项目产出的 A 类期刊论文篇数（1.89 篇）是一般项目（0.27 篇）的 7 倍。从 A 类期刊论文占 CSSCI 论文的比例来看，青年项目一直高于一般项目，二者的差距在 2013 年达到最大（约 25%）。

笔者研究发现，2013 年重点项目产出的 A 类期刊论文占比的最高点为 27.41%，而该年青年项目产出的 CSSCI 期刊论文中 就有 3 成以上是 A 类期刊论文。综上所述，在这 4 年的结项项目中，青年项目产出 A 类期刊论文的篇数和比例都高于一般项目，青年项目的优势在 2012 年、2013 年尤为明显；青年项目产出的 A 类期刊论文篇数总体上是呈上升趋势的，而一般项目的这一数据在波动下滑（基于表 4.26～表 4.28）。

从上述三个主要评价指标入手，笔者对每类项目各指标的年度变化情况进行了比较分析，结果发现：①2010—2011 年，无论是发文数量还是质量，重点项目都远胜于一般项目和青年项目，这大致与它近乎 2 倍于另两类项目的资助额度相匹配；但在 2012 年，论文数量、质量都遭遇"滑铁卢"，三类项目都没有产出高水平论文。②一般项目和青年项目相比，在产出的论文总数上，前两年一般项目稍高于青年项目（每项差近 1 篇），后两年青年项目高于一般项目（每项相差两三篇），而从论文数量来说，一般项目的优势更明显。在产出 CSSCI 期刊论文篇数方面，青年项目总体是上升的，其占论文总数的比例也在提高，一般项目反之；青年项目产出的论文数量在前两年略低于一般项目，但后劲十足，后两年优于一般项目。在 产出 A 类期刊论文方面，4 年间青年项目产出 A 类期刊论文的篇数和比例都高于一般项目，其优势在后两年尤为明显；青年项目产出的 A 类期刊论文篇数逐年上升，而一般项目处于波动下滑状态。论文产出数量减少、CSSCI 期刊论文数提高、A 类期刊论文数提高，这说明青年项目越来越注重产出高质量论文。

这三个指标的比较分析结果表明，与其他两类项目相比，2010—2011 年的重点项目论文产出有绝对的优势，到 2012 年其优势不再；一般项目和青年项目相比，资助额度相似，但青年项目产出论文的综合水平（主要考虑 A 类期刊论文、CSSCI 期刊论文）总体上优于一般项目，质量上的差异在 2012—2013 年表现得尤为明显。

4. 高校教师承担国家社会科学基金管理学项目投入和论文成果产出绩效评价

随着国家社会科学基金对各类项目投入的增加，论文成果有没有质与量的提升，增加的投入有没有发挥出效益，是相关部门、社会日益关注的问题。本次研究运用的绩效评价方法是投入-产出法。投入-产出法一般采用可比的投入-产出指标值之比的形式，即"产出/投入"，以其评价经济活动效率简单、直观有效。三类项目的单项资助额度不同，只有通过"产出/投入"的计算才能得出各类项目的论文成果产出绩效水平。

（1）高校教师承担国家社会科学基金管理学项目的投入统计

国家社会科学基金不同类型项目的资助额度不同，本次研究主要关注已结项的管理学重点项目、一般项目和青年项目所获资助情况。

1）管理学重点项目、一般项目和青年项目历年单项资助额度变化情况。重点项目的单项资助额度仅次于重大项目，一般项目和青年项目的单项资助额度大致相同（仅 2010 年一般项目比青年项目高 2 万元），约为重点项目资助额度的1/2。重点项目、一般项目和青年项目的单项资助额度在 2010—2014 年几乎都在持续上涨，2015 年、2016 年与 2014 年保持在同一水平（表 4.25）。

2）管理学重点项目、一般项目和青年项目历年获得资助总额情况。从全学科和管理学学科年度项目、青年项目立项数（表 4.15）可以看出，2010—2016年，国家社会科学基金资助项目数总体上经历了前 4 年的快速增长和后 3 年的稳定。本次研究的对象主要是 2010—2013 年结项的管理学项目，因此重点关注这几年的数据。各类项目单项资助额度的提高、立项数的大幅增长，表明国家对国家社会科学基金项目的投入是不断提高的，对人文社会科学研究的重视与期望程度越来越高。单就管理学项目来说，立项数和全学科项目的变化规律大体一致，2010—2014 年持续增加[①]，2014—2016 年趋于稳定。国家社会科学基金对同一类别的每个项目的资助额度相同，这也便于我们对每个类别所获资助的总数进行计算。管理学每年获资助的总额是持续快速提高的，4 年间由 2498 万元提高到6384 万元，其中一般项目和青年项目的资助总额提高明显。国家社会科学基金对管理学项目的总投入是逐年增加的，这表明政府和国家社会科学基金管理部门对管理学的科学研究寄予了厚望（表 4.29）。

---

① 编者注：虽然 2014 年该数据是下降的，但是存在客观原因，本书数据截至 2016 年底，2013 年以后立项的国家社科基金项目尚未结项，尚有研究成果未发表或出版。

表 4.29　历年管理学重点项目、一般项目和青年项目所获资助　单位：万元

项目类型	2010 年	2011 年	2012 年	2013 年
重点项目	360	275	350	480
一般项目	1 308	1 695	2 070	3 006
青年项目	830	1 740	1 875	2 898
合计	2 498	3 710	4 295	6 384

3）历年已结项管理学重点项目、一般项目和青年项目所获资助情况。为了考察三类项目的结项论文成果绩效情况，笔者单独统计了 2010—2013 年已结项项目的资助投入情况，如表 4.30 所示。

表 4.30　历年已结项管理学重点项目、一般项目和青年项目所获资助　单位：万元

项目类型	2010 年	2011 年	2012 年	2013 年	合计
重点项目	120	150	75	0	345
一般项目	792	765	645	198	2 400
青年项目	500	720	465	162	1 847

4）已结项管理学重点项目、一般项目和青年项目所获资助分布情况。笔者计算了已结项重点项目、一般项目和青年项目所获资助占其资助总额的比例。结果发现，重点项目获得资助 345 万元，占总数的 7.51%；一般项目获得资助 2400万元，占总数的 52.26%；青年项目获得资助 1847 万元，占总数的 40.22%。

（2）高校教师承担国家社会科学基金管理学项目的论文成果总体情况

根据前文对管理学项目的论文成果分项目类型统计，汇总得到三类项目的论文成果总体情况，如表 4.31 所示。为便于分析，笔者选取了其中的数量指标"论文总数"和主要质量指标"A 类期刊论文篇数""CSSCI 期刊论文篇数"进行比较。

表 4.31　管理学重点项目、一般项目和青年项目结项论文成果总体情况

项目类型	结项数/项	论文总数/篇（占比）	总被引数/次	A 类期刊论文篇数/篇	CSSCI 期刊论文篇数/篇	核心期刊论文篇数/篇	普通期刊论文篇数/篇
重点项目	15	214（6.12%）	1 776	29	132	157	25
一般项目	171	1 814（51.84%）	12 101	143	835	1 124	465
青年项目	138	1 471（42.04%）	10 572	156	710	1 002	302

1）管理学结项项目产出论文总数及分布情况。重点项目产出论文总数占全部论文的 6.12%，一般项目占 51.84%，青年项目占 42.04%。借助表 4.30 与表

4.31 测算项目投入与产出的占比，发现重点项目的产出占比（6.12%）低于该类项目的投入占比（7.51%），一般项目的产出占比（51.84%）略低于该类项目的投入占比（52.26%），青年项目的产出占比（42.04%）略高于该类项目的投入占比（40.22%）。也就是说，从产出论文的总数上看，管理学重点项目成果产出论文占比略低于管理学项目总资助占比，青年项目与之相反，一般项目的产出占比与投入占比相差不多。

2）管理学结项项目产出 CSSCI 期刊论文篇数及分布情况。重点项目产出 CSSCI 期刊论文 132 篇，占全部 CSSCI 期刊论文的 7.87%；一般项目产出 CSSCI 期刊论文 835 篇，占全部 CSSCI 期刊论文的 49.79%；青年项目产出 CSSCI 期刊论文 710 篇，占全部 CSSCI 期刊论文的 42.34%。其中，重点项目的产出占比（7.87%）略高于其投入占比（7.51%），一般项目产出占比（49.79%）略低于其投入占比（52.26%），青年项目产出占比（42.34%）略高于其投入占比（40.22%）。从产出 CSSCI 期刊论文的篇数来看，一般项目的产出占比略低于其投入占比，重点项目、青年项目反之，但差距同样不明显，只能说重点项目、青年项目产出 CSSCI 期刊论文篇数的比例略高于其所获资助的比例，一般项目则稍有不足（表 4.31）。

3）管理学结项项目产出 A 类期刊论文篇数及分布情况。重点项目产出 A 类期刊论文 29 篇，占全部 A 类期刊论文的 8.84%；一般项目产出 A 类期刊论文 143 篇，占全部 A 类期刊论文的 43.60%；青年项目产出 A 类期刊论文 156 篇，占全部 A 类期刊论文的 47.56%。其中，重点项目的产出占比与投入占比相近，一般项目产出占比（43.60%）明显低于投入占比（52.26%），青年项目产出占比（47.56%）远高于投入占比（40.22%）。从产出 A 类期刊论文的篇数来看，重点项目成果产出 A 类期刊论文占比与投入占比相差无几；一般项目成果产出 A 类期刊论文占比比投入占比低 8.66 个百分点，这一部分主要被青年项目占据。也就是说，获批的青年项目获得的国家社会科学基金投入占比为 40.22%，产出的 A 类期刊论文占全部 A 类期刊论文的 47.56%，相对于一般项目，其优势非常明显（表 4.31）。

综上所述，我们发现重点项目产出的论文总数占比略低于该项目的投入占比（7.51%）；一般项目投入占比为 52.26%，却只产出了 43.60% 的 A 类期刊论文，产出的 CSSCI 期刊论文占比为 49.79%，稍低于投入占比；青年项目以 40.22%

的投入占比产出了 47.56% 的 A 类期刊论文、42.34% 的 CSSCI 期刊论文。总体来看，重点项目在论文数量、质量上表现尚可，其占比与资助占比差距不大；一般项目在质量指标方面的产出情况并不好，特别是高水平 A 类期刊论文产出不足；与一般项目相反，青年项目在产出 A 类期刊论文方面的优势较大。这提示我们，在这三类项目中，存在投入与产出不匹配的现象，因此需要进一步对论文产出绩效进行评价。

（3）高校教师承担国家社会科学基金管理学项目的论文成果绩效评价

根据前文的统计结果，在投入方面，按项目类型，15 个重点项目共计得到 345 万元资助，171 个一般项目共计得到 2400 万元资助，138 个青年项目共得到 1847 万元资助（表 4.30）。考虑到项目资助额度与产出论文量之间的数量关系，笔者在做投入-产出绩效评价时，以 10 万元为一个单位，这样分析起来更加直观。笔者利用"投入/产出"的计算公式，分别按项目类型和三大指标进行绩效评价。

1）高校教师承担国家社会科学基金管理学三类项目的论文成果的绩效对比

其一，不同类型项目的论文成果绩效对比。随着资助额度由 20 万元提高到 25 万元，2011 年，重点项目的每 10 万元产出论文篇数虽稍有提升，但质量指标中的 A 类期刊论文和 CSSCI 期刊论文的绩效分别降低了约 20% 和 6%。2012 年的重点项目资助投入与 2011 年持平，但随着产出论文数量的减少、质量的降低，产出绩效也大大降低，远低于 2010 年（图 4.4）。

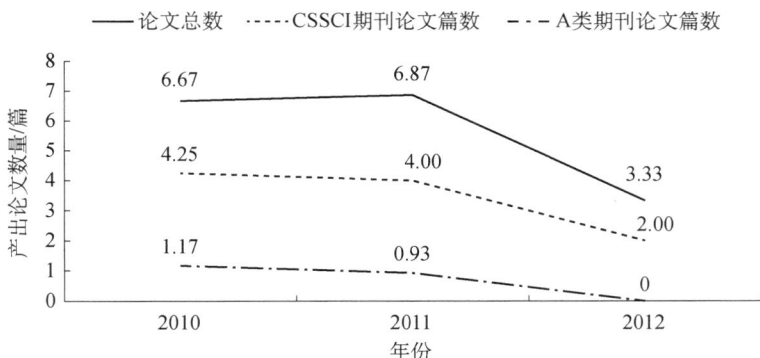

图 4.4　历年管理学重点项目每 10 万元产出论文情况

一般项目每 10 万元的产出论文情况几乎都是持续走低（CSSCI 期刊论文绩效在 2012 年稍有回升）（图 4.5）。结合前文对一般项目论文成果的统计，一般项目只在 2011 年的论文总数均值上有明显的提高，A 类期刊论文、CSSCI 期刊论文总数都没有显著提高，此后也是在波动中下跌。由于资助额度分别在 2011 年、2013 年上调 3 万元，投入-产出比更加不容乐观，一般项目在这 4 年的论文产出绩效呈下降趋势。

前文对青年项目论文成果的统计结果表明，青年项目的论文成果数量除了在 2013 年略有下滑，总体呈上升趋势。笔者在进行绩效对比后发现，三项指标都呈波动下降（图 4.6）。在最重要的指标 A 类期刊论文数量方面，其在 2011—2013 年不断提高，但依然低于 2010 年；而 2010 年的资助额度为 10 万元，2013 年提高到 18 万元，提高了近一倍，这说明论文产出上的进步追不上资助额度的增速。但我们也应看到，2013 年，资助额度提高 3 万元后，高水平 A 类期刊论文产出绩效在提高。

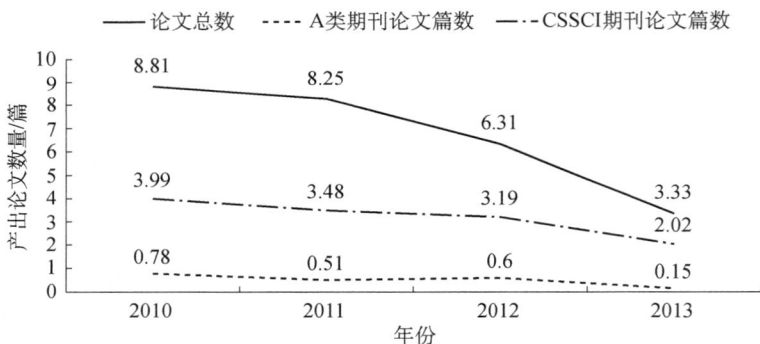

图 4.5　历年管理学一般项目每 10 万元产出论文情况

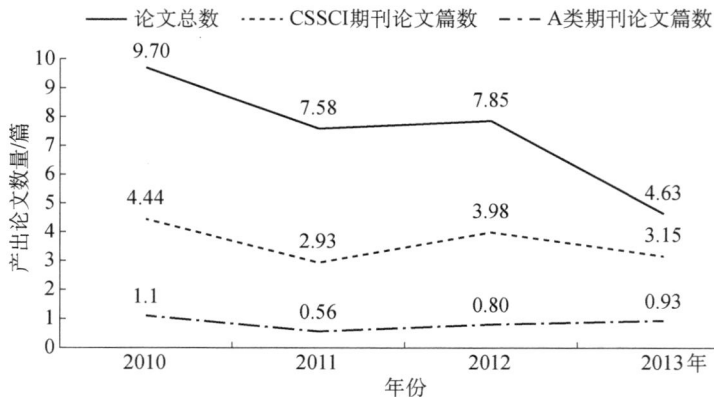

图 4.6　历年管理学青年项目每 10 万元产出论文情况

其二，不同评价指标的绩效对比。三类项目每 10 万元产出论文总数的绩效均呈波动性下降趋势，且总体下降幅度较大。重点项目每 10 万元产出的论文总数在 2010—2012 年都低于其他两类项目；青年项目的论文产出绩效优于一般项目（2011 年略低于一般项目）。

三类项目产出 CSSCI 期刊论文的绩效均呈波动性降低，重点项目前两年的表现尚可；2011 年以外，青年项目除产出 CSSCI 期刊论文的绩效均明显高于一般项目，2010 年、2012 年的青年项目产出 CSSCI 期刊论文的绩效水平在三类项目中均排第一。

在产出 A 类期刊论文的绩效上，重点项目三年持续下降，但前两年确实是三类项目中最优的；一般项目产出 A 类期刊论文的绩效是波动下降的；2011 年，青年项目产出 A 类期刊论文的绩效跌幅较大，由 1.10 篇这样一个接近重点项目的绩效水平降低了一半，变成 0.56 篇，但此后持续上升。青年项目产出的 A 类期刊论文绩效始终高于一般项目，2013 年每 10 万元相差高达 0.78篇，相当于 2013 年每项青年项目比一般项目多产出 1.40 篇 A 类期刊论文。

2）高校教师承担国家社会科学基金管理学三类项目论文成果绩效水平分析

其一，2010—2011 年的重点项目论文产出绩效较好，但 2012 年下滑明显。2010—2011 年的重点项目论文产出各指标（论文总数、CSSCI 期刊论文篇数、A 类期刊论文篇数）绩效均不错。随着 2011 年重点项目资助额度提高 5 万元，论文产出绩效水平只有轻微下跌（每 10 万元产出的 CSSCI 期刊论文从 4.25 篇下降到 4.00 篇，每 10 万元产出 的 A 类期刊论文从 1.17 篇下降到 0.93 篇）。2012年，重点项目资助额度与 2011 年相同，但论文产出绩效水平却大幅下跌（每10 万元产出 的 CSSCI 期刊论文从 4.00 篇下降到 2.00 篇，每 10 万元产出的 A 类期刊论文从 0.93 篇下降到 0 篇）。回看成果统计情况，这 2 年间重点项目的论文成果是先升后降的，但 2011 年的成果增幅还是低于投入增幅，因此绩效有所下降。

总体而言，重点项目的论文各项指标绩效在 2010—2011 年远超一般项目，2010 年基本被青年项目追平，2011 年高于青年项目，2012 年低于其他两类项目。虽然在第四章成果分析中可以看到，2010—2011 年的重点项目无论在论文产出数量上还是质量上都比其他项目有着压倒性优势，但经过产出-投入计算发现，差距缩小了甚至被反超。因为重点项目资助额度约为青年项目、一般项目的1.7 倍，因此产出也应为它们的 1.7 倍才能达到相同的绩效水平。总之，3 年间重点项目论文产出绩效整体呈下降趋势，其中 2010—2011 年绩效较好，2012 年下滑明显，低于一般项目、青年项目。

其二，青年项目产出论文绩效优于一般项目且有上升趋势。根据前文的投入-产出绩效评价，青年项目的论文产出绩效优于一般项目，特别是在产出A类期刊论文方面优于一般项目，在论文总数和CSSCI期刊论文绩效上，只在2011年稍低于一般项目。2010年，青年项目的单项资助额度比一般项目低2万元，此后一直持平。然而，一般项目的平均论文成果，特别是A类期刊论文产出数量却明显低于青年项目，对比每10万元资助所产生的论文绩效水平也是这样的结果。2010—2011年，重点项目各方面的绩效结果表现均不错，而青年项目的A类期刊论文产出绩效曾在2010年趋近重点项目（每10万元仅相差0.07篇），CSSCI期刊论文产出绩效更是超过了重点项目（每10万元多0.19篇）。

在资助额度接近、管理方式类似的情况下，青年项目产出论文绩效优于一般项目，甚至有些年份趋近重点项目，可见青年项目的绩效水平较高。尽管青年项目2013年的绩效不如2010年，但存在回升的态势，发展势头较好。然而，由副高级以上职称教师承担的一般项目，其论文产出绩效却呈波动下降趋势，几乎始终低于青年项目，这值得深思。

其三，重点项目、一般项目和青年项目在2011—2012年的论文产出绩效水平都低于2010年。2011年，重点项目每10万元产出论文总数微涨，质量指标CSSCI期刊论文篇数和A类期刊论文篇数有轻微下降；2012年，三项指标绩效均大幅下跌。以质量指标为主，重点项目的论文产出绩效是持续下降的。2010—2013年，一般项目每10万元产出的论文总数、CSSCI期刊论文篇数不断下降，每10万元产出A类期刊论文篇数除2012年轻微回升以外，总体呈下降趋势。无论从数量还是质量来看，一般项目的论文产出绩效在2010—2013年都呈下降趋势，2010—2012年缓慢下跌，2013年跌幅较大。2011年，青年项目三个指标的绩效均呈下降趋势，但2012年、2013年每10万元产出CSSCI期刊论文篇数、A类期刊论文篇数都较2011年有所提高，体现出绩效上升的态势。2011—2013年，青年项目的论文产出绩效水平处于波动上升状态，不过还是低于2010年的绩效水平。

总之，即使资助额度在提高，但三类项目的论文产出绩效水平都不如资助额度最低的2010年。无论是成果数量与质量先提升后下降的重点项目、总体呈下降趋势的一般项目，还是处于上升中的青年项目，对论文产出绩效水平与资助额度进行对比并平均分配测算后，都是重点项目的绩效水平持续下降，一般项目的绩效水平呈下降趋势，青年项目的绩效水平在波动中上升。一个特别的现象是，2011—2013 年各类项目的绩效水平较 2010 年有所下降。

第二节　我国高校人文社会科学教师科研绩效评价的利弊分析

通过现状调研，笔者对目前我国高校人文社会科学教师科研绩效评价体系有了大致了解。我国高校人文社会科学教师科研绩效评价经历了从无到有的过程，正逐渐朝着制度化、科学化的方向发展，但是仍存在一些亟待解决的问题。下面主要分析当前我国高校人文社会科学教师科研绩效评价的利弊，旨在扬长避短。

一、高校现行人文社会科学教师科研绩效评价的可取之处

（一）科研绩效评价具有目的性和导向性

科研绩效评价的目的性是指科研绩效评价能够引导教师在国家和学校的规定范围内开展科学研究活动。科研绩效评价的导向性是指在科研绩效评价过程中，评价主体通过具体的科研绩效评价标准和指标要求，引导教师开展高水平的科研，实现有效的科研管理。[①]目前，我国各高校根据自身的特点和发展状况制定了各自的科研绩效评价体系，通过分析科研绩效评价体系中的评价目的和评价标准及指标，可以发现目前我国高校人文社会科学教师科研绩效评价实践过程体现出了科研绩效评价的目的性和导向性。引导高校人文社会科学教师个体科研目标与学校目标、国家目标实现有机统一，可在一定程度上繁荣我国的人文社会科学研究。我国现行的高校人文社会科学教师科研绩效评价的目的性和导向性体现在以下两个方面：其一，激发高校人文社会科学教师科研工作的积极性，鼓励教师多出成果，引导教师从事高质量研究，提高学校的整体科研水平，提高学校排名，进而获得相应的教育资源；其二，科研绩效评价是高校科研管理的核心，评价结果可以直接作为人文社会科学教师奖惩、岗位聘任和收入分配的主要依据，

---

① Plomp R. 1989. Statistical reliability of citation frequency as an indicator of scientific impact. Scientometrics，（2）：71-81.

配合其他管理规定纳入高校常规管理制度。科研绩效评价的目的性和导向性直接影响着科研管理的效益，决定了人文社会科学研究事业能否健康发展。

（二）同行专家评议机制应用广泛

同行专家评议机制是指组织同一研究领域或相近领域的高水平专家对研究成果的学术价值进行评判。我国高校人文社会科学教师科研绩效评价已广泛运用了同行专家评议。同行专家评议的一般流程是：根据学科特点，由国内外若干同行专家组成评议小组，各个同行专家对评价对象的学术价值及社会应用价值发表各自的观点和看法，最后由评议小组组长总结成员的观点并形成综合鉴定报告。目前，同行专家评议已成为我国高校人文社会科学教师科研绩效评价实践性最强、使用率最高的一种方法。同行专家评议机制在我国高校人文社会科学科研绩效评价中的应用十分广泛，有的高校从项目评审到项目成果鉴定均采用了同行专家评议机制，也有的高校建立了评审专家库，按学科设立评议组。总之，同行专家评议机制具有独特的优势，能够真实、客观地反映科研成果的学术价值。①

（三）针对不同层次教师提出不同的科研要求

高校教师的职业特长、职业发展定位以及资历有明显的差异。高校教师的层次也有很大差别，可分为院士、教授、副教授、讲师或助教，不同层次教师的岗位职责和科研业务标准存在差异。教育部对于高校各层次教师科研业绩的考核标准是不同的，一般情况下，高层次教师的科研业绩标准定额高于较低层次教师的科研业绩标准定额。针对院士、教授的科研绩效评价，除了考核其论文及著作的数量外，更应强调其对学科结构化发展及教师梯队建设的贡献。针对副教授、讲师或助教的科研绩效评价，应将重心放在其科研成果的数量和质量上。现行高校人文社会科学教师科研绩效评价针对不同层次教师设置了不同的科研业绩定额标准，在一定程度上激发了高校人文社会科学教师进行科研的积极性。

二、高校人文社会科学教师科研绩效评价的不足及成因分析

（一）高校人文社会科学教师科研绩效评价体系不健全

同一所高校内一般会同时有文科、理科和工科等。现行我国高校人文社

---

① 卢秉福，霍丽华，陈长喜.2010.高校教师科研绩效评价体系研究.科技与管理，12（4）：133-136.

会科学教师科研绩效评价为了追求所谓的"效率、公平"，对所有类型教师使用同一个科研绩效评价体系，忽视了不同学科科学研究的特点，不利于激发不同类型教师科研工作的积极性，这是不科学的。有别于自然科学研究，人文社会科学是以人自身以及人类社会作为研究对象的，人文社会科学研究成果具有社会价值相对间接、社会效益相对滞后等特点，其研究特点和发展规律同自然科学有本质的区别。此外，目前多数研究将人文科学和社会科学统称为"人文社会科学"，事实上人文科学和社会科学本身也不相同，因此对人文科学和社会科学的评价体系应分别加以探讨。人文科学是以人的生存价值和生存意义为研究对象的，其研究成果更多体现在人自身的心理素质、价值观、人格塑造和文化成果等方面；社会科学是以经世致用为要义的，其研究成果更多体现在决策方案、方针政策、管理效益和制度规范等方面。[1]在人文社会科学内部，人文科学的科研绩效评价过程与社会科学的科研绩效评价过程也有很大差别，都有自身鲜明的特点。

现行我国高校人文社会科学教师科研绩效评价体系忽视了学科差异性，评价标准"一刀切"，人文社会科学教师科研绩效评价标准同自然科学相同，采用精确的衡量标准和鉴定依据，这容易形成急功近利的学术氛围，不符合人文社会科学研究的特点和规律。同时，目前我国高校对人文科学和社会科学的科研绩效评价体系缺乏清晰的界定，尚未分别建立人文科学教师科研绩效评价体系和社会科学教师科研绩效评价体系，这就导致社会科学研究成果的社会服务效能被弱化。[2]人文社会科学在结构上具有复杂性，任何僵硬、统一、机械的科研绩效评价体系都无法真实、客观地对高校人文社会科学教师的科研能力和水平做出鉴定。

（二）重产出轻投入，不计绩效成本

关于绩效的内涵，有学者指出绩效就是结果，是在特定工作活动中产出的结果记录。有学者则认为绩效就是行为，是指与达成目标有关的所有行为。本次研究中的绩效综合了以上两种观点，指的是投入与产出的比值。科研投入是指从事科研活动投入的人力、物力和财力。科研产出是科研投入的结果，主要指教师科研活

① 李慧. 2010. 高校人文社会科学研究成果评价机制与制度创新. 北京信息科技大学学报（自然科学版），25（S1）：13-15，28.

② 周来祥. 2003. 人文社会科学研究的特点与规律. 文史哲，（1）：5-7.

动产生的学术论文、学术著作、专利、科技奖励等创新性成果。我国现行高校人文社会科学教师科研绩效评价对科研绩效重视不够，重产出轻投入，不计绩效成本，使得科研资源配置不合理甚至造成了巨大浪费。在企业单位中，考核某一生产部门经营业绩或个体员工业绩时，必须把投入和产出纳入考虑范围，使用相对值比较其效率和效益。比如，某一生产部门投入 100 万元获得利润 1 万元，另外一个生产部门投入 10 万元获得利润 1 万元，两者获得利润的绝对值是相同的，但两个部门业绩的绝对值相差甚远。在市场经济环境下，高校同样也是讲成本和收益的。目前，我国高校人文社会科学教师科研绩效评价仅以发表多少篇高水平学术论文、项目经费的多少、科研成果奖励等产出指标衡量教师的科研能力，这对于占用科研资源较少的教师而言是不公平的。高校内部各院系之间、同一院系内不同学科之间、同一学科不同教师个体之间占用的科研资源是不一样的，不考虑教师个体间的科研投入区别，直接以科研产出的绝对值对教师科研能力进行评价是不科学的。[①]比如，某一人文社会科学教师获得 10 万元科研经费发表 3 篇高水平论文，另一人文社会科学教师获得 1 万元科研经费发表 3 篇高水平论文，两者科研产出的绝对值相同，但相对值差别很大，可以明显看出后者比前者的科研水平高。

（三）教师科研绩效评价指标过于量化

目前，我国高校人文社会科学教师科研绩效评价指标过于量化和细化，对每一个评价项目都设定了具体的数值，对科研绩效以分值高低为标准进行衡量。量化评价在一定程度上规范了科研绩效评价行为，但是量化评价容易使教师为了在科研绩效评价中获得高分，盲目追求论文发表的数量和期刊级别，忽视了科研的内在价值。评价主体将教师科研论文、学术著作、科研项目、获得奖励等科研成果赋予一定的分值，将这些评价指标得分累计求和来评价教师的科研水准。科研绩效评价的过度量化将教师的科研劳动简单化。人文社会科学以人、社会为研究对象决定了其科研绩效评价的复杂性，如果对人文社会科学研究成果以一定的量化数值来评价，是与科学研究的精神相悖的，评价结果也难以真实、客观地反映人文社会科学教师的科研能力。此外，量化评价僵化、程序化的科研绩效评价标准及指标忽视了学科之间的差异和教师之间的差异，得出的量化评价结果难以使

① 史万兵，曹方方. 2017. 高校人文社会科学教师科研评价研究述评. 沈阳师范大学学报（社会科学版），41（1）：91-98.

被评价对象信服。如果人文社会科学教师科研绩效评价过于重视科研成果产量，科研绩效评价以所得分值为准，那么这种追求效率忽视科研质量的做法，在一定程度上会导致人文社会科学教师追求科研成果的数量、忽视科研成果的质量，形成畸形的评价生态。①

（四）教师科研绩效评价制度行政化

中华人民共和国成立初期，我国高等教育领域全面向苏联学习，高校成为政府机关的附属单位，高校管理体制也沿袭了行政管理体制。高校人文社会科学教师科研绩效评价带有一定的行政色彩，对教师科研水平的评判难以从学术角度出发进行全面考量，甚至出现了学术权力寻租、学术政治化等问题。

目前，我国一些高校的人文社会科学教师科研绩效评价制度的制订往往由行政人员主导，组织人事处、教务处及高校规划处的相关人员一起开会讨论，经过充分讨论形成初步考核方案并发给各个院系，各院系充分征询教师的意见，最后统一收集教师的意见并开会讨论形成定稿，将会议通过的定稿上交校领导批准。在教师科研绩效评价方案制订过程中，教师作为被评价对象并没有充分参与。②不充分考虑教师的科学研究的特点，仅由行政管理部门评价显然是不科学的。教师科研水平的高低由行政领导评定，极有可能引发本位主义、保护主义等行政腐败和学术腐败现象。很多专家学者认为同行专家评议机制可以有效避免过度行政化带来的弊端，虽然我国高校人文社会科学教师科研绩效评价过程中已逐渐重视同行专家的意见，但是有时也会出现专家的意见让位于主管部门领导的意见的情况。此外，同行专家是否能保持学术中立、客观地评价，同样受到教师的关注。

（五）教师科研绩效评价程序不规范

目前，我国一些高校的人文社会科学教师科研绩效评价程序不规范引起了广泛讨论，如科研绩效评价实践过程半透明化，部分评审、评价活动中存在暗箱操作的现象，评审专家回避制度未能得到很好的执行，科研绩效评价有时成了重形式、走过场的例行活动。人文社会科学教师科研绩效评具有复杂性，同行评议机

① 刘仁义，陈士俊. 2005. 高校教师科技绩效评价的问题与对策. 评价与管理，（2）：15-18.
② 李培利. 2009. 人文社会科学教师科研评价的问题与思考. 现代教育科学（高教研究），（6）：144-146.

制具有一定的主观性，因此评价程序的规范性显得尤为重要。一些高校人文社会科学教师对由学校行政部门制订科研考核方案、由行政部门执行并实施监管提出了质疑，认为被评价教师只有到最后才能知道评价程序。此外，教师只知道最后的评价结果，对科研绩效评价过程缺少必要的了解，导致教师不清楚自身哪方面存在不足，找不到应该努力的方向，难以有效提升科研水平。科研绩效评价程序不透明，教师得到的评价反馈信息仅仅是评价结果，忽略了教师在整个科研绩效评价过程中的主体地位，使得评价结果很难为教师反馈有用信息和提出切实可行的建议。这种重结果、轻过程的评价程序，很难激发教师科研工作的积极性，甚至会使教师对科研绩效评价活动产生抵触情绪，导致教师学术能力发展与学校整体战略脱节。[①]

评价程序公正、公开、透明是做好科研绩效评价的重要前提。目前，我国高校人文社会科学教师科研绩效评价实行的评价结果公示制度，缺乏对评价过程透明度的展示，科研绩效评价的学术权力没有从行政化的框架中剥离出来。此外，尚未建立及时、有效的反馈机制和评价申诉制度，如果被评价教师对科研绩效评价结果有异议，无法进行申诉。

第三节　高校人文社会科学教师成果绩效存在的问题及成因——以国家社会科学基金教育经济与管理学科及管理学学科为例

一、高校主持教育经济与管理学科项目的教师科研绩效存在的问题及成因

（一）主持教育经济与管理学科项目的教师科研绩效存在的问题

笔者通过对全国教育科学规划年度课题中教育经济与管理学科高校教师科研成果数据的搜集整理，并对其绩效的评价结果进行分析，发现存在科研资金投入

---

① 王雅芬. 2007. 改进和完善高校科研评价体系的思考. 中国高等教育，（Z3）：51-53.

与绩效水平不符、部分科研人员的治学态度不严谨、相关教育行政部门的学科管理错位、部分科研绩效评价标准不科学等问题。

1. 科研资金投入量与绩效水平不符

本次研究分析的 5 类项目中，国家项目分为三类，按资金投入由多到少分别为国家重点项目、国家一般项目、国家青年项目，但是绩效水平由高到低排序为国家重点项目、国家青年项目、国家一般项目。由此可见，在国家项目中，不同类别项目的投入和绩效水平不一致。教育部项目分为两类，从资金投入上来看，二者相差不多，教育部重点项目的经费略多于教育部青年项目，可是从绩效水平来看，教育部青年项目高于教育部重点项目，由此可见，在教育部项目中，不同类别的项目投入和绩效水平不一致。不仅如此，笔者在分析 2006—2015 年 5 类项目的投入资金变化趋势时发现，这 5 类项目的资金投入是逐渐增长的，绩效水平却呈现出了下滑的趋势。

就同一类别中的不同项目来看，虽然投入资金是一样的，但是绩效水平有较大差异。就上述 5 类项目来看，教育部项目中各个项目的绩效水平的差异较大，而国家项目中各个项目的绩效水平的差异较小。5 类项目中各个项目的绩效水平离散程度高低与各类项目投入资金的多少呈负相关关系。这表明无论是从纵向的时间轴还是横向的类别来分析，科研项目的资金投入量都与绩效水平不符。

2. 部分科研人员的治学态度不严谨

学术界一直都被视为"净土"，但近几年学术界中的学风不正现象时有发生，一些学者的学术严谨性颇受诟病。学术不端、学术失范等指的都是学术中违背学术道德的做法。我国学者阎光才等对学术失范问题进行了深入研究，指出学术失范是指在特定时期，对学术共同体成员而言，因为学术文化和伦理与制度设计价值取向间存在不平衡，从而使得学术规范处于一种低效或失效的状态。[1]笔者在收集数据的过程中也发现了类似问题，虽然没有上升到严重的抄袭、剽窃等道德层面，但也在一定程度上影响了学术秩序和规范，因此暂且将这类成果归为欠缺严谨性、科学性的科研成果。从学术发展的角度来看，低水平重复的学术产出甚至比抄袭和剽窃更恶劣。[2]

---

①　阎光才，张银霞. 2010. 高校学术失范问题的探索性实证研究. 北京大学教育评论，8（2）：121-134，191.

②　李健. 2016. 宽松包容的学术环境营造与竞争共生的学术生态培育. 改革，（3）：156-159.

笔者在搜集项目论文相关数据的过程中发现，有的项目产出的论文有一稿多投的情况，同一篇学术论文同时刊登在两个或两个以上期刊上；有的项目产出论文数量十分大，高达 30～40 篇，但仔细检查会发现很多都发表在同一普刊上。除此之外，部分科研人员不能按时结项，导致科研项目结项时间延长。有的项目甚至不了了之，导致整体的结项率较低。

3. 相关教育行政部门的学科管理错位

教育经济与管理学科属于管理学，而管理学无疑属于社会科学。关于教育学的归属问题一直都有很大争议，对于这一点，我国学者张楚廷做出了明确说明，认为无论是基于教育活动的起源与现状，教育学的实际应用与教育理论，抑或教育的作用与功能，都体现出了教育学作为人文学科的特点。教育是对人的教育，人的主观能动性在很大程度上决定了人的发展，人的发展又推动了社会的进步，而教育是人展现主观能动性的基础，所以无论从哪一方面来说，教育都属于人文学科，直接作用于人的发展，即便现阶段的教育是为了促进社会进步，但是也不能抹杀教育学属于人文学科的本质特点。[①]教育经济与管理学科承袭于教育学中的教育经济学与教育管理学，因此教育经济与管理学科是一门具有交叉性的社会科学。

那么，作为一门社会学科的教育经济与管理学科，它的基金项目申报立项和审批都在教育学这门人文学科下，这就造成了学科管理错位，具体表现在：其一，管理学科的基金项目的申报立项和审批在教育学下；其二，社会学科的基金项目的申报立项和审批在人文学科下。

4. 部分科研绩效评价标准不科学

目前，我国高校人文社会科学教师科研绩效评价体系普遍不健全，缺乏统一的评价指标体系。在研究过程中，笔者发现每个项目结项鉴定时，全国教育科学规划领导小组办公室都会对该项目进行评级评价，分为免鉴定项目、优秀项目、良好项目、合格项目、不合格项目以及对未按时结项的项目进行延期处理。根据结项细则的鉴定标准，除去对免鉴定项目有硬性规定外，笔者在数据搜集过程中发现，部分被评为优秀的项目产出的高水平期刊论文，在数量上并没有被评为良好，甚至很多被评为合格。

① 张楚廷. 2011. 教育学属于人文科学. 教育研究，32（8）：3-8，12.

（二）主持教育经济与管理学科项目的教师科研绩效存在问题的原因分析

1. 教育经济与管理学科教师个体与群体均存在差异

首先，科研资金投入与绩效水平不一致的问题主要表现在青年项目上。在国家一般项目与国家青年项目上，国家一般项目的投入高于国家青年项目，但是国家一般项目的绩效却比国家青年项目的绩效低。在教育部重点项目与教育部青年项目上，虽然教育部重点项目的资金投入略高于教育部青年项目，但是教育部青年项目的绩效却比教育部重点项目高出很多。

对于这一问题，从客观的制度来看，《全国教育科学规划课题管理办法（修订）》中明确规定了对申报人员的相关要求，但是对于青年项目，单独提出青年课题的申请人和课题组成员年龄均不得超过 40 周岁（以申报截止日期为准）[①]，较之前的 35 岁放宽了年龄要求。虽然对于科研人员来说，年龄往往与经验和能力挂钩，但是 40 岁以前是科研工作者科研精力比较旺盛的年龄，青年项目的申请人和课题组成员的年龄均不超过 35 周岁，便保证了其所在的团队是一个有活力的科研团体。在结项细则中，国家青年项目的结项标准只比国家一般项目的结项标准少 1 篇 CSSCI 期刊论文，而教育部青年项目的结项标准也只比教育部重点项目的结项标准少 1 篇核心期刊论文，二者相差并不多，这就造成了二者科研论文的产出量本就相差不多。虽然国家青年项目与国家一般项目的资金投入一直保持在相差 2 万～3 万元，教育部重点项目与教育部青年项目的资金投入相差 1 万元，但是若结项的项目数量相差比较多，科研绩效的差别自然就变大了。

从主观原因上来讲，对于国家一般项目与教育部重点项目来说，申报学者的年龄不是问题，而且资金投入也较多，所以往往申报的人也较多，年龄大于 35 周岁的申报学者占了很大比例。其中，有一部分正高级专业技术职务或厅局级以上领导职务、能力相对较高的科研人员符合申报国家重大、重点项目的要求，这部分科研人员很大程度上会选择申报国家重大、重点项目。因此，申报国家一般项目的科研人员以 35 岁以上、科研精力并不是十分旺盛、不能申报或者没有成功申报国家重大和重点项目的人群为主，所以其科研成果的产出相对较少，教育部重点项目同理。因此，便造成了资金投入相对较多、科研绩效相对较低的

① 全国教育科学规划课题管理办法（修订）.（2003-06-15）. http://www.moe.gov.cn/srcsite/ zsdwxxgk/200306/t20030615_61337.html[2022-02-27].

问题。

其次，在资金投入没有差别的同类项目中，各个项目的绩效水平存在差异。国家项目中的各个项目的绩效水平差异小于教育部项目中的各个项目的绩效水平差异。对于这一问题，也可从客观和主观两方面分析。从客观来看，教育部项目的资助额度远少于国家项目，结项标准也低于国家项目，这便造成了其"准入标准"较低，再加上科研人员的科研水平是参差不齐的，导致了其绩效水平的大幅波动。从主观来看，大部分选择教育部项目的高校教师来自省属院校或者是独立学院，一些学校对教师的科研要求偏低，以致某些教师认为选择教育部项目且能够顺利结项就足够应对年终绩效考核。当然，也不排除教育部项目主持人中有科研能力很强的教师，这也是教育部项目绩效水平参差不齐的重要原因之一。

2. 高校内部与外部科研环境的约束力不足

有些教师对待科研成果不严谨，这种现象的产生原因和学术失范的原因在本质上是相同的，且因为科研成果不严谨的问题看起来并没有学术失范严重，所以更容易被忽视，导致其频繁出现。之所以出现这类现象，是科研人员的行为与社会期望产生了偏差。人的行为出现偏差的原因主要是个人主观的价值取向和社会环境的价值导向出现矛盾，人在面临选择的时候会通过对社会环境状况的分析确定自己的价值取向，并做出选择。与个人因素相比，环境因素对科研失范的影响更大。[1]这说明出现这类问题时，科研人员自己是知道的，但是通过对环境状况的分析，最终还是做出了这种选择。

从客观环境因素方面来看，导致这类现象的原因包括客观环境中的制度和他人。许多研究表明，在过去很长一段时间，我国学术界一直存在一种追求效率的价值导向，这种过分追求数量而忽视质量的价值导向在很大程度上成了滋生这类现象的"温床"。另外，对于对待科研成果不严谨行为的惩戒力度不够也是导致这类现象的原因之一，只有明确的规范才能约束行为失范，若是规范不明确、不严谨，那么这类现象愈演愈烈便不足为奇了。客观环境中的他人也是造成这类现象的原因。例如，同事的行为、学校的容忍程度、被他人举报的可能性、对于同事行为的处理结果，若科研人员权衡利弊后认为这些都处于可接受范围之内，便会出现对待学术不严谨的行为。

① 张英丽. 2015. 大学教师学术失范的个人和环境影响因素分析——基于多学校调查的实证研究. 复旦教育论坛, 13（3）: 41-46.

从个人主观因素方面来看，科研人员在从事科研工作的同时面临着其他方面的压力，包括个人职业晋升规划、与科研同行之间的竞争、个人价值的实现等。[①]也有研究者认为，追求社会地位、没有树立正确的价值观念、懒惰甚至是罹患精神疾病等都可能是导致出现学术不端行为的个人因素。[②]除此之外，如果存在兢兢业业与投机取巧结果无差别，以及法不责众、罚不责众等心理，一些科研人员就会在权衡下进行价值判断，将原本不耻的行为合理内化之后做出价值选择，从而出现对待学术不严谨的现象。

3. 政府及高校行政部门对学术研究管理过多

从行政手段过多地管理学术研究开始，科研人员就不断提出自主权的问题，大到高校应获得更多的办学自主权，小到科研人员应有更多的学术自主权，这实际上都是在呼吁学术自由。反对政府对高校办学的过多管理以及高校对教师科研的过多管理，就是在呼吁与教育相关的问题应回归其本来的面貌。

4. 建立科学的科研绩效评价标准存在壁垒

与自然科学不同，人文社会科学的科研成果显效周期长，且人文关怀的显效程度难以量化，所以对人文社会学科的科研绩效评价应更注重质的影响，而非量的多少。

很长一段时间以来，对人文社会科学教师科研绩效的评价同自然科学教师没有区分开来。2016年上半年，为了更好地发展有中国特色的人文社会科学评价体系，"A类期刊"名单发布，虽然最终被叫停，但是目标是向好的，同时也证明人文社会科学教师科研绩效评价仍处于探索期。

目前，对于人文社会科学教师科研绩效评价，大多提倡采用数量与质量相结合的方法，既考核科研成果的实际产出数量，又通过专家对该项成果进行评价，给出质量方面的建议。这是现阶段比较合理的评价方法，但不是最优的评价方法，因为我们总要考虑以下几个问题：量多则优？专家有没有历史局限性？如何界定人文社会学科的科研成果质量？

---

① Pryor E R，Habermann B，Broome M E. 2007. Scientific misconduct from the perspective of research coordinators：A national survey. Journal of Medical Ethics, 33（6）：365-369.

② Redman B K，Merz J F. 2005. Evaluating the oversight of scientific misconduct. Accountability in Research：Policies and Quality Assurance，12（3）：157-162.

二、高校主持国家社会科学基金管理学项目的教师论文绩效存在的问题及对策

在已结项的 2010—2013 年管理学重点项目、一般项目和青年项目中，每年的项目投入持续增长，每单位投入资金产生的论文成果效益却没有明显提高，反而下降，其中青年项目相对较好，其产出论文绩效优于资助额度相近的一般项目，并且有上升趋势。

（一）项目管理部门需加强对绩效管理的重视

由前文可知，政府对国家社会科学基金项目的投入在逐年增加，管理学获得的资助也在不断增加。经统计分析发现，项目论文成果的投入-产出绩效水平不升反降。总体来看，三类项目 2011—2012 年的论文绩效水平都不如投入较低的 2010 年。

1. 投入方面

政府应更加细化对项目资助款项的拨付方式。当前，我国人文社会科学科研项目一般采用课题制的形式，先由科研人员提交研究申报书，然后根据项目的行政级别来拨付资金。每一级别的项目内部又分为不同项目类型，分别对应不同的资助额度。国家社会科学基金项目经费采用分期拨付的形式，重点项目一般拨款三次，立项当年以回执为凭，拨付经费的 30%，次年年度检查合格拨付 50%，其余 20%在验收结项后拨付。一般项目和青年项目拨款两次，立项当年以回执为凭拨付 80%，其余 20%在结项后拨付。"年度检查"是汇报项目进展和阶段性成果，由规划办管理人员审查，不涉及对成果质量的专家评审；"回执"是责任单位和项目负责人反馈的项目资金预算表。也就是说，一般项目、青年项目填好合理的预算以后，就能一次性得到 80%的资助；重点项目在立项次年再填写检查报告，也就获得了 80%的费用。虽然重点项目的资金拨付多一道门槛，但三者都没有涉及对成果质量的评价。笔者发现，2010—2011 年立项的管理学项目，时至 2016 年末，结项率为 50%～60%，延期结项的现象并不少见。这种拨付方式可能会造成国家资源的浪费。资金一次性下放，管理权交于责任单位，可能会出现科研人员存在惰性和拖拉，以及学校科研管理部门监管不力的现象。再者，部分高校作为项目进程（一般 3～5 年）中主要的经费管理者，对于教师科研的激励

和监管也有不到位之处。

项目资金包括直接费用、间接费用。直接费用是指科研直接产生的费用，如资料费、会议差旅费、专家咨询费等。间接费用由责任单位统筹管理使用，是指无法在直接费用中列出的相关费用，如责任单位提供的房屋水电等费用、管理费用，以及科研人员的绩效支出等。目前，项目资金分配存在下列问题：其一，有些高校在间接费用分配中，用于激励科研人员的科研绩效产出的支出所占比例较低，不利于调动科研人员的工作积极性甚至会打击科研人员的工作积极性。其二，有些项目在实际推进中对经费的需求较大，甚至高于政府的资助，而部分高校对此缺乏配套经费资助制度，可能会导致一些项目难以高质量地进行。其三，部分高校科研开支不透明，对科研人员经费使用的监管不力，可能会出现资金浪费、科研效率低下的问题。

2. 产出方面

首先，受"重立项、轻结项"倾向的影响，结项成果验收工作存在不足。第一，国家社会科学基金项目应制定直观、详细的结项验收细则。结项时应对论文发表的期刊级别、篇数做限定，并采用专家评审法进行评定。定性评价与定量评价相结合是人文社会科学评价的发展方向，专家评审与文献计量方法都不应被忽视。如果只采用专家评审，忽略了同样能反映出论文质量的量化指标，评价结果同样不具备说服力。专家评定的主观因素是不可消除的，而论文质量的量化指标可以弱化评价的主观性。因此，量化指标必不可少，应避免出现不发表 CSSCI期刊论文甚至几乎没有论文成果就结项的情况。笔者认为，相对于其他形式的成果（专著、研究报告等），学术论文的推广度更大、影响力更强，其成果也更容易被学界和广大公众吸收运用与批评监督。第二，应提高对结项工作的重视程度，优化结项程序。国家社会科学基金项目的立项评审需要经过通讯评审和会议评审两次筛选，并且是在全国范围进行学科专家组评选，结项成果只需经过一次专家通讯鉴定，年度项目（重点项目与一般项目）和青年项目的成果鉴定由其所在的省（自治区、直辖市）组织。尽管是双向匿名评价，但同一省份某一学科的评审专家数量有限，承担国家社会科学基金项目研究的学者数量也有限，有可能会存在互相通气或者降低评价标准的现象，因此各省份评出的鉴定等级在某种程度上缺乏可比性。由此可见，当前我国国家社会科学基金项目和一些其他科研项目都是"严进宽出"，这就很难避免结项成果水平参差不齐的情况发生。第三，应加强结项后的评价。尽管管理学的实践应用性很强，但其成果的显现具有滞后性。因此，一篇管理学论文研究内容的学术价值、社会价值是需要时间来验证的，发表期刊的级别或专家做出的打分未必能完整地反映每篇文章的学术影响力。但由于国家社会科学基金项目的周期所限，结项时不可能全面、精准地掌握论文的影响力情况，因此有必要对已结项项目进行结题后的评价，然而目前尚未有成体系的结项后评价办法。

其次，高校对科研成果质量的管理不到位。第一，立项申报质量有待提高。在立项申报阶段，部分高校科研管理部门只负责上报，学术委员会没有起到预审和把关的作用，这也就间接导致一些价值不高的课题最终立项成功。第二，对阶段性成果的要求不够严格。管理学是一门应用性较强的学科，项目进行的周期总体较长。国家社会科学基金项目的延期制度给予了人文社会科学教师较充裕的时间，但这也导致有些教师懒散、拖延。如果高校不进行适当的监督和督促，部分教师在项目前期不出好成果甚至不出成果，而在后期会东拼西凑应付了事。第三，对结项成果的把关不够严格。部分高校在结项工作中存在只报不审、对项目成果不做要求的情况，使得申请结项的项目完成情况参差不齐。

（二）发挥青年学者在管理学科研中的独特优势

相比承担一般项目的教师，承担青年项目的教师本来是处于劣势的。主持一般项目的高校教师具有副教授以上职称或者具有博士学位，而主持青年项目的一些教师一般不具有副教授以上职称，且不满 39 周岁（2014 年及以后要求不满 35 周岁）。拥有副教授以上职称的教师通常有较丰富的科研经历和较强的科研能力，他们即使未曾承担过国家社会科学基金项目，但也多多少少承担或参与过其他科研项目。主持青年项目的高校教师主要是助教、讲师，有的不具备博士学位、没有接受过系统的科研训练，往往是踏上大学教师岗位不久的青年人，教学经验不足，科研经历也相对少，特别是本人单独负责一个科研项目的经历更少。尽管职称不代表能力，但在某种程度上的确可以反映出项目承担者之间的差距，必须承认具有副教授以上职称的高校教师的项目科研经历更丰富、科研实力更强。

即便如此，仍有很多青年学者能在管理学科研中崭露头角，一些人的成果甚至超过了副教授及以上职称教师群体的成果。具体分析有以下几点原因：第一，管理学学科有自身的特点。管理学是一门应用性、综合性、发展性极强的新兴学科，在不同的时代背景下，各种管理理论和方法应运而生。在人文社会科学中，很多学科往往是年龄越大的学者积淀越深厚、认知水平越高，如文学、哲学、马列、党史、宗教、历史等。管理学科却不同，有一些年轻人的科研水平已经和年长学者相当，他们的优势在于能更好、更快地吸取本学科的前沿知识。第二，青年学者有自身的优势。青年学者能更好地把握社会热点和学科动态，眼光更活，视角更新。很多青年学者有留学经历，他们参加国际会议的次数和发表外文论文的篇数更多，产生的国际影响力更大一些。由于职称原因，青年学者获批其他项目也受限，除了可以申请国家社会科学基金青年项目，同时承担或参与其他项目的情况相对于副高职称教师而言要少一些，完成项目的精力也更加集中。第三，职称晋升的"刚需"。现在各高校对教师晋升职称的要求越来越高，很多高校明确规定讲师晋升副教授必须有国家社会科学基金项目。在这种大环境下，广大青年教师不得不竭力争取获得项目资助。同时，由于完成项目面临较大压力、晋升职称需要完成一定数量的高水平论文，青年教师在科研中的投入度更高。

第五章
高校人文社会科学教师科研绩效评价体系的国际比较与借鉴

对高校人文社会科学教师科研绩效评价体系进行国际调研并加以比较研究，可以解决"向谁学""学什么""怎么学"的问题。本章着力于对科研绩效评价历史悠久、做法相对科学的英国、美国、德国的高校人文社会科学教师科研绩效评价体系进行研究，试图实现"他山之石，可以攻玉"之效，进而提升我国高校人文社会科学教师科研绩效评价水平，为我国构建高校人文社会科学教师科研绩效评价体系提供借鉴。当然，在借鉴发达国家高校人文社会科学教师科研绩效评价体系构建及实施过程中的有益经验的同时，我们也要规避其不足之处并吸取相关教训。

第一节　英国高校人文社会科学教师科研绩效评价体系的特征及经验与启示

一、英国高校人文社会科学教师科研绩效评价体系的特征

英国高校教师科研卓越框架（REF）实施得一直卓有成效，为各国科研绩效评价机构所借鉴和学习。在 REF 实施过程中，英国第三方评价机构将所有英国高校教师隶属的学科划分为四大类，即生命科学（A 类）、自然科学（B 类）、社会科学（C 类）、人文科学（D 类）。

（一）英国高校人文社会科学教师科研绩效评价体系的共性特征

1. 英国高校人文社会科学教师科研绩效评价的主体多元化

REF 采取的是同行评议的方法，评价主体含 4 个学科大类的主评价组、36 个专业学科的副评价组以及相应的陪审员。图 5.1 详细地展示了其科研绩效评价主体的构成。

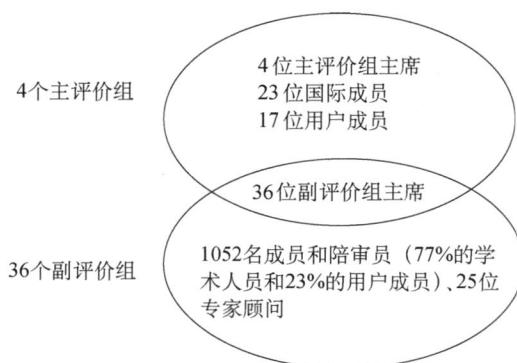

4 个主评价组
- 4 位主评价组主席
- 23 位国际成员
- 17 位用户成员

36 位副评价组主席

36 个副评价组
- 1052 名成员和陪审员（77%的学术人员和23%的用户成员）、25 位专家顾问

图 5.1　REF 评价主体的构成

资料来源：根据 REF 官方网站（http://www.ref.ac.uk/panels/）的资料整理而得

评价主体的组成体现出了国际化、多元化的特点。主、副评价组成员主要来

源于两个渠道：一是从 2008 年科研水平评价体系的主评价组成员中选择；二是由高等教育基金委员会任命。评价专家的科研经历、学术权威与地位、性别比例、所在高校类型等都会成为委员会任命评价组成员时要考虑的因素。由于同行评议的专家来源广泛，REF 特别规定了各个类别专家的比例，具体如表 5.1 所示。

表 5.1　评审专家类别及比例

专家类别	国外同行专家	国内同行专家	学术团体中的学者	工、商和企业界的专业人士	政府官员	专业学会研究者
比例/%	5	78	2	7	3	5

资料来源：根据 REF 官方网站（http://www.ref.ac.uk/panels/）的资料整理而得

评审专家中，国内同行专家所占比例最高，其次是工、商和企业界的专业人士，专业学会研究者以及国外同行专家。评审专家类型多样，整体性鲜明，有利于从各个角度增强研究项目的可行性，增加多方制衡和监督。评审专家构成体现出国际化和专业化，德国、美国、加拿大等国家的大学专业学科教授会受邀参与评估。

主评价组的职责是：制订评价准则和工作方法；给予副评价组公平的评价和指导，确保遵循已出台的评价程序以及保障各副评价组评价标准的一致性；基于副评价组评价后的建议发布最终的评价结果；在评价过程中，给 REF 团队和高等教育基金委员会提出建议和要求；生成一份经过副专家组评价的关于学科科研状况和科研效益的报告。

副评价组的职责是：在主评价组的指导下，评价每一个专业学科提交的材料，并把评价结果提交给主评价组；完善主评价组设计的评价标准和工作方法，必要情况下，经主评价组批准，可以为特殊学科制定特殊的标准和方法。

除主评价组和副评价组之外，还设立了陪审组。陪审组也由高等教育基金委员会任命，一般从主评价组和副评价组提名的候选人中选择。陪审组的职责是：协助副评价组拓展评价的广度，包括根据不同成果的最终受益人确定不同的科研成果绩效考核因素以及不同科研效益的影响指标权重等，是一个比较灵活的组织。

2. 英国高校人文社会科学教师科研绩效评价的客体多样化

REF 体系要求各大类学科的评价单元提交 5 项材料，根据具体划分学科门类的不同，提交的每一项材料是不同的，但所有学科门类需要提交的材料大体上是统一的，提交材料的具体信息如下。

其一，教师信息（REF1a/b/c）：2013 年 10 月 31 日统计日在岗的参评教师信息，包括被机构选择的教师信息（REF1a）；提交的代表性成果少于 4 项的教师信息（REF1b）；全职教授的信息（REF1c）。

其二，科研成果信息（REF2）：2008 年 1 月 1 日至 2013 年 12 月 31 日出版的作品和其他可用于成果评价的详细信息；最多提交 4 项代表性成果。

其三，科研影响力信息（REF3a/b）：用一个完整的模板阐述在评价日期内采用的学科科研方法、科研产生的影响（REF3a）；对于 1993 年 1 月 1 日至 2013 年 12 月 31 日取得的科研成果，运用具体案例说明其产生的影响力（REF3b）。

其四，科研投入与产出信息（REF4a/b/c）：提交 2008 年 1 月 1 日至 2013 年 12 月 31 日科研博士学位授予数量（REF4a）；科研经费收入（REF4b）；科研转化收入（REF4c）。

其五，科研环境 （REF5）：用一个完整的模板阐述 2008 年 1 月 1 日至 2013 年 12 月 31 日的科研环境。

综上所述，英国高校教师科研绩效评价涉及的范围比较广泛，提交的材料不仅包括投入与产出统计，还包括各学科门类科研对社会产生的影响以及教师从事科研的环境。

3. 英国高校人文社会科学教师科研绩效评价的方法系统化

在评价方法的选择上，在评价初期，REF 尝试以文献计量法作为评价的主要方法。试行后，经过专家的商议，最后对人文社会科学教师科研绩效的评价采取以同行评议为主、文献计量为辅的系统化的方法体系，以把握评价活动的整体方向，更好地优化评价过程，同时进一步提高评价过程的透明度，以便得到社会的认可。在人文社会科学学科中，只有少量的如经济学、管理学等学科会考虑采用定量评价，大部分学科采用同行评议的方法来进行评价。

4. 英国高校人文社会科学教师科研绩效评价的目的明确化

REF 评价的主要目的是为提交机构的每一个评价单元提供评价结果，具体包括三个方面。首先，为了优化大学教师的科研经费投入与产出比值，提高科研经费使用效率，四大高等教育基金委员会计划使用评价结果来有选择、有的放矢地分配科研经费，即实行绩效拨款制度。其次，此次科研绩效评价也会关注对英国第三方评价机构公共科研投入资金的问责制，并要求资金受益者——高校教师提交科研成果。REF 通过政府的问责调查来完善公共拨款开支，鼓励高校教师进行卓越化科研。最后，将公布各参评高校教师的科研成果、影响力、科研环境的等级，为未来确定科研方向、提高科研声誉提供参考。

5. 英国高校人文社会科学教师科研绩效评价的制度科学化

随着英国政府对高校科研质量的关注度不断提高，高校教师的科研绩效评价制度应运而生并日趋完善，呈现出鲜明的独特性及科学性，主要表现在以下方面。①评价制度的时代性。起初，英国科研绩效评价没有对不同学科门类进行区分，随着改革的不断深入，逐渐地对人文社会科学学科与自然科学学科分开进行评价。②评价的长周期性。英国对评价周期进行了探索和多次改进，基本每 6～7 年进行一次系统的评价。③评价制度的开放性。对于来自所有学科的各种类型的科研和各种形式的科研成果，都将会在公正和平等的基础上进行评价，认可教师在科研过程中付出的努力。

6. 英国高校人文社会科学教师科研绩效评价的标准专业化

在对提交材料的整体质量进行判定时，副评价组将基于科研成果、影响力和科研环境三个指标对教师的科研绩效进行评价。四大类学科既有通用的评价标准，又有各自独特的评价标准。通用的评价标准及其所占权重如表 5.2 所示。

表 5.2　REF 通用的评价标准

评价指标	权重	具体描述		
		REF 的定义	提交的信息内容	评价标准
科研成果	0.65	科研成果是指 2008 年 1 月—2013 年 12 月发表的任何形式的科研成果。其类型包括期刊论文、专著、著作的某一章节，以及以其他形式传播的成果等，如设计、表演和展览	每个评价单元下的教师最多提交 4 项代表作	基于原创性、重要性、严谨性三方面进行评价；评价采用同行评议法，副评价组会考虑科研成果的被引用次数，以此来支持其最后的评价
影响力	0.20	影响力是指任何形式的影响，包括对经济、社会、文化、公共政策或服务、健康、环境、生活质量产生有益的影响，范围不限于学术界	包括提交一份案例研究证据（描述其科研成果产生的影响）和一份影响力模板（如何使科研产生这些影响，以及未来提升科研影响力的策略）	对于案例研究的评价：根据其科研影响的范围和产生的重要意义两个标准进行评价。对于影响力模板的评价：评价其采用的科研方法和科研策略

续表

评价指标	权重	具体描述		
		REF 的定义	提交的信息内容	评价标准
科研环境	0.15	科研环境是指能够支持教师开展科研活动和为更多的学科提供方便的科研战略、科研资源和基础设施的情况	包括一份环境模板，内容涉及科研策略、人员战略和教师发展、研究型学生、科研收入、基础设施和设备，与学科或研究基地的合作及贡献；一份统计数据，来自高等教育统计机构，包括教师每个学术年（如2008 年 9 月—2013 年 12 月）的科研经费收入、获得博士学位学生数量	从科研活力和科研可持续性两个角度来评价科研环境，包括环境对学科或科研基地的科研活力和可持续性的贡献

资料来源：根据 REF 2014（http://www.ref.ac.uk/2014/panels/assessment criteria and level definitions/）的资料整理而得

从表 5.2 可知，"科研成果"这一指标的权重最大，其权重值是"影响力"指标的 3.25 倍，是"科研环境"指标的 4.33 倍。"科研成果"指标权重最大，充分说明英国重视科研成果质量，这一指标既是衡量科研质量的重要因素，又是形成科研影响力的重要基础。"影响力"是该评价提出的一个新指标，目的主要是使相关部门重视科研的效益性，不仅考虑其学术价值，还要考虑其社会价值。"科研环境"指标是从科研规划、科研管理以及培养学生三个方面来考察的。

为了促使副评价组对评价单元进行详细的评估，主评价组为科研成果、影响力和科研环境三类一级指标设定了相应的星级，分别是 4 星级、3 星级、2 星级、1 星级和无法分类。

首先，对科研成果质量主要是通过原创性、重要性、严谨性三个二级指标进行评价，随着等级的递减，相应的要求也有所改变，具体如表 5.3 所示。

表 5.3　科研成果质量的评价标准及具体内容

星级	具体描述
4 星级	科研成果质量在原创性、重要性、严谨性三个方面达到世界顶尖水平
3 星级	科研成果质量在原创性、重要性、严谨性三个方面达到世界先进水平，但还未达到卓越水平
2 星级	科研成果质量在原创性、重要性、严谨性三个方面达到国际水平
1 星级	科研成果质量在原创性、重要性、严谨性三个方面达到国内水平
无法分类	科研成果质量尚未达到 1 星级或成果不符合本评价对科研内涵的解释

资料来源：根据 REF 2014（http://www.ref.ac.uk/2014/panels/assessment criteria and level definitions/）的资料整理而得

　　主评价组对于高校教师科研水平的国际化要求充分体现出了英国政府实现世界一流学科建设的构想。将科研水平与国际化挂钩，不仅能够提高教师在国际化领域的研究水平，也能促进英国与世界的科研交流，提升科研的国际影响力。

　　其次，对影响力的评价主要是通过影响范围和意义两个二级指标进行。影响范围是指科研活动产生影响和作用的范围，意义是指科研活动的影响力或科研价值的大小。按照星级进行等级划分，且随着等级的递减，相应的要求也有所改变，具体如表 5.4 所示。

表 5.4　影响力的评价标准及具体内容

星级	具体描述
4 星级	科研成果的影响范畴和意义，具有最大化的影响力度
3 星级	科研成果的影响范畴和意义，具有特别大的影响力度
2 星级	科研成果的影响范畴和意义，具有很大的影响力度
1 星级	科研成果能够被同行认可，但是其影响范围和意义一般
无法分类	科研成果的影响范畴和意义微乎其微；或者其影响力是不达标的；或者未提交要求范畴内的影响案例内容

　　资料来源：根据 REF 2014（http://www.ref.ac.uk/2014/panels/assessment criteria and level definitions/）的资料整理而得

　　影响力是 REF 首次单独拿出来进行评价的一个一级指标，主要目的是提高英国科研的国际影响力，充分体现了英国对教师科研影响力的重视。

　　最后，对科研环境的评价主要通过科研活力和科研可持续性两个二级指标进行。科研活力是指参评高校提交的科研成果为科研活动提供的激励性和促进性环境，以及参评高校是否制定了有效的战略规划，是否参与到国内和国际科研共同体中。科研可持续性是指参评科研项目未来的发展前景，以及对科研人员和科研基础设施的投入等。相应地，对其也是按照星级进行等级划分，具体如表 5.5 所示。

表 5.5　科研环境的评价标准及具体内容

星级	具体描述
4 星级	在科研活力和科研可持续性方面致力于达到世界顶尖的科研成果质量
3 星级	在科研活力和科研可持续性方面致力于达到国际卓越的科研成果质量
2 星级	在科研活力和科研可持续性方面致力于达到国际同行认可的科研成果质量
1 星级	在科研活力和科研可持续性方面致力于达到国内同行认可的科研成果质量
无法分类	在科研活力和科研可持续性方面没有达到国内同行认可的科研成果质量

　　资料来源：根据 REF 2014（http://www.ref.ac.uk/2014/panels/assessment criteria and level definitions/）的资料整理而得

对科研环境的评价,是将教师置于其所在的科研团队,从科研策略、科研收入、学生培养等方面对环境进行整体评估。虽然其所占权重不高,但对于完善教师的科研环境、营造良好的科研氛围具有重大意义。

(二)英国高校人文社会科学教师科研绩效评价体系的差异性特征

1. 英国高校人文社会科学教师科研绩效评价的投入与产出差异

英国高校教师的科研经费来源广泛,主要包括科研委员会、慈善机构、政府、企业等的投入。由于每年的科研状况不同,以及受到各个部门的产业收入等经济因素的制约,教师在每一年度的经费收入都有变化。

英国高校教师每一年度从科研委员会获得的科研经费最多,但是在2008—2009年达到峰值后逐渐减少。它的总量虽然有所减少,但仍然居于收入排行的前列。排在第二位的是英国慈善机构,其投入的波动不是很大,基本维持在2000万英镑左右。近些年,英国政府的投入逐渐增多,且逐渐接近英国慈善机构的投入。

人文科学教师从事研究的各个学科单元不同,每一年度申请的课题项目和经费数额不同,导致经费会有波动。2008—2013年,英国高校人文科学教师的年度科研经费投入波动也是比较大的,在10个专业学科评价单元的经费投入中,有的变动比率为正,有的变动比率为负,具体如表5.6所示。

表5.6 2008—2013年英国高校人文科学教师科研经费投入

评价单元	2008—2009年经费投入/英镑	2009—2010年经费投入/英镑	2010—2011年经费投入/英镑	2011—2012年经费投入/英镑	2012—2013年经费投入/英镑	2008—2013年科研经费变动比率/%
27	10 601 000	10 395 000	9 825 000	8 884 000	7 909 000	−25.4
28	20 667 000	20 635 000	20 773 000	20 579 000	20 448 000	−1.1
29	13 877 000	14 183 000	12 788 000	14 067 000	15 693 000	13.1
30	26 430 000	24 604 000	22 837 000	22 517 000	23 796 000	−10.0
31	6 499 000	6 916 000	6 238 000	5 729 000	5 944 000	−8.5
32	6 804 000	8 551 000	9 027 000	9 010 000	8 213 000	20.7
33	5 674 000	5 435 000	5 442 000	5 489 000	6 268 000	10.5
34	32 134 000	30 363 000	29 840 000	28 962 000	27 621 000	−14.0
35	9 572 000	10 006 000	11 741 000	12 252 000	11 706 000	22.3

续表

评价单元	2008—2009年经费投入/英镑	2009—2010年经费投入/英镑	2010—2011年经费投入/英镑	2011—2012年经费投入/英镑	2012—2013年经费投入/英镑	2008—2013年度科研经费变动比率/%
36	14 161 000	14 544 000	13 045 000	11 763 000	12 994 000	−8.2
总量	146 419 000	145 632 000	141 556 000	139 252 000	140 592 000	−4.0

注：编号27~36为人文科学教师所属的区域研究、现代语言和语言学、英语语言和文学等专业学科评价单元的编号（具体的编号信息可以参照表5.12的内容）

资料来源：HEFCE. 2015. Research Excellence Framework 2014：Overview report by Main Panel D and Sub-panels 27 to 36. 2014 Research Evaluation Framework,（1）：23

通过表5.6可以发现，2008—2013年，单元29（英语语言和文学）、32（哲学）、33（神学与宗教研究）、35（音乐、戏剧、舞蹈与表演艺术）的科研经费比率呈正向变动，其中"音乐、戏剧、舞蹈与表演艺术"变动比率最大，为22.3%。剩余的学科科研经费比率呈负向变动，其中变动比率最大的是单元27（区域研究），为−25.4%。这说明在2008—2013年的研究中，艺术方向的教师在科研经费方面获得了很大的支持，这方面的科研投入也非常大。相对而言，人文科学教师一些常规的基础研究经费投入比较少。从艺术与人文科学教师科研投入总量来看，均呈现不断递减的趋势，但是变动幅度比较小。

从纵向来看，每一年度的经费投入排在前三名的始终是"艺术设计：历史、实践和理论""历史学""现代语言和语言学"。排在后三名的始终是古典学、哲学、神学与宗教研究。这说明对人文科学比较常规的科研经费投入在逐渐减少，或者说科研探索进展比较平缓，没有多大的起伏；一些设计类或实用类的科研正在逐渐壮大，因为这些科研产生的社会效益更明显和直接。

人文科学教师的科研以人类精神世界、主观感知为主要的研究对象，相应地其科研成果的产出类型也多种多样，充分体现了人文科学的思维广泛性、成果的多元化。REF统计了2008—2009年和2012—2013年英国高校人文科学教师具体的科研成果类型及科研产出数量，如表5.7所示。

表 5.7　人文科学教师提交代表作类型及数量

项目		27	28	29	30	31	32	33	34	35	36
类型	总量										
著作/部	8 450	290	937	2096	2071	432	342	496	658	583	545
编著/部	1 627	53	230	382	262	117	27	63	228	169	96

续表

项目 类型	总量	27	28	29	30	31	32	33	34	35	36
章节/个	9 026	401	1 313	1 792	1 464	434	487	440	1 096	808	791
学术版本/个	424	6	70	174	59	26	6	8	7	63	5
期刊论文/篇	14 826	963	2 292	2 283	2 479	342	1 284	530	1 633	1 210	1 810
会议论文/篇	371	4	43	10	19	3	2	4	197	40	49
工作论文/篇	142	6	16	13	53	15	18	5	4	6	6
手工艺品/个	709	0	0	0	0	0	0	0	679	21	9
设备和产品/个	22	0	0	0	0	0	0	0	19	1	2
展览/次	1 219	1	1	4	2	1	0	0	1 139	47	24
表演/次	488	0	2	37	0	0	0	0	119	327	3
专利/件	25	0	0	0	0	0	0	0	23	2	0
作曲/首	666	0	0	3	0	0	0	0	18	639	6
设计/个	74	0	0	0	0	0	0	0	71	3	0
科研报告/份	94	1	4	2	4	0	0	0	38	10	35
机密报告/份	15	0	0	0	0	0	0	0	15	0	0
软件/个	13	0	0	1	0	0	0	0	5	4	3
网站内容/个	117	1	10	21	14	8	6	2	30	19	6
数字化或视觉媒体/个	483	0	5	10	2	0	0	2	205	170	89
科研数据集和数据库/个	61	0	11	7	16	3	1	3	4	6	10
其他	471	1	9	98	13	7	1	9	168	133	32

注：编号 27～36 为人文科学教师所属的区域研究、现代语言和语言学、英语语言和文学等专业学科评价单元的编号（具体的编号信息可以参照表 5.12 的内容）

资料来源：HEFCE. 2015. Research Excellence Framework 2014：Overview report by Main Panel D and Sub-panels 27 to 36. 2014 Research Evaluation Framework，（1）：15

从横向来看，提交代表作数量排在前三位的分别是期刊论文、章节和著作，与其对应的每一个类别中占据主导地位的学科分别是历史学、英语语言和文学、英语语言和文学。由此可以看出，传统意义上的人文科学的基础研究在提交的代表作中占了绝大部分。从纵向来看，每一个学科教师提交的代表作基本上以期刊论文占比最高，比较特殊的是古典学以章节的种类最多。对于一些特色鲜明的学科，如"音乐、戏剧、舞蹈与表演艺术"，在表演、作曲、数字化或视觉媒体等方面提交的代表作数量较多，充分地体现了学科特色。

总体而言，英国高校人文科学教师科研成果类型丰富多样，对代表作形式没有固定的要求，依照教师的主观意愿，认为具有科研价值和意义的就可以提交。评价考虑得比较周全，照顾到了各个类别的专业成果形式，科研成果不仅可以是文字形式的作品，也可以是实物或者精神享受类形式的作品。这种不限制作品类型的形式充分体现了 REF 对于促进人文科学科研多元化发展的支持。另外，研究成果也体现了跨学科科研趋势，如软件、网站内容、数据库建设等都充分体现了这一点。

在产出方面，REF 还重点统计了各个学科教师培养的博士生数量，将培养的博士生数量纳入人文科学教师绩效考核的范围，具体的统计结果如表 5.8 所示。

表 5.8　2008—2013 年英国人文科学教师培养的博士生数量

评价单元	2008—2009年/人	2009—2010年/人	2010—2011年/人	2011—2012年/人	2012—2013年/人	各评价单元培养博士生总量/人	2008—2013年博士生数量变动比率/%
27	132	126	140	158	145	701	9.8
28	316	314	317	336	412	1695	30.4
29	462	444	557	582	615	2660	33.1
30	394	424	475	473	503	2269	27.7
31	81	84	99	86	109	459	34.6
32	133	104	148	156	173	714	30.1
33	230	224	293	285	278	1310	20.9
34	292	298	354	310	407	1661	39.4
35	204	243	257	283	327	1314	60.3
36	172	194	195	195	206	962	19.8
总量	2416	2455	2835	2864	3175		31.4

　　注：编号 27～36 为人文科学教师所属的区域研究、现代语言和语言学、英语语言和文学等专业学科评价单元的编号（具体的编号信息可以参照表 5.12 的内容）

　　资料来源：HEFCE. 2015. Research Excellence Framework 2014：Overview report by Main Panel D and Sub-panels 27 to 36. 2014 Research Evaluation Framework，（1）：24

由表 5.8 可知，英语语言和文学、历史学、现代语言和语言学学科教师培养的博士生数量名列前三位；古典学、区域研究、哲学学科教师培养的博士生数量排在后三位，这与之前的教师科研投入排名和提交的代表作数量的排名基本是一致的。英国高校人文科学教师科研的投入与产出比例基本上是一一对应的，说明教师的科研绩效是比较高的。另外，每一年度各个学科培养的博士生数量基本上呈递增的趋势（个别专业除外）。其中，增长较大的有单元 35（"音乐、戏剧、舞蹈与表演艺术"）、34（"艺术设计：历史、实践和理论"）、31（古典学）。其整体数量也是逐年递增的，每年度的科研经费在缩减、博士生数量在递增，足以说明英国人文科学教师科研绩效、经费利用率在提高。

　　社会科学教师的科研收入与人文科学教师的科研收入来源渠道基本一致，区别在于人文科学教师的收入主要以科研委员会的投入为主，而对于社会科学而言，投入比较大的主体除了科研委员会，还包括政府。

　　起初英国政府投入的经费最多，但在 2004—2005 年呈现下滑趋势，目前的投入量与欧盟的投入量接近。科研委员会在 2008—2009 年之前的经费投入一直呈现增长趋势，之后也逐渐下滑，但目前其仍然是教师获取科研经费最多的途径。其他组织中的教师从英国慈善机构、欧盟和英国企业中获得的科研经费一直维持在 2000 万～4000 万英镑。近些年，教师从欧盟获取的经费迅速增加，一度接近 8000 万英镑；欧盟其他部门、非欧盟组织以及其他组织的投入一直维持在 2000 万英镑以内，且波动幅度不是很大。[①]近些年，教师在非欧盟组织中获取了一些经费且逐年增长。

　　REF 统计了 2008—2013 年英国高校社会科学教师科研经费投入情况，如表 5.9 所示。

表 5.9　2008—2013 年英国高校社会科学教师科研经费投入　　　单位：英镑

评价单元	科研总收入	每位全职教授获得科研收入
建筑学、建筑环境与规划	230 860 000	225 000
地理学、环境研究和考古学	395 214 000	234 000
经济学和计量经济学	129 637 000	171 000
商学和管理学	353 291 000	106 000
法律	77 458 000	50 000
政治学与国际研究	144 180 000	113 000
社会工作与社会政策	253 446 000	195 000
社会学	163 482 000	232 000

　　① HEFCE. 2015. Research Excellence Framework 2014：Overview report by Main Panel C and Sub-panels 16 to 26. 2014 Research Evaluation Framework，（1）：24.

续表

评价单元	科研总收入	每位全职教授获得科研收入
人类学与发展研究	133 801 000	238 000
教育学	303 665 000	211 000
体育与运动科学、休闲学和旅游学	83 206 000	105 000
总计	2 268 240 000	554 000

资料来源：HEFCE. 2015. Research Excellence Framework 2014：Overview report by Main Panel C and Sub-panels 16 to 26. 2014 Research Evaluation Framework，（1）：23

　　由此可见，社会科学教师的科研经费投入明显超过了人文科学教师的科研经费投入。通过社会科学教师科研经费投入情况可以看出，英国高校越来越重视社会环境、经济发展、教育发展等方面的科研，这些正逐渐成为英国社会科学科研发展的重点。

　　社会科学教师的科研侧重于对社会现象的分析和对社会问题的解决，体现了其实用价值和实践意义。与人文科学类似，社会科学的科研产出成果种类也是多样的。社会科学教师具体提交的代表作类型和数量如表 5.10 所示。

表 5.10　社会科学教师提交代表作类型及数量

项目 类型	总量	16	17	18	19	20	21	22	23	24	25	26
著作/部	4 263	268	467	14	168	904	833	453	381	275	458	42
编著/部	422	37	119	0	6	26	60	34	36	80	23	1
章节/个	3 962	253	420	28	179	1 170	395	430	224	294	536	33
学术版本/个	11	1	5	0	0	0	1	1	0	3	0	0
期刊论文/篇	42 217	2 908	4 925	2 386	11 660	3 347	3 050	3 695	1 977	1 319	4 285	2 665
会议论文/篇	228	75	20	2	52	1	1	5	1	1	64	6
工作论文/篇	336	4	7	168	103	22	10	6	0	13	3	0
手工艺品/个	19	19	0	0	0	0	0	0	0	0	0	0
展览/次	24	16	2	0	0	0	0	2	0	4	0	0
表演/次	1	1	0	0	0	0	0	0	0	0	0	0
专利/件	2	2	0	0	0	0	0	0	0	0	0	0
设计/个	116	116	0	0	0	0	0	0	0	0	0	0
科研报告/份	505	57	30	1	31	46	15	153	8	10	144	10

续表

项目 类型	总量	16	17	18	19	20	21	22	23	24	25	26
机密报告/份	5	0	0	0	2	1	0	0	0	1	0	1
软件/个	8	1	3	0	1	0	0	0	0	0	3	0
网站内容/个	27	8	12	0	0	5	0	0	0	0	1	1
数字化或视觉媒体/个	3	1	0	0	0	0	0	0	0	2	0	0
科研数据集和数据库/个	17	0	2	1	0	0	0	0	3	3	8	0
其他	46	14	9	0	2	3	2	5	0	10	1	0

注：编号 16～26 分别为建筑学、建筑环境与规划，地理学、环境研究和考古学等专业学科评价单元的编号（具体的编号信息可以参照表 5.12 的内容）

资料来源：HEFCE. 2015. Research Excellence Framework 2014：Overview report by Main Panel C and Sub-panels 16 to 26. 2014 Research Evaluation Framework，（1）：23

从横向来看，与人文科学教师科研产出相类似，社会学科教师产出的成果主要集中在期刊论文、著作、章节。比较突出的一点是，社会科学教师科研报告的产出量要明显地多于人文科学教师。社会科学教师的表演、展览等产出量要明显低于人文科学教师。两种学科本身的学科差异导致了科研产出成果的差异。从纵向来看，商学和管理学学科提交的科研代表作数量最多，其次是地理学、环境研究和考古学、教育学。相反，提交的科研代表作数量较少的是人类学与发展研究、社会学、经济学和计量经济学。与各学科科研经费投入相比较，数量排在前三位的学科教师科研绩效较高，投入多，产出也多，符合投入与绩效的正相关关系；相反，投入排在后三位的与产出排在后三位的学科，其教师科研绩效存在明显差异，说明这些教师的科研绩效一般，并没有实现投入与产出的最优比。纵观英国的社会科学产出成果，可以发现科研成果种类繁多，充分体现了社会科学的社会适用性和价值。

在社会科学教师科研产出成果方面，REF 还重点统计了教师培养的博士生数量，具体的统计结果如表 5.11 所示。

表 5.11　社会科学教师培养的博士数量统计

评价单元	授予博士学位总数量/个	每位全职教授培养博士数量/人
建筑学、建筑环境与规划	1 410	1.38
地理学、环境研究和考古学	2 499	1.48
经济学和计量经济学	1 087	1.44

续表

评价单元	授予博士学位总数量/个	每位全职教授培养博士数量/人
商学和管理学	4 805	1.45
法律	1 586	1.02
政治学与国际研究	2 198	1.72
社会工作与社会政策	1 546	1.19
社会学	1 201	1.71
人类学与发展研究	1 129	2.01
教育学	3 625	2.51
体育与运动科学、休闲学和旅游学	921	1.17
总计	22 006	1.53

资料来源：参考 HEFCE.Research Excellence Framework 2014：Overview report by Main Panel C and Sub-panels 16 to 26. 2014 Research Evaluation Framework，2015（1）：23 整理而得，表中数据是通过对 2008—2009 年和 2012—2013 年培养的博士数量加总获得的

表 5.11 显示，培养的博士数量排在前三位的评价单元是商学和管理学，教育学，地理学、环境研究和考古，这三个评价单元的科研经费投入也是排在前三位，说明英国高校社会科学教师的科研投入与产出以及经费使用效率比较高。排在后三位的评价单元是人类学与发展研究，经济学和计量经济学，体育与运动科学、休闲学和旅游学，其科研经费投入与科研产出排名不一致，说明社会科学中科研投入排在中游的几个学科的资源利用率不高，相关部门要注意调整科研策略。

2. 基于分类评价的英国高校人文社会科学教师科研绩效评价客体内容的差异

英国高校人文社会科学教师科研绩效评价的具体做法是以学科为中心进行分类评价。REF 对众多学科进行了划分，形成了鲜明的学科分类特点，具体包括四大类别（A 类为生命科学，B 类为自然科学，C 类为社会科学，D 类为人文科学）、36 个专业学科评价单元。节选的部分学科评价单元如表 5.12 所示。

表 5.12 英国高校 REF 人文社会科学评价单元

类别	序号	评价单元	序号	评价单元
C 类：社会科学	16	建筑学、建筑环境与规划	17	地理学、环境研究和考古学
	18	经济学和计量经济学	19	商学和管理学
	20	法律	21	政治学与国际研究
	22	社会工作与社会政策	23	社会学
	24	人类学与发展研究	25	教育学
	26	体育与运动科学、休闲学和旅游学		

续表

类别	序号	评价单元	序号	评价单元
D类： 人文 科学	27	区域研究	28	现代语言和语言学
	29	英语语言和文学	30	历史学
	31	古典学	32	哲学
	33	神学与宗教研究	34	艺术设计：历史、实践和理论
	35	音乐、戏剧、舞蹈与表演艺术	36	沟通、文化和媒体研究、图书馆学与信息管理

资料来源：http://www.ref.ac.uk/panels/unitsofassessment./

通过表 5.12 可知，REF 将人文社会科学教师所属专业划分为 C、D 两大类，一方面是为了更加专业地评价每个单元的教师科研绩效，另一方面是为了促进跨学科科研的发展。

对于人文社会科学教师科研绩效评价，REF 除了通过客观的数字量化形式考察教师的科研投入与产出，也会从主观层面系统地对教师的科研成果、影响力和科研环境进行评价。但是由于人文学科与社会学科本身存在学科属性和特质的差异，REF 在评价科研成果、影响力和科研环境三个一级指标时会采取不同的做法。

（1）英国高校人文科学教师科研绩效评价的客体内容

1）英国高校人文科学教师科研成果评价。在 REF 体系中，对于人文科学教师的科研，副评价组不会让任何引文数据和文献计量数据来左右评价；不会考虑发表论文的期刊和会议的等级、出版后赢得的学术地位、出版的媒介、科研成果发表的平台等因素。对于人文科学多种多样的科研成果类型，REF 规定无论对于什么形式的科研成果，副评价组都采用相同的评价标准。针对人文科学科研成果的特殊性，REF 特别对一级指标进行了详细的解释和描述。第一，原创性。作品的进步对人类认识能力的提升和知识的拓展做出了重要及创新性的贡献。这种进步包括实质性的实证研究，新的观点、解释或见解，以创新的方式组合信息，新的理论框架和概念模型，新方法或新的表达形式。第二，重要性。科研活动对人们的知识、思维能力、理解能力或实践能力的提高具有促进作用。第三，严谨性。知识具有连贯性，方法论具有精确性；学术研究准确、有深度；意识到要与其他相关学科进行交叉研究。

根据权重的大小，一级指标标准下设有二级指标标准，具体如表 5.13 所示。

表 5.13 科研成果评价指标（人文科学）

指标	星级	一级指标标准	二级指标标准
原创性、重要性、严谨性	4 星级	处于世界顶尖水平	可以作为首要参考或极其重要的参考点；产生了深刻持久的影响；开发新的思维、实践、范式、政策、工具或手段；在应用和科研方面做出了重大贡献；特别杰出的创新、创意
	3 星级	处于世界先进水平，但是还没有达到卓越的标准	可以作为重要的参考点；产生了持久的影响；对产生新的思维、实践、范式、政策或受众起到了促进作用；对应用和科研方面的深度和范围做出了显著的贡献；有显著的新颖性、创新或创意
	2 星级	国际认可	可以作为被认可的参考点；产生了某些影响；对产生新的思维、实践、范式、政策或受众起到了渐进性的作用；对应用和科研方面的深度和范围做出了有益的贡献
	1 星级	国内认可	以现有的传统思维、方法、创作实践为基础；对科研做出了一种具有较小影响的有益贡献
	无法分类	低于 1 星级的质量门槛或者没有满足 REF 定义的科研	

资料来源：HEFCE. 2012. Panel criteria and working methods. 2014 Research Evaluation Framework，（1）：88

通过表 5.13 可以发现，英国对高校人文科学教师科研成果的评价，侧重于考察其对其他科研工作者的启发；侧重于考察其创新性；侧重于考察人文科学科研成果在国际上的影响力，以及在科研思维方法方面的转变和创新。

2）英国高校人文科学教师科研影响力评价。对于科研影响力的评价，REF 设定了影响范围和意义两个一级指标，并界定了二者的内涵。①影响范围是指组织、团体或者个人从科研中受到影响的程度。②意义是指科研活动能够丰富、影响组织、团体或者个人对政策、实践的理解。影响范围下设公民社会等 7 个二级指标，具体内容如表 5.14 所示。

表 5.14 影响范围评价指标（人文科学）

评价指标	指标内容
公民社会（civil society）	能够传播或者影响个体或群体解释和质疑文化价值观与社会价值观时的沟通形式、内容
文化生活（cultural life）	能够创造和演绎各种形式的文化资本，丰富和拓展个体或群体的生活、想象力和情感
经济发展（economic prosperity）	从科研中汲取洞察力和知识并加以应用与转化，为制造业、服务业和创意文化产业创造财富
教育（education）	能够传递和影响世界任何地域、任何年龄群体的教育形式或内容

续表

评价指标	指标内容
政策制定 （policy making）	通过介入与人类和动物健康、环境相关的任何方面，来影响对相关政策的讨论和实践
公共话语 （public discourse）	扩大个人或社会的表达范畴、提高其论证及对论据的把握能力，以此提升公众对重大问题和挑战的理解力
公共服务 （public services）	致力于提供公共服务或促进法律的发展与传播，以维护不同个体和群体的权利，包括弱势和边缘群体

资料来源：HEFCE. 2012. Panel criteria and working methods. 2014 Research Evaluation Framework，（1）：89

　　上述影响力评价指标都是一些代表性指标，在实践中，大部分影响会跨越或超越这些指标之间的界限。通过表 5.14 可知，英国高校对人文科学教师科研绩效的评价比较重视其科研成果对社会政治、经济、文化、教育等方面的影响。

　　意义下设 6 个二级指标，涵盖了定量指标与定性指标。具体内容如下：①定量指标，包括科研成果在英国及海外出版和销售的数量、阅读或参与的人数等；来自公众或其他慈善机构的资助经费；科研对教育材料运用的数据或依据；旅游数据，包括展览、表演过程中的观众人数；创意产业中的小企业成长，新产品的生产、销售数额等数据（例如，创造就业机会的证据）。②被引用和评价指标，包括学术文献之外的引用、媒体的独立引用；包括教材或教学参考书目、课程体系中的成果利用；在相关机构发布的文件中，其科研成果被采纳；在政策文件和评论中，或其他已公布的报告中，其科研成果被引用。③公共参与指标，包括一些关于读者类型和参与人员数量的信息、后续活动或媒体报道，以及关于销售、下载相关资源和访问网页内容的信息；将公众对科研的新见解以及对社会、文化的描述等纳入科研成果中。④政策合作指标，包括对专家小组或政策委员会的独特贡献或给予政府的建议，以体现科研成果对公共政策和实践的影响力；与主要机构、非政府组织和公共机构正式达成合作协议，成为公众或其他使用科研成果机构的顾问；参与竞赛、加入向政府和公众施加影响的团体及其他民间组织；专业标准和行为上的改变。⑤独立验证的指标，主要包括被非政府组织、慈善机构和其他民间社会组织的年度报告或其他出版物认可，被专家或使用者证明其科研成果有广泛的影响和重大的意义，能够改变政策、实践、过程、策略的第三方证据。⑥正式评价指标，包括展览、表演或其他成果的专业评价；资助相关研究的正式同行评审；社会投资收益研究。

3）英国高校人文科学教师科研环境评价。对于科研环境的评价，REF 将教师置于其所在的科研工作单位，以一种整体形式来评价科研环境。科研环境这一评价指标下又设立了科研活力和科研可持续性两个二级指标。具体内容如下：①科研活力，即科研环境能在何种程度上促进科研文化的形成，使某个专业或学科具有活力，使其具有创新性特征；②科研可持续性，即科研环境能在何种程度上确保某一学科或专业在未来有良好的发展。

为了使对科研活力和科研可持续性两个二级指标的评价更加细化，在英国高校人文科学教师科研环境评价二级指标的基础上，REF 增设了三级指标，具体如表 5.15 所示。

表 5.15　科研环境评价指标（人文科学）

一级指标	二级指标	三级指标	权重
科研环境	科研活力	科研策略	0.2
		人员战略和教师发展	0.2
		研究型学生	0.2
	科研可持续性	科研收入、基础设施和设备	0.2
		与学科或研究基地的合作及贡献	0.2

资料来源：HEFCE. 2012. Panel criteria and working methods. 2014 Research Evaluation Framework，（1）：94-95

在评价科研环境时，副评价组会根据提交单位的科研环境以及对学科和专业的贡献来应用这套标准。对于每一个三级指标，都有相应的解释和说明，具体如下：①科研策略，即是否在评估期间实现了战略目标，以及未来的战略目标、科研导向和具体细节。②人员战略和教师发展，由两部分组成，其一为负责科研战略制定及教师发展的人员，专注于教师发展策略制定以及教师在科研生涯初期如何获得支持和融入科研文化环境等；其二为研究型学生，评价一种科研文化的传承，以及学生融入这种科研文化并准备进一步开展未来科研活动的证据等。③科研收入、基础设施和设备，包括通过哪些途径获得科研经费的资助，是如何将其用于自己从事的学科研究的，与学术基础设施配套的研究等。⑤与学科或研究基地的合作及贡献，包括（但不限于）合作，建立伙伴关系、与其他机构的关系网络，与国内外学术界同人共同研究项目，包括跨学科合作；评审学术期刊或提出研究建议等。

对于人文科学教师科研意义的评价，主要是考察其科研达到理想效果的程度，包括科研成果能够影响和改变社会组织、学术团体以及个人的决策、实践和认知。科研意义下设置的二级指标多数是量化指标，内容繁杂而细致，分别是数量指标、被引和评价、大众参与、政策契约、单独证明、正规评估。数量指标涵盖了各种专业类型的科研成果影响力统计。对于著作与论文类，还会统计其在英国及海外的出版发行量、阅读和下载情况；对于艺术演出与展示类，还会统计观众上座率、网站点击量、创意产品的生产和销售额；获得公众或慈善机构的资助经费额；成果是否被纳入教学等。被引和评价主要涵盖学术引用和社会引用两大类：学术引用是指文献、翻译、评论、博客、论坛、教材方面的引用；社会引用是指政府、商业、政策引用，艺术展示、刻录、大众传媒引用等。大众参与主要考察科研受众群体类别、活跃度、网站流量、大众反馈、成果是否可持续利用。政策契约主要是指对不同社会组织、政府、学术团体的影响，包括对不同学术团体的学术引导力、与政府或非政府组织达成的政策契约、企业的科研成果转化、对社会规范或行为的改变。单独证明主要是科研成果被权威的政府与非政府组织采纳并应用、被权威学者运用和证实。正规评估是指成果在展览、演艺或其他形式上获得专业评价、相关学科同行专家的评价。综上，人文科学教师科研成果的意义指标不仅考虑到了人文科学中的常规基础学科，也考虑到了艺术学科，体现了 REF 坚持具体学科具体评判的原则。

（2）英国高校社会科学教师科研绩效评价的客体内容

1）英国高校社会科学教师科研成果评价。英国的社会科学教师科研成果评价也是以原创性、重要性、严谨性作为一级指标进行的，但是具体的内涵与人文科学不同。①原创性，即研究成果的创新性，包括发现一些新的或者复杂的问题；开发出新的科研方法、科研理论和分析技术；提供新的经验材料或先进的理论和准则等。②重要性，即能够不断促进学术发展，可能是理论上的发展，也可能是方法或实质性内容的进展；权重会适当向那些潜在科研以及具有实际意义的成果，特别是近期取得的科研成果倾斜。③严谨性，即在科研成果中运用的概念、理论、方法的准确性、适宜性；也会适当考虑科研质量，如论据和分析的完整性、连贯性和一致性，以及对道德问题的考虑等。

社会科学教师的科研成果最终也是以星级等级来评定的，但是每一个星级标准与人文科学不同，具体如表 5.16 所示。

表 5.16　科研成果评价指标（社会科学）

指标	星级	一级指标标准	二级指标标准
原创性、重要性、严谨性	4 星级	处于世界顶尖水平	开发理念、技术和成果方面突出的新颖成果；在其专业领域内可以作为首要或极其重要的参考；研究主题或领域对学术有重大影响；应用了特别严谨的科研设计、调查和分析技术，以及达到了知识准确性的最高标准；实例化成果显著，带来多用户的数据集或研究资源
	3 星级	处于世界先进水平，但是还没有达到国际卓越的标准	在其专业领域内可以作为重要的参考点；有可能会对重要思想和技术产生持久的影响；应用比较稳健和适当的科研设计、调查和分析技术，以及准确的知识；产生大量、连贯和被广泛推崇的数据集或研究资源
	2 星级	国际认可	为学科领域或专业领域提供有价值的知识，并应用这些知识；促进学科领域或专业领域知识的补充和开展渐进性的研究；深入和专业地运用适当的科研设计、调查和分析技术
	1 星级	国内认可	产生有用的知识，可能会对专业领域产生较小的影响；获得公认，但主要是基于现有的范例或对传统的探索；适当应用科研设计、调查和分析技术
	无法分类	低于 1 星级的质量门槛或者不满足 REF 定义的科研	

资料来源：主要参考 HEFCE. 2012. Panel criteria and working methods. 2014 Research Evaluation Framework,（1）：67 整理而得

对于社会科学教师科研成果的星级评定，REF 更加突出其对社会的实践意义。除了要求对其他科研领域有参考价值外，更加注重能否建构相应的数据库来系统化地解决社会科学领域的问题。

2）英国高校社会科学教师科研影响力评价。与人文科学一样，对于社会科学教师科研影响力，REF 也主要是从影响范围和意义两个一级指标进行评价，但是与人文科学的内涵略有不同。在对社会科学教师科研影响力的评价中，影响范围是指团体、环境、组织或其他任何受益人已经受益或者受到影响的程度，权重为 0.8；意义是指丰富、影响、传播或改变团体、组织和个人的政策、机会、视角和实践的程度，权重为 0.2。

在科研影响范围方面，潜在的影响范围也会被考虑。换句话说，对于科研影响范围，将不会纯粹地以区域限制或受益者的数量来评价，而是取决于受益人的潜在数量或对群体的影响程度。

评价小组会根据 REF 在影响范围和意义上做出的规定，在平等的基础上判断社会科学教师的科研影响力，具体如表 5.17 所示。

表 5.17 影响范围评价指标（社会科学）

二级指标	指标内容
创新力、文化和社会	对文物遗产的保存、维护和展览；引发或引起公共辩论或政治辩论，包括对既定规范、思维和惯例的挑战；对社会公平正义和社会包容力的影响；对知识产权保护的影响；对弱势群体的影响；对社会政治、经济与法律变革的影响；提高大众对一些现象和问题的理解能力，改善大众的态度和价值观
经济、商业或组织	改变资源管理方法，促进服务水平的提升；开发新原料、产品或工艺流程；促进小微科技型企业发展；提高工作效率；改进与商业经营相关的法律、监管与治理水平；更好地获得融资机会；有助于促进社会、文化和环境可持续发展；增强企业的社会责任感；更有效地解决纠纷；对替代经济模式的深化与开发
自然与人文环境	改善公众对环境的认识；对环境保护和环境风险意识的管理；促使商业或公共组织的运行达到环境标准要求；优化环境保护政策或法规管理的设计与实施；对环境标准、建筑设计标准、专业操作规范则提出建议
健康和福利	提出新的健康和幸福指标；对医疗伦理、卫生服务或社会保障的相关政策的完善；影响社会服务政策和实践；提出改善物质生活和服务的建议；对社会伦理的影响；改善健康和福利水平
从业者和专业机构	对行业标准、指导方针或培训的影响；通过资源开发来提高职业技能；将成果应用在专业化工作和实践中；对业务规划与管理的影响；成果被专业机构使用，或界定新惯例，或制定策略，或对政府和利益相关者进行游说；科研成果最终对传统标准提出挑战，引发利益相关者的讨论
公共政策、法律和服务	对立法改革、法律原则或法律实践的影响；对规章构建、解决争议和社会公正的影响；对政府、非政府、企业政策制定的影响；对服务质量、可利用性、成本效益或效率的影响；对民主参与的影响；对非政府组织或商业组织的运行的影响；改善公众对社会问题的理解

资料来源：HEFCE. 2012. Panel criteria and working methods. 2014 Research Evaluation Framework，（1）：69-70

  相比人文科学，社会科学教师科研成果的影响范围指标主要圈定了每个指标对社会科学教师的影响范围。社会科学研究更多针对的是社会群体或个人在社会中的价值，所以影响范围指标繁多，基本上把社会科学教师科研涉及的影响范围都囊括在内。这充分说明了英国高校对社会科学教师科研的社会实用性和实践性的重视，要求其服务于社会，产生明显的效果，为社会发展做出卓越的贡献。

  3）英国高校社会科学教师科研环境评价。对于社会科学教师的科研环境，REF 也是从科研活力和科研可持续性两个一级指标进行评价，但是对其的具体描述与人文科学不同。它将社会科学的科研活力定义为：以清晰明确的科研战略为基础，打造旺盛的、动态的和充分参与的科研文化，彰显教师对科研单位的学术贡献；要体现出对科研活动多样性和规模化的支持。它将社会科学的科研可持续性定义为：能够在未来继续支持和从事星级水平高的科研活动，逐渐形成本学科和跨学科的多元化研究。评价将在本学科范围内进行，并根据提交单位确定的研究范围进行评价。评价完定性和定量信息后，副评价组将采纳专家的评价结论，并基于已提交材料的相关信息，形成一个整体的看法。

对于指标权重的设定，社会科学与人文科学最大的区别在于第三级指标的相关人员。人文科学是将教师与学生分开，权重各为 0.2；而社会科学均对其赋予 0.25 的权重，如表 5.18 所示。

表 5.18　科研环境评价指标（社会科学）

一级指标	二级指标	三级指标	权重
科研环境	科研活力	科研策略	0.25
		参与人员	0.25
	科研可持续性	科研收入、基础设施和设备	0.25
		与学科或研究基地的合作和贡献	0.25

资料来源：HEFCE. 2012. Panel criteria and working methods. 2014 Research Evaluation Framework，（1）：75-76

除此之外，对于社会科学，REF 也详细地规定了三级指标的具体内容。①总体概况，这一模块与人文科学一样，均不参与评价，用来简单地提供一些背景信息，说明教师所在的科研团队和单位的信息。②科研策略，主要包括对科研水平的评价、对 2008 年战略框架和科研策略的评价；对未来五年的科研目标、科研纲要和启动程序方面的评价；对管控目标实现的方法的评价。③参与人员，提交单位的教师管理和发展策略，主要包括如何将教师科研与单位的科研策略和物理基础设施相联系；如何为研究人员早期职业生涯各个阶段的研究提供支持；单位如何提高教师科研的质量。④科研收入、基础设施和设备，包括科研经费的来源、科研经费和高质量科研成果之间的联系、在同一个竞争平台上由外部机构提供的重要的和有声望的学术奖励；设计与学科相适应的经费补助策略等。⑤与学科或研究基地的合作和贡献，致力于为教师从事科研奠定基础，包括与其他学科单元的教师甚至是国内或国外教师的科研合作；制定能够促进科研水平提升的更有影响力的指标；加强与工业、商业、第三部门和其他科研单位的合作研究等。

二、英国高校人文社会科学教师科研绩效评价体系的经验与启示

（一）英国高校人文社会科学教师科研绩效评价可供我国借鉴的经验

1. 依据绩效拨款来引导高校人文社会科学教师进行卓越科研

在评价初期，英国通常把教师提交的代表性成果的学术质量作为评价的核

心，以最终评价得出的科学研究质量等级来分配经费。英国这种依据科研绩效进行科研经费划拨的方式与美国的绩效拨款制度有几分相似性，其一方面促进了英国政府科研经费的有效分配和利用，将经费投入到学科、科研发展的前沿，促使高校学科与科研共同发展，培育特征鲜明的学科、科研；另一方面又能提高高校人文社会科学教师的科研主动性，激励教师改善科研方式和方法，不断推陈出新，产出更优质的代表性成果。英国按科研绩效拨款方式最为突出的一点是，最终科研成果的获评等级与经费拨款数额呈正相关关系，即评定等级越高，最后获得的经费数额也越大。

英国的科研拨款主要集中在 4 星级和 3 星级，而且 4 星级的科研拨款是 3 星级的科研拨款的 4 倍，这体现了英国追求科研卓越的国家科研政策导向。低于 3 星级的科研拨款都是 0，这意味着只有达到国际卓越水平，才能在下一次科研经费分配中获得资助。这种绩效拨款方式除了对教师产生影响外，最终的评价结果会直接决定未来几年参与评价的高校人文社会科学学科获得科研经费数额的多寡，也会间接地对学校未来人文社会科学的发展产生一定的影响。

实际上，英国的绩效拨款方式强化了各个高校人文社会科学教师的科研竞争机制，评价等级的浮动性、科研管理的动态性打破了过去一评定终身的科研机制。这种优胜劣汰式的经费拨款政策使部分科研水平不高的项目失去了获得经费资助的机会，相反科研水平较高的项目则成为未来被资助的核心。这种以国际一流科研为目的的科研绩效评价政策正在引导英国的科研实力不断提升。

我国可以借鉴英国的模式，将高校人文社会科学教师的科研绩效与最终课题经费申请额挂钩，通过设立阶段性的科研绩效考核机制，实行教师科研责任制，对阶段性考核中碌碌无为的教师实行降职处理，对阶段性考核中优秀的教师及时地给予经费奖励。这种将科研质量与科研经费分配相挂钩的考核方式，能够对教师产生更大的激励，促使教师多出高质量的科研成果。综上所述，我国可以对英国的科研绩效拨款方式进行借鉴，在加强人文社会科学学科科研队伍建设的同时，在今后的科研经费分配中，有侧重地鼓励一流大学的人文社会科学教师从事科研，重点资助重点学科教师的科研，以此提升我国人文社会科学的科研水平。

2. 实行高校人文社会科学教师代表作制度并以科研质量为评价的核心

为了更好地凸显人文社会科学教师的科研质量和科研成果形式，REF 在评价时特别重视绩效，强调其科研成果产出，不会过分地追求数量化的科研指标。它最基本的要求是，每位教师最多提交三份代表作，人文社会科学教师的科研成果形式，除了学术论文、学术著作外，学术工具书、艺术展览、音像制品等都可以被纳入代表作范围。在对教师科研代表作的评价中，以成果的原创性、重要性和严谨性作为评价的重中之重，权重约占 0.65，是指标中权重最高的。

先前，我国对人文社会科学教师科研成果数量的重视程度高于对科研成果质量的重视程度，甚至在晋升副教授、教授时会在科研成果数量上有硬性规定，如发表论文数量、主持课题数量、出版著作数量以及获得的各类学术奖励、证书的数量等。对于发表论文的载体，会特别强调要发表在核心期刊、CSSCI 期刊。此外，过于强调引用率和影响因子容易导致恶意引用，而且社会科学教师的科研多关注社会热点问题，人文科学教师多进行常规的科研，这样往往会受社会热点等因素的影响。另外，我国对人文社会科学教师课题的评价一般会设置中期检查，规定了在一定时间内发表的论文数量，这种重数量产出的规定容易使教师科研功利化，难以静心深入研究。因此，我国现行的评价中明显存在重投入轻产出、重数量轻质量的倾向。在这方面，我国应该积极地转变对人文社会科学教师科研绩效评价的观念，强化教师科研代表作的产出，衡量其科研投入，注重对科研绩效的评价，着重落实以科研质量为核心的评价原则，正确处理教师科研成果的质量和数量的关系。同时，由于人文社会科学教师的科研成果产出具有一定的周期性，其带来的社会效益也会有一定的时滞性，可以通过实施优秀成果和代表作评价机制，来改变以往重数量轻质量、重形式轻绩效的量化评价方法。

3. 注重对高校人文社会科学教师科研影响力的评价

人文社会科学教师的科研侧重于对人类精神世界和现实世界的研究，旨在使人类生活得更美好。英国的 REF 评价与之前的评价体系最大的不同就在于，其增加了对人文社会科学教师科研影响力的评价，评价权重为 0.25。科研影响力指标还突出强调了人文社会科学学科的科研活力和未来科研发展的潜力，鼓励高校教师对科研成果进行转化，以及加强与社会各阶层的互动和联系。英国的 REF 评价加大了对人文社会科学教师研究成果社会效益的综合评价，并且设计了相应的影响力模板及案例研究模板。它要求教师在提交科研成果的同时，将科研代表性成果对社会、经济及文化的影响，以案例的形式进行集中描述，通过这种方式引导高校教师明确科研方向。对于人文社会科学教师科研环境的评价，REF 将教师培养的博士的数量，以及其在学期间发表的科研论文纳入科研绩效评价中，对于不同类别的学科，要求的数量也不同。对于艺术类学科，REF 强调教师带领学生取得了哪些科研成就；对于社会类学科，强调通过教师在科研方面的引导，学生做出了哪些对社会发展有益的贡献。我国在对人文社会科学教师进行评价时，很少考虑将教师培养的硕士、博士的数量以及其在学期间发表的科研论文纳入科研绩效评价中，英国在这方面的做法值得我们借鉴。

另外，我国现有的评价体系对科研成果的社会影响力的重视程度并不是特别高。对教师申请课题验收结项的评价，往往只局限在教师是否在高水平的学术期刊上发表过论文；对教师科研绩效的评价，比较重视教师发表核心期刊论文的数量以及承接的课题级别等，而不是有针对性地考核教师创作的学术论文、著作本身的内在性价值，特别是其对社会经济发展产生的影响。人文社会科学教师的科研成果对社会产生的影响并不像自然科学研究成果那样立竿见影，受人文性、区域性、国别性的限制，其研究的社会影响力需要经过时间的积累和沉淀才能体现出来，所以对人文社会科学教师科研绩效的评价需要一定的时间，要充分考虑其产生的社会效益的长久性。对高校人文社会科学教师科研绩效进行评价时，一定要强化其对社会影响力的引导，在设计评价指标体系时，要增加对社会贡献和价值的考量，有侧重地把人文社会科学教师科研成果对社会经济、公共政策与服务、环境、文化等方面的影响考虑在内。

4. 高校人文社会科学教师科研绩效评价以学科为中心实行分类评价

英国对高校人文科学学科与社会科学学科两大类进行分类考核，在科研成果、影响力和科研环境方面都有不同的评价标准。在大的评价原则的基础上，英国对人文科学学科教师的科研绩效评价主要集中在人文思想、精神文化方面；对社会科学学科教师的科研绩效评价主要集中在社会问题解决、创新意识的培养方面。同时，其也鼓励人文社会科学学科与自然学科进行跨学科科研。这种发展思路更有利于促进特色鲜明的学科的发展，更容易把握学科发展的方向，减少评价资源的浪费。

英国在对高校人文社会科学教师科研绩效进行评价时，同行评议方面的专家均为各专业具有较高声誉的教授。在定量评价方面，则会更多考虑影响力和科研环境，类似的指标有培养的硕士、博士数量，科研经费资助金额、经济报酬比，产出量与引文量的比例等。认识到定量评价中引用率等指标的局限性之后，评价组特别注意新发表的成果、不同学科论文被引率的差别，伪引、自引情况，以及对非英文出版成果的限制等。总而言之，REF 规定在评价过程中应该始终坚持以教师科研成果的原创性、重要性和严谨性作为根基，而不是一味地参考引用率。REF 评价方法的改革和创新，使英国高校人文社会科学教师科研绩效评价实现了从完全采用"文献计量法"到以"同行评议为主，文献计量为辅"的转变。

目前，我国高校人文社会科学教师科研绩效评价在同行评议法与文献计量法之间难以取得平衡。首先，在专家同行评议中，缺乏科学、相对统一的专家遴选制度，一般评委会主要是由多个不同学科、不同专业的专家学者临时组合而成。在评价过程中，专家只是局限于手中有限的材料而做出简单评定，往往会受到个人主观感受的影响，甚至还会受到人情等因素的影响。由于缺乏真正意义上的匿名评审制度和健全的回避制度，在同行评议的过程中，有时会出现评委既当"运动员"又当"裁判员"的现象。其次，在定量评价中，我国主要建立了一些简单的定量评价指标，经常会涉及中文核心期刊、CSSCI 期刊论文的引用率，导致出现了一些教师盲目追求在"核心期刊""CSSCI 期刊"发文的现象。这种做法常常会忽视自然科学与人文社会科学的差异性，以教师发表论文、著作的数量作为评价标准，采取"一刀切"模式，导致评价中出现重形式轻实质、重投入轻产出的现象。要改善目前的评价工作情况，我国可以借鉴英国的做法，根据大学类别、教师科研水平和科研能力建立多元化的评价标准，以科研质量、科研影响力和科研环境作为基础，改变"一刀切"模式。同时，要强调学科理念，根据自然科学与人文社会科学本身的学科性质和特点划分评价标准，理性地参考核心期刊和CSSCI 期刊等在评价中的作用。

5. 建立第三方评价机构主导下的科学决策机制

在 REF 体系下，英国一直把公正理念作为教师科研绩效评价的首要条件。REF 在评价过程中设置由第三方主导的评价机构就体现了这一点。第三方评价机构是指英国的高等教育基金委员会，其前身为大学拨款委员会。该机构独立于政府、高校之外，使评价中相关利益者保持某种程度上的距离，科研绩效评价结果更加公平。其作用主要体现在两个方面：其一，有意识地帮助政府"去行政化"管理，减少政府在评价中的直接干预，政府只是协助高等教育基金委员会完成评价工作；其二，通过设立高等教育基金委员会，英国财政部将分配给高校的科研经费划拨给该机构，然后由该机构依据科研质量等级，按照公式化模式对高校进行科研拨款，使高等教育基金委员会成为核心责任人，在政府与高校之间建立起一片"中间地带"，高等教育基金委员会充当"缓冲器"。①

从当前的情况来看，我国还缺乏这样的第三方评价机构，在整个评价过程中相对缺少客观的监督。我国应该加大对科研绩效评价机构的建设和管理，可以建立英国这种半官方性质的第三方评价组织，使众多的利益集团加入评价过程之中。同时，要改变政府在高校人文社会科学教师科研绩效评价中的角色，充分发挥政府的引导作用，促使评价主体多元化。

（二）英国高校人文社会科学教师科研绩效评价的启示

1. 高校人文社会科学教师的教学与科研工作需要平衡

英国对教师代表作的科研影响力的星级评价直接与未来的经费拨款挂钩，导致一些教师将更多的精力倾注在科研上，逐渐忽视了教学效果。为了能够更好地迎合 REF 评价的要求，高校开始重新制定科研战略规划，在论文发表、课题申请等方面给予教师引导，在教师引进、职称晋升等方面日益重视科研的显性绩效。对于科研水平优异的教师，适当缩减教学工作量，使其专心进行科研工作；对于科研表现不佳的教师，让其承担更多的教学任务，这些教师也可能会逐渐脱离科研事务，被迫提前退休或转岗。英国教训给我们的启示是：应该避免对人文社会科学教师施加高强度的奖惩措施，以避免造成教学和科研工作的分裂。

我国高校也将对人文社会科学教师科研绩效评价的结果作为日后教师晋升、薪酬调整以及职称评定的重要参考指标。在某种程度上，这种做法可能无法有效

---

① Brinn T，Jones M J，Pendlebury M. 2001. Why do UK accounting and finance academics not publish in top US journals? The British Accounting Review，33（2）：223-232.

地促使高校教师产出高水平的科研成果，却可能使高校教师为了晋升、薪酬、评职称等生存所需进入恶性竞争之中。有些教师不得不耗费大量的人力、财力、物力去赶课题、拉项目、发文章，努力完成科研考核指标，将日常的教学工作束之高阁，难有精力过问学生的学习感悟。一位优秀的人文社会科学教师要有很强的人文素养和较高的教学能力，能够将自己最新的科研成果与教学实践相结合，并把精华部分传授给学生。高校在对教师科研绩效进行评价的过程中，应适当地引入对教学科研成果的评价指标赋予权重的方式，鼓励教师申报关于人文社会科学的教学研究课题，并把最终的科研成果用于教学，完善教学改革意见，提高教学效果和质量。

一直以来，教学与科研都是高校教师的首要任务，随着教学和科研之间的界限日益模糊，科研、教学经费投入与这两方面的成果产出已很难区分。所以，首先需要解决的重要问题是如何均衡评价教师的教学绩效与科研绩效，如何更好地解决科研与教学的融合带来的成果统计难题。

2. 高校人文社会科学教师的科研自主权需要保障

从科学研究的角度来看，大多数从事科研的教师特别重视科研自主权和学术自由。自主权是专业科研活动的基础。[①]但是 REF 评价体系在一定程度上对人文社会科学教师的科研选择权和学术自由产生了约束，在评价中注重科研在社会、经济、文化、公共政策等方面的影响力，将落脚点放在对科研成果的应用上，却忽视了教师的科研自主权。另外，其在科研影响力方面采用了案例研究和影响力模板两个星级评定，这势必会对教师的科研自主权产生约束，教师为了获得更高的科研影响力等级，往往会遵照评价要求来功利性和针对性地实施科研活动。

在这种大背景下，高校人文社会科学教师的科研自主权出现了研究取向的异化，教师"更倾向于做基础研究而非应用或职业研究，做稳妥的渐进性研究而非高风险的先驱性研究，做短周期研究而非长周期研究，做主流领域的研究而非边缘或'异端'研究，做单一学科的研究而非跨学科或多学科的研究，做能够发表论文的研究而非产出著作或其他形式成果的研究，做能够发表在'权威'期刊上

① Smith S，Ward V，House A. 2011. "Impact" in the proposals for the UK's research excellence framework：Shifting the boundaries of academic autonomy. Research Policy，40（10）：1369-1379.

的研究而非发表在次级领域或低级别期刊上研究"[①]。各种各样的科研绩效指标使教师受到更多的约束和管控，不得不奔波于各种案例研究、影响力模板、科研环境材料的提交。一些教师被各种科研经费、学术奖励诱惑，教师个人的学术品格和科研精神也被逐利行为取代，使得高校科研工作逐渐演化为一种商业化的经营活动。

3. 高校人文社会科学教师科研绩效考核应避免功利化

在关于教师晋升、薪酬等方面，各高校往往会把人文社会科学教师在REF评价体系中获得的科研星级作为一项重要的考核指标。这种明显趋于功利化的考核模式使更多的教师投入到时效短的科研中。人文社会科学研究是对人的本质、社会的本质的探讨，具有一定的人文气息，其科研成果的显现需要较长的时间。在5年一个周期的评价中，很多成果并不能在短期内创作出来，导致部分教师开始变得功利化，追求更容易在短时间出成果、出代表作的科研形式。

为了增强人文社会科学教师科研活动的连贯性，评价的间隔时间不能过短。英国高校人文社会科学教师科研绩效评价一般每隔5年进行一次，给教师一个缓冲期，给教师的科研成果一个培育成长期，积极地鼓励人文社会科学教师沉下心，投身于长期的科学研究活动中。

目前，我国高校人文社会科学教师科研环境也存在较为明显的功利化倾向。笔者认为可以转变评价思想，以教师为本，加强对人文社会科学教师科研过程的评价。首先，要重视教师之前的科学研究成果的学术价值和现实价值，分析其之前的科研成果对现今学术研究的贡献如何，成果被引率情况如何；其次，考察科研方法的适用性和持续性，看教师是否一直坚持某一个研究方向进行深度科研，统计其参加的学术研讨会次数、发表的学术论文数量；最后，充分尊重教师的科研主体地位和追求科学真理的学术权利，只有如此才能够引导教师走出功利化科研的误区。

总之，我们要汲取英国的教训，避免高校人文社会科学教师的教学与科研工作失衡、高校人文社会科学教师科研自主权受到影响以及高校人文社会科学教师科研功利化倾向的发生。

---

① 宗晓华，陈静漪. 2014. 英国大学科研绩效评估演变及其规制效应分析. 全球教育展望，43（9）：101-111.

第二节 美国高校人文社会科学教师科研绩效评价体系的特征及经验与启示

一、美国高校人文科学教师科研绩效评价体系的个案及基本特征

（一）美国高校人文科学教师科研绩效评价体系的个案

1. 个案一：密苏里州立大学人文科学教师科研绩效评价体系

密苏里州立大学（Missouri State University）前身为一所教师学院，多年来在美国中北部享有盛名，其教师科研绩效评价体系日臻完善。该校人文科学教师科研绩效评价体系与其他专业大致相同，但美术、设计、戏剧和舞蹈等专业的评价标准和评价方法等有所不同。上述专业的教师并不像其他专业教师那样从事大量的文字类工作，而是要开展艺术品展览、舞台剧展演等创造性活动。这类艺术性成果与其他专业教师的科研成果一样被列入评价指标。密苏里州立大学人文科学教师科研绩效评价体系强调人文科学教师必须致力于取得科研的成功，在学校这一坚实的平台上实现自身的专业发展。下文将从评价主体、评价客体、评价目的、评价标准、评价制度和评价方法六个方面，对密苏里州立大学人文科学教师科研绩效评价体系进行介绍。

（1）密苏里州立大学人文科学教师科研绩效评价主体

密苏里州立大学人文科学教师科研绩效评价体系采用多元主体的方式收集评价资料，其评价主体包括校长和教务长，人事委员会，院、系领导，同行专家和教师本人。

1）校长和教务长。教务长是该校首席学术长官，协助校长分管学校的各类科研活动，具体来说，包括制定与人文科学相关的 3 个学院、10 个系的年度科研绩效评价时间表、相关评价材料清单，并对评价结果给出总结性建议，最后向校长和董事会提交参考意见。

2）人事委员会。人事委员会是教师科研绩效的最高评价机构，在每个学院均设有分会。人事委员会主要负责向被评价的教师提供评价报告，随后根据报告内容给出评价建议，供院、系领导参考。

3）院、系领导。院长负责向校外同行专家递交评审信，待专家给出建议后，结合其中有益的部分对教师进行第一轮评价。系主任负责收集教师的评价材料。院、系领导既要协助人事委员会做好内部评价，又要向教务长汇报评价进度，可谓全部评价主体的"第一责任人"。

4）同行专家。同行专家由校外专家和校内同行担任，校内同行的权力更大。同行专家一般由人事委员会下属的评价委员会邀请20余位在业内享有盛誉且与被评价的教师无利益关系的同行专家担任，对被评价教师的论文、专著和表演等进行匿名评审，并给出书面意见。

5）教师本人。被评价的教师需要填写自我评价表，详细描述自己近3～6年取得的科研成果，内容主要包括科研目标、科研业绩和对未来科研工作的规划。

（2）密苏里州立大学人文科学教师科研绩效评价客体

密苏里州立大学人文科学教师科研绩效评价客体就是被评价的教师及其从事的科研创造活动。其中，被评价的教师即所有全职和兼职的讲师、助理教授、副教授和教授；科研创造活动主要包括科研项目和科研成果产出等。需要特别强调的是，在对美术、设计、舞蹈和戏剧等艺术类专业教师进行评价时，舞蹈比赛获奖、电影作品等创造性成果也被视作科研成果的一部分。[1]

（3）密苏里州立大学人文科学教师科研绩效评价目的

密苏里州立大学人文科学教师科研绩效评价目的就是让院、校领导了解教师的科研工作情况，一方面为教师的晋升、加薪等提供依据，另一方面也可以及时发现教师在科研过程中存在的问题并给予帮助，从而促进教师专业发展，提高学校的办学质量。教师科研绩效评价是院领导与校领导之间持续沟通的过程，具体目的可以概括为以下几点：①评价每位教师在履行科研职责时的办事效率；②分析提高教师科研水平的方法；③阐明与当前职位相关的绩效标准；④协助教师积累科研知识和提升科研技能，以促进其科研工作的开展；⑤识别艺术类教师科研工作的特殊性；⑥记录教师不合格的科研表现，并提出改进意见；⑦试用期结束后，确定教师的留任情况；⑧了解教师科研培训的需求；⑨设定与科研工作相关

---

① Missouri State University. 2017. Periodic Review of Reappointment（or Renewal of Contract），Tenure，Promotion Guidelines：College of Business，Missouri State University，1-13.

的具体目标并实时跟进。

（4）密苏里州立大学人文科学教师科研绩效评价标准

密苏里州立大学人文科学教师科研绩效评价标准可以按层次分为职称标准，院、系标准和学校标准，不同层级的评价标准的具体要求不尽相同。不同学院的评价标准又因专业的差异性在侧重点上有所区别。艺术类专业首先看重教师的演出、展览等创造性实践活动，其他专业则将文字类工作作为重点。上述评价标准还可以细化出具体的评价指标。该校人文科学教师科研绩效评价指标可分为两级，其中，一级指标是科研项目评价和科研成果评价；二级指标可分为两部分，第一部分是科研项目评价下的科研经费和科研性质，第二部分是科研成果评价下的获奖情况、影响深度、学术论文和著作发表情况等。[①]

（5）密苏里州立大学人文科学教师科研绩效评价制度

密苏里州立大学人文科学教师科研绩效评价制度主要包括民主评议制度、保密制度和评价结果申诉制度等。民主评议制度规定，在工资调整（不包含科研绩效因素）的年份，全职教师有权经过投票表决，拒绝人事委员会的审查。在需要科研绩效评价的年份，被评价的教师对评价结果有知情权，且每位教师都应被安排与系主任直接会面，讨论年度评价的具体内容，并制定下一年的科研目标。保密制度主要是指在整个评价过程中，必须保证评价信息的机密性，校、院、系各级相关人员必须勇于承担责任，确保不违反学校制定的科研绩效评价保密协议。评价结果申诉制度规定，如果被评价的教师对评价结果不满意，可通过教师申诉程序申请复议，连同相关证明材料一并提交人事委员会。教师提出的申诉要求和人事委员会给出的答复应继续上交院长，如仍未解决，则提交教务长。若教务长不同意教师的申诉，则应向教师做出驳回申诉的书面解释。[②]

（6）密苏里州立大学人文科学教师科研绩效评价方法

密苏里州立大学在人文科学教师科研绩效评价过程中主要采用定性与定量相结合的综合评价法，即同行评价法为主、成果计数法和引文分析法为辅的评价方法。同行评价法是人文科学评价的常用方法，主要包含校外专家评价、校内同行评价和评价委员会评价三部分。被评价的教师、系主任和人事委员会共同挑

---

① Missouri State University. 2017. Tenure，Promotion and Annual Evaluation Guidelines：College of Arts and Letters，Missouri State University，1-6.

② Missouri State University. 2018. Missouri State University's Faculty Handbook：chapter 4 faculty evaluation，Missouri State University，30-51.

选 4 名校外专家，如果教师和系主任不能达成一致，则各自选择 2 名。遴选名单最终上交院长，由院长证明评选过程符合评价原则，然后方可联系校外专家。成果计数法是一种常见的定量评价方法，主要通过科研成果的数量衡量被评价教师的绩效表现。这种评价方法在其他专业十分盛行，但对于人文科学相关专业而言只能作为辅助方法。在使用过程中，该方法主要有两种计算方式：一是对学术论文、专著数量等直接加总；二是使用加权法进行计算。作为文献计量学的重要方法之一，引文分析法是人文科学教师科研绩效评价常采用的另一种定量方法。

2. 个案二：得克萨斯理工大学人文科学教师科研绩效评价体系

得克萨斯理工大学是一所公立理工科高等学府，被《美国新闻与世界报道》评为国家级一级大学，其人文科学教师科研绩效评价体系颇具特色。该校人文科学教师科研绩效评价体系与自然科学领域大体相同，但在评价标准的设立和评价方法的采用方面，对艺术学理论、音乐与舞蹈学、戏剧与影视学、美术学和设计学等艺术类教师有特殊规定。得克萨斯理工大学秉持应正确看待艺术类教师的创造性成果的理念，主张将此类成果与其他专业教师的科研成果同等看待；坚持在评价艺术类教师的创造性成果时，从作品的学术价值、经济价值和美学价值等方面进行综合评价；一直对艺术类教师在美术、舞蹈、音乐、戏剧等方面的创造力给予积极的认可和公平对待。需要特别指出的是，为了客观公正地评价艺术类教师的科研绩效，该校在 4 个艺术类学院均成立了由特殊领域专家组成的特别评价委员会，杜绝"外行指点内行"的现象发生。该校人文科学教师科研绩效评价的相关政策都强调，对于人文科学教师来说，必须"提高科研能力、优化学术声誉"，并且"发扬壮大研究和创造性成果"。[①]下文从评价主体、评价客体、评价目的、评价标准、评价制度和评价方法六个方面，对该校人文科学教师科研绩效评价体系进行介绍。

（1）得克萨斯理工大学人文科学教师科研绩效评价主体

得克萨斯理工大学人文科学教师科研绩效评价主体包括校长、学校人事委员会、学院科研绩效评价委员会、院系领导、同行专家、同事和教师本人，从流程来说，就是从系开始，再到学院，最后到学校。

---

① Texas Tech University. 2018. Texas Tech University's Faculty Handbook：Chapter 6 faculty affairs（2018-2019），Texas Tech University，29-42.

（2）得克萨斯理工大学人文科学教师科研绩效评价客体

得克萨斯理工大学人文科学教师科研绩效评价客体就是被评价的教师及其从事的科研活动。需要特别指出的是，在对美术、舞蹈、音乐和戏剧等艺术类专业教师进行评价时，创造性成果也被视为科研成果的一部分。

（3）得克萨斯理工大学人文科学教师科研绩效评价目的

得克萨斯理工大学人文科学教师科研绩效的评价目的分为两类：基于管理的目的、基于发展的目的。基于管理的目的是确保教师在科研工作中有充分的学术自由，以此来督促教师完成大学的核心使命，并表彰和奖励为实现这一使命做出贡献的教师，最后留住这批优秀教师；基于发展的目的是以促进教师专业发展为首要任务，帮助教师进行自我反思，从而促使教师不断取得科研成就。

（4）得克萨斯理工大学人文科学教师科研绩效评价标准

得克萨斯理工大学人文科学教师科研绩效评价标准分为院系标准和学校标准。院系标准规定，各系主任需要向院长提交科研绩效评价所需的相关材料，评价流程若有任何更改，都需要经系主任亲自批准。科研绩效评价表必须由被评价的教师亲自填写，所有表格最终上交院长。学校标准规定，人文科学教师每年参与一次科研绩效评价。最重要的一点是，在评价过程中，应重视教师科研绩效突出的时期，不能因为短期内缺乏科研成果，就全面否定教师的科研水平，采用代表作制度，促使教师重视科研成果的质量。在上述评价标准之下，还可细化出两级评价指标。一级指标是科研和创造性成果。二级指标分为两部分：一部分是科研成果，包括书籍，一本书的某章节，在期刊、会议或专题讨论会上发表的文章、论文、社论和书评、会议演讲等，以及艺术类教师的展览、表演和建筑实践等；另一部分是获奖情况，主要指艺术类教师的作品在比赛中获得的奖项。[1]

（5）得克萨斯理工大学人文科学教师科研绩效评价制度

得克萨斯理工大学人文科学教师科研绩效评价制度主要包括民主评议制度、监督制度和评价结果申诉制度等。

民主评议制度规定，学校在科研绩效评价政策的制定过程中应尽最大努力与教师达成共识，在科研成果评价中多考虑艺术类教师的特殊性；一项新政策出台或对现有政策有任何更改，必须经过 2/3 以上教师的投票赞成方能生效，新政策一经修订，须提交学院科研绩效评价委员会，接受院长的审批；被评价的教师

---

[1] Texas Tech University. 2014. Promotion and Tenure Standards and Procedures：College of achitecture，Texas Tech University，1-7.

有权参与制定本学院的科研绩效评价政策，可以在政策制定过程中随时提出更改意见。

监督制度主要是针对被评价的教师、同行评议委员会和院长设定的，同行评议委员会一旦发现被评价的教师表现不合格，可以将科研绩效评价表提交给院长，再由院长上交学校，最后由学校依据相关法律条款对表现不合格的教师进行处分；同行评议委员会有监督权力，一旦发现成员不作为，可经内部表决后将其开除，并在科研绩效评价表中附上相关人员陈述的开除理由；学校一旦发现院长表现不佳，可按照《得克萨斯理工大学终身教职政策》第七节的相关规定对其进行处罚。

评价结果申诉制度规定，评价结果公布后，被评价的教师可以在科研绩效评价表中附上对评价结果质疑的声明，并附上校外同行专家的支持信；学校鼓励学院制定评价结果申诉程序，被评价的教师可以对不合格的同行专家进行投诉，也可以对不满意的评价结果提出质疑，受理投诉部门必须独立于学院科研绩效评价委员会，且不能有该委员会的任何成员在受理投诉部门任职。[①]

（6）得克萨斯理工大学人文科学教师科研绩效评价方法

得克萨斯理工大学在人文科学教师科研绩效评价过程中主要采用同行评议法，学院同行评议委员会的成员主要由校内同侪和校外专家两部分构成。校内同侪评价分为三个步骤，即初步评价、集体评价和综合评价。根据得克萨斯理工大学科研绩效评价的相关立法规定，学院同行评议委员会是整个评价过程中必不可少的组成部分，其成员均由教师中的优秀代表担任，人数不得少于3人，且一年一换岗。鉴于艺术类专业的特殊性，校内同侪数量可能比较少，校长应该与院长进行协商，成立一个特别评价小组，对艺术类教师进行一对一评价。必须强调的是，学校的行政人员不得担任学院同行评议委员会的成员，学院同行评议委员会的成员也不得参与本院的评价工作，避免出现"自己监督自己"的不公平现象。学院同行评议委员会中的任何一位成员如果与被评价的教师有利益冲突，都应当主动回避并找合适的人代替。校外专家评价在整个评价过程中尤为重要，被评价的教师需要获得不少于3位校外专家的书面评价，且有权在评价档案中添加有利于自己的辅助材料，如文章再版的信息和出版书籍的副本等。[②]

---

① Texas Tech University. 2019. Annual Evaluation：College of Arts and Sciences，Texas Tech University，1-4.

② Texas Tech University. 2015. Guidelines for Comprehensive Performance Evaluation：College of Visual and Performing Arts，Texas Tech University，1-4.

（二）美国高校人文科学教师科研绩效评价体系的基本特征

密苏里州立大学和得克萨斯理工大学人文科学教师科研绩效评价体系在某种程度上代表了美国公立大学中文科为主院校和理工科为主院校的人文科学教师科研绩效评价特征，综合而言，可以概括为如下几个方面。

1. 评价主体多元化且教师在科研绩效评价中具有自主权

得克萨斯理工大学强调在评价过程中引入多元评价主体，以保证评价结果的公平和公正，逐步形成由被评价的教师、同行专家、院系领导和学校领导形成的四位一体的多元化评价主体，并且每一类评价主体在评价过程中都各司其职。评价主体虽然种类多样，职务也不尽相同，但是他们会紧密联系、相互督促，以求得出一个权威、科学、公正的评价结果。

密苏里州立大学鼓励人文科学教师成为科研绩效评价的参与者与决策者，保证教师在学校的科研地位，从而提升学校的科研质量。该校大力支持教师亲自参与评价，不做学校的"上班族"，而做学校的"主人翁"，让奋战在教师工作第一线、熟知教师工作的人参与管理，避免科研管理权力的外漏，最终确保学校办学水平稳步提升。

2. 评价客体具有自主性

得克萨斯理工大学更加尊重教师的自主选择权和知情权。在科研绩效评价工作开展之前，相关政策的制定必须由教师亲自参与，甚至需要大部分教师投票表决方能顺利进行；在同行评议工作开展之前，教师有权回避和自己有利益冲突的专家，无形之中杜绝了可能存在的不公平现象。教师本人不仅是评价客体，更是评价主体，在评价过程中可以自己"当家做主"，而非一个"局外人"。

3. 评价目的人性化且评价活动以教师专业发展为风向标

从短期考虑，高校人文科学教师科研绩效评价目的就是为教师的升职、加薪等决策性活动提供合理、有效的依据；从长期考量，就是为教师的职业发展提供明确的目标。密苏里州立大学在人文科学教师科研绩效评价目的的设定上具有一定的弹性，拒绝生搬硬套其他专业的模式，以教师专业发展为根本出发点，评价指标与被评价教师的科研能力环环相扣。

得克萨斯理工大学人文科学教师科研绩效评价注重发展性,强调教师的学术自由和艺术自由,尊重教师作为一个独立个体的科研意愿,一般不将评价结果直接用于奖惩,而是关注教师在未来发展阶段的科研前景。

4. 评价标准灵活

得克萨斯理工大学没有一个统一的科研绩效评价标准,人文科学教师科研绩效的评价标准在不同学院之间是存在差异的。对于艺术类教师而言,其以艺术创作为主,更需要符合自身特色的评价标准。针对这一情况,该校为艺术类教师设立了展览、收藏等不同于其他专业教师的评价指标,还对出版物等方面的评价指标做出了调整,例如,同其他专业教师的学术专著一样,将教师出版的个人绘画作品集视为科研成果。

5. 评价制度严明、公正、规范

美国教师科研绩效评价的成功与其严格的规章制度密切相关。密苏里州立大学人文科学教师科研绩效评价制度十分完善,评价程序公正,评价规则透明,以此保证了评价活动的纯粹性。无论哪一项评价制度,都无一例外地做出了以下规定:禁止因性别、种族、肤色、宗教、国籍、血统、年龄、残疾或退伍军人身份而歧视被评价的教师;不允许对家庭状况、婚姻状况特殊的教师有不公平的对待,违者将依据相关条例予以惩戒。

得克萨斯理工大学的人文科学教师科研绩效评价制度具有以发展性为主、奖惩性为辅、兼顾民主性的特点。该校利用人事委员会的管理职能,指出教师在科研方面的问题并帮助其调整,充分体现了评价在促进教师专业发展方面的作用。奖惩性制度只是为了树立规范,并非建立评价制度的真正目的。更重要的是,得克萨斯理工大学在设置评价制度的过程中,及时与被评价的教师沟通,使得教师在评价过程中享有监督权、知情权和决策权,从而激发了教师进行科研工作的积极性。

6. 评价方法多维度

得克萨斯理工大学非常重视同行专家,尤其是校外专家的评价。该校的校外专家评价主要有两种形式:一种是系主任委托校外的第三方评价机构对本校人文科学教师科研绩效进行评价,生成的评价文件将作为校内教师科研绩效评价的重要依据之一;另一种是对于教师的科研绩效评价结果,院、系领导会采纳一些校外专家或业内权威人士的建议，并将此作为评价教师的一项重要参考依据。

二、美国高校社会科学教师科研绩效评价体系的个案及基本特征

（一）美国高校社会科学教师科研绩效评价体系的个案

1. 个案一：美国加利福尼亚大学伯克利分校社会科学教师科研绩效评价体系

在发展初期，加利福尼亚大学伯克利分校的教师任用主要由校长及学校董事会成员决定，也正是由于这方面的原因，学校的教师科研绩效评价体系存在很大的缺陷，阻碍了学校的发展。但随后学校领导认识到了这一点，通过加深对加利福尼亚大学伯克利分校科研绩效评价体系的了解，结合其体系的六要素，加强了对社会科学教师科研绩效评价体系的建设，使得该评价体系相比其他高校更为完善，具体做法如下。

（1）评价主体匿名化

加利福尼亚大学伯克利分校的教师人事决策评价工作具有典型的保密性特点：一是评审委员会成员的身份、整个评审过程均是保密的；二是评审委员会成员的日常沟通借助电子邮件进行，彼此间的了解很有限；三是需要做出决策时，选用匿名投票表决方式；四是在结果正式公布前，与被评价者有关的所有信息，甚至案例中存在的姓名等均会被删除。在这种情况下，评审委员会成员的顾虑被一一打消，能够做到畅所欲言，从自我角度出发，遵循评价标准，给出公平、合理的意见。

（2）评价标准灵活且有针对性

基于常规评价标准，在实际操作中，加利福尼亚大学伯克利分校赋予了评价标准更大的灵活性。譬如，其分别从教学、专业能力和活动、研究和其他创造性工作、高校与公共服务四个角度出发对教师的总体绩效做全面分析，根据不同的学科对评价指标进行灵活调整，以避免评价指标的片面性。举例说明，该校化学学院在评价任课教师的授课水平时，基于学科特点完成了教学评价指标的创建和完善，其中包括学生学习态度、教具的使用等。然而，在对医学教师的评价中，因为医学的实践性更强，会更加关注教师的专业实践能力，将其视为评价的主要参考依据。对社会科学教师科研绩效的评价则与之相反，更加强调

学术上的科研成果，比如，论文的质量和数量、著作的著作方式、研究成果的社会感知度等。[①]

（3）评价方法具有全面性

为了凸显评价方法的科学性，加利福尼亚大学伯克利分校使用了 360 度评价法。在学术领域内，360 度评价法又称为全方位评价法。[②]首先，评价主体通过多种渠道获取各种与被评价者有关的信息；其次，对相关信息进行梳理、提取和分析，以此为契机，深化对被评价者的了解，弱化主观意识带来的负面影响，增强评价的客观性、公正性。

（4）评价制度较为完善

加利福尼亚大学伯克利分校的评价制度较为完善，设立了一套严格的规章制度对社会科学教师科研绩效评价进行有效约束，保证了管理制度的有效性。加利福尼亚大学伯克利分校的所有科研活动均是在遵循法律条例和相关政策的前提下开展的。主要法律条例及规章制度来源有四个：一是该校行政部门公布的规章制度及章程；二是加利福尼亚大学系统和伯克利分校学术委员会制定的政策及规章；三是加利福尼亚大学校长办公室制定的指南及约束；四是州政府及联邦政府制定的法律法规。此外，为了避免违规行为的出现，科研管理及科研承诺办公室等部门肩负着对科研活动进行监管的职责。对于加利福尼亚大学伯克利分校的科研工作人员而言，科研承诺如同法律条例一般具有权威性和威慑力，不容践踏。[③]

2. 个案二：美国威斯康星大学麦迪逊分校社会科学教师科研绩效评价体系

美国威斯康星大学麦迪逊分校十分注重学校科研项目评审工作，其评审流程具有自己独特的风格——将定期项目审查与绩效管理和发展计划（performance management development plan，PMDP）相结合。基于社会科学科研成果周期性长的特点，定期项目审查可以有效地对教师的科研绩效进行科学的评价，而绩效管理和发展计划又可以解决因信息收集不全、评价者对教师的了解不足而产生的主观性问题。

定期项目审查的流程如下：①政策要求每个学术项目至少每 10 年必须接受

---

① 扈亚红. 2018. 美国研究型大学教师绩效评价研究——以加州大学伯克利分校为例. 曲阜师范大学，50-60.

② 曹人龙. 2016. 全方位评估法在国家奖助学金评选中的机制优化与创新实践. 高教学刊，（18）：189-190.

③ 陈乐，高颖玲. 2015. 如何促进大学的科研管理——加州大学伯克利分校的经验及启示. 教育发展研究，（21）：76-81.

一次评价，教务长办公室每年都会通知院长需要对哪些项目进行审查；②院长要为每个项目准备一份经费证明，项目审查小组可以向相关单位咨询信息，核实具体情况；③审查委员会制定报告和提出建议，提交给院长；④院长审查报告，与项目审查员讨论相关建议，最终提交给教务长办公室；⑤教务长办公室负责保存所有的项目回顾记录，以为每年度的定期项目评审工作提供便利。

绩效管理和发展计划的基本运作原理如下。①程序启动之后，要求教师通过学校内部账户，用学校认证过的账号登录专门的网站。②绩效管理和发展计划中包含不同的权限模块，教师可以根据自己所处的职位选择进入相应的权限模块，在不同权限模块中，评价与被评价的内容和要求不同。③根据权限模块的内容索引，教师对自己正在进行和已完成的科研学术项目进行自我评价；对自己领域内或相关领域内的其他教师的科研绩效进行评价，系统会自动记录评价人。④待所有教师自我评价和相互评价完成之后，系统会自动赋予其权重，计算总体绩效排名。⑤评估结束后，在权限模块中，教师可以为自己设置未来的科研目标和期望值。

学校相关部门将绩效评审结果与定期项目审查工作相结合，客观、科学、全面地对社会科学教师科研绩效进行评价。首先，绩效管理和发展计划的关键点在于，系统本身自带激励作用：通过教师间的相互评价，评估其他人的科研绩效，以及在评审结束后设置自己的科研目标和期望值，皆起到了很好的激励作用。其次，这一软件程序可以将结果尽可能地量化，解决了人文社会科学评价的一大痛点。最后，最终的绩效评价结果以量化和书面的形式呈现，不仅仅将评价过程规范化，而且通过问责制保证了整个评价过程的透明、公正、合理。

（二）美国高校社会科学教师科研绩效评价体系的基本特征

1. 美国高校社会科学教师科研绩效评价主体——联邦政府、社会科学研究者、普通民众

美国高校社会科学教师科研绩效评价主体主要由联邦政府、社会科学研究者以及普通民众组成。联邦政府十分注重社会科学研究成果的实用价值，评价结果与经费资助额度直接相关。社会科学研究者主要是指从事相关领域研究的同行专家。同行专家的选取有严格标准，既要注重相关专家的学术声誉，同时也要实行回避制度，所选专家不能是被评价者的导师、曾经的学生、亲密友人或合作者

等。①另外，普通民众作为社会科学研究成果应用价值的直接感知者，可基于自身的需求并通过引用或公开评论等方式对社会科学教师科研绩效进行评价。

2. 美国高校社会科学教师科研绩效评价客体——科研成果、科研能力及学术贡献

美国高校社会科学教师科研绩效评价客体主要包括科研成果、科研能力以及学术贡献。科研成果是指高校社会科学教师在一定时期内发表论文的数量和期刊等级，以及出版的专著和获得项目经费资助情况。美国高校十分重视教师的科研能力，因此在对社会科学教师科研绩效进行评价时，研究能力是其重点评价对象，而研究能力主要通过研究来体现。美国高校十分重视社会科学教师研究成果的学术贡献，因此即使论著数量极少甚至一生只写过一本书，若其学术贡献得到广泛认可，那么对其的评价也是非常高的，或者即使没有任何论著，若在课题或讲座方面产生了巨大影响，对其的评价也同样很高。②

3. 美国高校社会科学教师科研绩效评价目的——促进经济社会发展

美国高校社会科学教师科研绩效评价体系以促进经济社会发展为宗旨和目的。从宏观层面看，通过公正、公平的评价程序对高校社会科学教师科研绩效进行评价，是为了为社会科学研究的发展方向提供指引，促进社会科学事业的繁荣发展；从微观层面看，联邦政府对社会科学教师的科研绩效进行评价是为了了解其实用性和价值，从而为相关政策的出台提供指导和依据，继而促进社会政治、经济、文化、环境等多方面的共同发展。对于高校管理部门而言，科学、系统的教师科研绩效评价体系是提高科研管理效能、制定人事决策的重要基础，也是促进高校良性、可持续发展的重要保障。对于普通民众而言，对高校社会科学教师科研绩效评价的目的在于，证明自己作为纳税人对科研的投入是"物有所值"的，能够满足社会大众的发展需求。

4. 美国高校社会科学教师科研绩效评价标准——质量、价值、影响

首先，美国高校在对社会科学教师科研绩效进行评价的过程中，对科研成果

---

① The University of Georgia. 2013. Guidelines for Appointment, Promotion and Tenure. Athens: The University of Georgia Press, 10.

② 王兰敬，杜慧平. 2010. 欧美人文社会科学评价的现状与反思. 南京大学学报（哲学·人文科学·社会科学版），47（1）：111-118.

的数量没有硬性要求，更加强调研究者的科研能力和研究成果的质量。其次，美国十分强调人文社会科研成果能否切实地为人们创造出社会福利，因此在对社会科学教师科研绩效进行评价时，价值性成为其主要评价标准之一。其中，经济价值标准是最为关键的标准。最后，美国十分重视社会科学教师科研成果的学术影响及社会影响，强调教师对学校发展和社会进步的长期贡献，尤其是在聘任终身教师时，其学术造诣和影响力是主要的评价指标。

5. 美国高校社会科学教师科研绩效评价方法——同行评议为主、数据计量为辅

美国高校中受到广泛认可和普遍采用的教师绩效评价方法是同行评议法。当前，美国的同行评议主要采用小组评议和通讯评议两种形式。小组评议即同行专家以会议形式集中讨论，对被评价者的科研进行评价；通讯评议即各专家自行评价，将结果寄回评议组织单位。为了弥补同行评议存在的不足，美国采用了科学信息研究所（Institute for Scientific Information）的人文社会科学三大引文索引数据库，通过计算研究成果的被引情况来评价研究者的研究成果的学术质量。另外，针对社会科学成果的特点，美国高校采用的评价方法包括政策效果评估、民意测验（分为普遍测验和抽样测验）及社会实验（包括全面社会实验和准社会实验）。①

6. 美国高校社会科学教师科研绩效评价制度——民主评议制

美国高校社会科学教师科研绩效评价制度以民主评议制为主。民主评议首先体现在评价内容和评价标准的制定上。美国大部分高校采用多方商讨的方式确定评价内容和评价标准，不仅听取相关领导和专家的意见，也会将教师代表的意见甚至社会多方意见纳入考虑范围。同时，民主性贯穿整个科研绩效评价过程。为了保障研究者的权益，美国高校实行个性化的反馈机制和完备的申诉机制，被评价者会以"面谈"的方式得知自己的评价结果，如果对评价结果有异议，可以通过合法程序进行申述。

总之，美国高校虽然没有形成独立的社会科学教师科研绩效评价体系，但在人文社会科学教师科研绩效评价体系的总体框架之下，仍然呈现出一定的特色。尤其是在以实用价值为导向的评价工作中，一方面回归了社会科学以为社会发展

---

① 佚名.2010-05-18. 国外人文社会科学评价方法撷要. 光明日报，（11）.

服务为价值追求的根本属性；另一方面有助于对高校社会科学教师的科研质量进行把关，为高校提高科研管理效能提供保障，为社会科学的发展方向提供指引。民主评议制具体体现了美国高校教授治校的根本理念，为维护教师的合法权益、保证评价结果的科学性和公正性提供了重要基石。

三、美国高校人文社会科学教师科研绩效评价体系的经验与启示

（一）美国高校人文科学教师科研绩效评价体系的经验与启示

1. 密苏里州立大学人文科学教师科研绩效评价体系的经验与启示

密苏里州立大学人文科学教师科研绩效评价体系为我国构建高校人文科学教师科研绩效评价体系提供了如下经验与启示。

（1）大力倡导"教授治校"理念，提高高校教师在科研绩效评价中的话语权

高校教师是最了解科研的人，也是最清楚科研绩效评价内容的人。然而，我国高校人文科学教师在科研绩效评价中并没有足够的自主选择权，一些教师对评价工作的配合度也不高。反观美国公立高校，被评价的教师在科研绩效评价过程中拥有绝对的表决权。因此，我国高校应该健全以学术委员会为核心的学术管理体系与组织架构，健全师生员工参与民主管理和监督的工作机制，从而构建系统完备、科学规范、运行有效的大学治理制度体系，推进高校治理体系和治理能力现代化，为现代高校发展贡献中国智慧和中国方案，为我国实现高等教育强国的目标提供制度支撑和保障。[①]

（2）完善高校教师绩效评价，以促进教师专业发展为首要目标

作为高校人力资源管理的核心内容之一，人文科学教师科研绩效评价是指运用定性和定量的综合评价方法，对被评价的教师在一定时期内的科研投入、产出和结果进行科学的对比分析，做出真实、可靠、公道的权威性评判。由此可见，科研绩效评价不仅是教师加薪、晋升的依据，更可以通过对教师近些年的科研表现进行剖析，对表现良好的教师给予经济嘉奖或职务晋升，对表现欠佳的教师进行批评或帮扶，进而扬长避短，激发教师的科研发展潜力，最终通过教师专业发

---

① 张炜. 2018. 教授治校与大学治理. 高等教育研究，39（6）：51-58.

展促进学校整体科研实力的提升。①

（3）严格高校教师管理，确保高校教师队伍的纯洁性

在制度建设上，高校应围绕提升科研质量这一目标，对教师招聘制度、绩效评价制度和职称晋升制度等做出整体规划与调整，完善高校人文科学教师科研绩效评价制度。同时，要重视科研工作，注重提高科研成果在教师绩效评价中的权重，建立科研经费与教师科研工作质量挂钩的机制，调动教师的科研积极性。更重要的是，我国在完善大学教师科研绩效管理、提高其经济收入和社会地位的同时，也应该严格大学教师管理，设置红线制度，坚决清除教师队伍中的不合格者，对违反师德行为真正做到零容忍，通过扎紧制度的笼子来保证大学教师德才兼备。②

2. 得克萨斯理工大学人文科学教师科研绩效评价体系的经验与启示

对得克萨斯理工大学人文科学教师科研绩效评价体系及特点的分析，可以为我国高校人文科学教师科研绩效评价体系构建提供如下经验与启示。

（1）促进评价主体的多元化

我国高校人文科学教师科研绩效的评价主体一般包括被评价的教师、同事、同行专家和院系领导，但是在大多数高校，真正的评价主体只有同行专家和院系领导，他们对教师的自我评价和科研成果的具体情况进行打分，然后汇总并依据一定的权重得出最终结果。从表面来看，评价主体似乎各司其职，但实际上教师的参与度非常低，甚至缺乏平等对话的权力。对于教师这一评价主体而言，务必建立一种对等的评价方式，赋予教师自主选择权，而非被动地接受上级领导的安排，避免教师产生负面情绪，进而改变教师在评价中的地位。总而言之，我国高校要加强与人文科学教师的沟通，充分体现教师的主人翁地位，消除部分教师对评价工作的不满情绪，激发教师的工作积极性、科研潜能，培养教师的创新精神。

（2）改善评价客体的被动状态

在美国高校人文科学教师科研绩效评价过程中，作为评价客体的教师在评价工作中享有很大的自主权、话语权和知情权。反观我国，在人文科学教师科研绩

① Qu T，Supervisor D，At P，et al. 2009. University teacher's professional development theory based on academic attribute. Educational Research，62-65.

② 刘昕，王许阳. 2017. 美国研究型大学教师绩效管理实践及其启示. 现代管理科学，（3）：90-93.

效评价过程中，校长、院长和科研行政部门处于主导地位，被评价的教师处于被领导地位，大部分环节只能被动配合。为了保证科研绩效评价活动的公平、公正、全面、有效，我国高校在人文科学教师科研绩效评价过程中应注意以下三点：首先，为了保证管理者与被评价的教师地位平等，要赋予教师自主权，而非教师被动地接受评价委员会的一切安排；其次，要赋予教师话语权，提高对教师自我评价的重视程度，在评价工作正式开始前，先让教师进行自我评价，给予教师反对和申诉的权利；最后，要赋予教师知情权，让教师有权查阅自己的评价信息，及时了解评价工作中的重大事件。

（3）增强评价目的的针对性及导向性

人文科学教师科研绩效评价的目的在于促进教师职业发展。人文科学教师科研绩效评价体系注重发展性评价，强调教师的学术自由，尊重教师的个性特征，更关注教师的未来发展。[①]我国高校应正确把握人文科学教师科研绩效评价的导向，积极鼓励教师开展科研活动，要把艺术类教师的艺术创作成果同其他专业教师的科研成果平等对待，制定科研成果打分制度。另外，为了促使艺术创作回归本质，激发教师创作的积极性，应对其他同层次、同规格的比赛予以承认，对国际性大赛、国际展览中的获奖作品以及在国际出版物上发表的作品予以承认。[②]

（4）改变评价标准的刻板印象

鉴于美国高校的经验，我国高校应该灵活地设置艺术类教师的科研绩效评价标准，不能忽视艺术创作的价值，要改变以往重视理论研究、轻视应用研究的观念。在科研绩效评价指标的设立上，我国可以借鉴美国高校的评价模式，打破固有观念的束缚，根据艺术类专业的不同要求，弱化与专业发展关系较远的指标，强化与专业发展息息相关的指标，重新设立一个具有弹性的评价标准。近年来，教育部将包括艺术创作在内的创作实践成果纳入分类评价体系。艺术类教师的科研成果区别于其他人文科学学科教师的科研成果，应在科研项目、论文、论著成果外增加艺术作品及创作成果。对于项目及论文、论著的评价，应注重对质量的考核，而不是停留在数量上。除了论文被引用次数、论文的期刊级别，还应关注其艺术创作成果对社会的影响、在业界的影响力。作品创作的考评包括作品的创

---

①　耿益群，汪舒仪.2014. 美国艺术院校教师绩效评价途径及特点分析. 现代传播（中国传媒大学学报），36（12）：133-135.

②　李娜，赵红云.2015. 高等艺术院校教师科研评价方法研究. 中国市场，（19）：228-229.

新性、原创性、作品获奖情况、参加展览级别、作品被博物馆和画廊收藏的情况等。①

（5）健全评价制度并使其更具科学性

鉴于美国高校的经验，我国高校应制定有利于科研发展规划、沟通与反馈、提高教师地位的评价制度，指导人文科学教师将科研重心与高校的科研发展目标相结合，为发展高校的科研事业添砖加瓦；充分尊重教师的科研意愿，让工作经验丰富、有学术威望的教师参与制定评价制度；与教师进行平等的交流，让教师正视自身的问题，并协助教师一同改进。同时，相关部门应出台加强高校研究成果绩效评价的政策法规，建立有利于激励高校教师提升研究成果绩效的评价体系和监督机制；营造良好的评价环境，建立科学、合理、有效的激励机制，促使高校重视研究成果绩效评价工作；加大政府对高校科研绩效评价的投入，强化政府政策的引导作用；注重对高校研究成果的发展性评价和过程性评价。②

（6）注重促进评价方法的多样化

目前，我国的人文科学教师科研绩效评价主要采用同行评议法，同行专家多由各省份的业内专家担任，以会议的形式在规定时间内进行集中评价。人文科学成果的形式较为复杂，经济价值和社会价值的显现也不像自然科学那样立竿见影，加上有些规则有人为操作的空间，所以更容易出现一些不公正的评价现象。③例如，舞蹈专业中的古典舞、民族舞、芭蕾舞等在评价标准的设定方面不尽相同，所以遴选同行专家时几乎不会邀请该专业领域外的专家，而业内专家数量有限，免不了与被评价的教师有工作方面的接触，容易滋生学术腐败等不良现象。高校教师科研绩效评价科学与否直接关系到高等教育发展、科技进步与理论创新乃至社会繁荣，而高校教师科研绩效评价方法、手段的确立与选择成为高校教师科研绩效评价的关键所在。④除了同行评议法，还应采用教师自我评价法，院、系领导评价法，实行定量与定性相结合的综合评价，酌情采用代表作制度，适当地引用第三方评价，进一步增强评价方法的公正性和合理性。

---

① 翁丽芬. 2018. 美国艺术类教师评价对我国"论文至上"评价体系的启示. 教育评论，（1）：116-120.
② 戚湧，丁刚，张明. 2012. 高校研究成果绩效评价制度研究. 中国高校科技，（5）：20-22.
③ 任全娥，龚雪媚. 2011. 中国人文社会科学论文评价指标体系实证研究. 社会科学管理与评论，（2）：61-68.
④ 史万兵，杨慧. 2014. 高等学校教师科研绩效评价方法研究. 高教探索，（6）：112-117.

当前，我国高校人文科学教师科研绩效评价体系亟待进一步完善。我国高校可以借鉴美国高校的经验，进一步提高教师的在评价工作中的地位，正确把握评价目的，鼓励艺术类教师开展艺术创作活动，从而不断完善评价指标、评价制度，改进评价方法。但是，完全移植美国高校的经验必会造成"水土不服"，我们在借鉴的同时，必须注意中美高校的教育及文化背景差异，在"扬弃"的基础上，探索适合我国教育和文化环境的评价方法。

（二）美国高校社会科学教师科研绩效评价体系的经验与启示

1."同行专家"在美国高校社会科学教师科研绩效评价主体中居于核心地位

在美国的高校社会科学教师科研绩效评价体系中，同行专家的核心地位是坚不可摧的。在我国高校社会科学教师科研绩效评价体系中，由于学术共同体和各级科研管理部门的权力分界不明晰，高校社会科学教师科研绩效评价结果的客观性和科学性受到质疑。因此，我们可以借鉴美国的经验，促进我国高校社会科学同行专家核心主体地位的回归，充分发挥其评价效能，这是我国构建高校社会科学教师科研绩效评价体系需要关注的重点。

2."社会影响"是美国高校社会科学教师科研绩效评价客体的重要组成

美国高校社会科学教师科研绩效评价的客体除了学术价值，还包括"社会影响"，尤其强调教师的科研成果对政府决策和满足社会现实需求的作用和价值。相比之下，我国则缺乏对高校社会科学教师科研成果社会影响的相关评价，特别是民众缺乏参与意识，这一方面导致社会公众的评价权力的发挥受到阻碍，另一方面不利于高校社会科学教师对社会现实需求的及时了解和获得反馈。因此，我国可以借鉴美国的经验，将"社会影响"作为对高校社会科学教师科研绩效进行评价的重要内容。

3."目的明确"是美国高校社会科学教师科研绩效评价活动得以顺利展开的前提

对高校教师科研绩效评价目的进行明确的定位，是科研绩效评价活动得以有效展开的前提和基础，也是判断科研绩效评价活动是否合理、有效的最终落脚点。评价目的定位清晰，各评价主体能够基于评价目的制定相关评价标准、选择评价方法、建立评价机制。美国高校社会科学教师科研绩效评价之所以能够在短时间内取得成效，正是因为在制定清晰的评价目的之后，各评价主体能够更加有针对性地制定评价标准，评价标准简化且具有说服力，并在此基础上形成了有助于评价活动顺利开展的相对完善的评价机制，有效避免了评价主体多元导致的对评价标准难以达成共识的问题。因此，我国可以借鉴美国的相关经验，对高校社会科学教师科研绩效评价体系的评价目的进行明确定位，这将有助于改善目前评价效果与评价原则相背离的问题。

4. 以"质量为导向"是美国高校社会科学教师科研绩效评价标准走向科学化，进而构建良好学术环境的关键

从对美国高校社会科学教师科研绩效评价体系的共性分析可知，其坚持以"质量"为评价标准的导向，没有将科研成果数量作为重点评价指标，也没有对科研成果数量做出硬性规定，高校社会科学教师能踏实地进行科研，杜绝了因急功近利而产出低质量科研成果的现象，这对于构建良好的学术环境具有重要意义。另外，美国重视科研成果的引文规范、学术道德以及知识产权等方面的评价。例如，在学术道德方面，美国高校秉承知情原则、保护被研究者不会受伤的原则、保密原则、自由退出的免责原则、自愿同意原则以及对动物的保护原则，以此为研究者划定学术伦理道德底线。[①]我国可以借鉴相关的经验，强化以"质量为导向"的评价标准，为高校社会科学教师营造更加健康的科研环境。

5. 完善的高校社会科学教师科研绩效评价制度是评价结果公正的重要保证

从对美国高校社会科学教师科研绩效评价体系特征的分析可知，美国高校社会科学教师科研绩效评价有完善的评价制度，主要体现在具有完善的监督、申诉和反馈机制。我国在这方面还稍显不足，我国应借鉴美国的相关经验，进一步完善监督、反馈、申诉等相关制度，以增强评价活动的制度化和规范化，进而保障评价过程公开及评价结果公正，使高校社会科学教师科研绩效评价目的得以真正实现。

总而言之，社会科学在美国受到了高度重视，高校作为社会科学研究的主要场所，承担了促进社会科学事业发展的重要使命，高校教师作为社会科学研究的主体，其科研行为和科研成果直接决定了社会科学事业的生命力。因此，适当借鉴美国高校的做法，规避其不足，有助于我国构建科学的高校社会科学教师科研绩效评价体系。

---

① 陈殿兵，杨新晓. 2017. 研究者"双律"学术伦理道德防线构筑的国外启示. 世界教育信息，30（2）：16-20.

第三节　德国高校人文社会科学教师科研绩效评价体系的特征及经验与启示

虽然德国高校的科研绩效评价较英国、法国、美国等西方国家起步稍晚，但其评价的多样性和严格性是世界公认的。研究德国高校人文科学教师与社会科学教师科研绩效评价指标体系，对于改进我国高校人文科学与社会科学管理有一定的意义。

德国高度重视人文科学与社会科学的科研发展。2011 年，德国科学委员会发布《关于科研绩效评价与监管办法的建议》。该建议作为行动指南，强调高等学校及科研机构在进行内部评价时，其程序需满足复杂性、多样性、反思性、适切性等要求，在保障评价质量基础之上，注意评价施测周期及评价费用的经济性。同时，该建议还阐明了科研绩效评价和监督的指导方针、具体措施等相关内容。此外，针对研究型科研机构，德国科学委员会指出其评价标准主要涉及五个方面，即科研项目质量、出版物及专利等产出、内部质量控制、合作情况、研究成果实施状况。它还要求评价数据来自于权威性国际公开出版物，并按照一定的评价程序、方法及标准，对评价对象进行定量分析，在此基础之上加入同行评议，并对所得评价考核结果进行公开发表。①

一、德国高校人文社会科学教师科研绩效评价体系的特征

德国科学委员会对高校和科研机构的科研绩效进行评价的程序是：选定评价主体，由国内外专家组成的评价董事会根据学科的特点对评价对象进行界定，确定评价学科的各个研究分支，由评价董事会的专家确定评价标准和科研绩效评价指标体系，公开评价方法和评价结果。它将社会科学的"社会学"专业、人文科学的"英美研究"专业作为代表性学科，进行分类评价。

---

① Wissenschaftsrat. Position of the Allianz der Wissenschaftsorganisationen（Alliance of Science Organizations in Germany）on the Future Research and Innovation Programme 2014-2020.（2018-04-02）. http://www.wissenschaftsrat.de/download/archiv/Allianz-Research_and_Innovation_110416.pdf[2022-02-27].

（一）德国高校人文科学与社会科学科研绩效评价指标体系采取分类评价

德国科学委员会确定高校和科研机构的科研评价程序、选定评价主体。由国内外专家组成的评价董事会根据学科的特点对评价对象进行界定，确定评价学科的各个研究分支，并由评价董事会专家确定学科评价标准和科研评价指标体系，公开评价方法和评价结果。基于学科的评价指标体系决定了德国高校人文社会科学教师科研绩效评价采取的是分类评价方法。比如，分别制定人文科学的"英美研究"专业与社会科学的"社会学"专业的评价指标，通过采取分类评价，验证了德国科学委员会的科研评价体系和程序对人文科学、社会科学均具有可操作性。德国高等教育发展中心认为，学科评估对于高校和机构具有意义。在德国各高校内部，人文社会科学教师的聘用、晋升等均按照学科标准进行，具有严格的评价制度和程序。从博士论文的评审、授课资格论文的评审到教师聘任、晋升终身教职，评审董事会（或招聘董事会）均由教师所在的学科的专家组成并进行评审，并聘请国际同行专家学者，采用该学科的国际研究评价标准进行晋升和入职评价，以确保德国高校教师教学和研究的国际水准，这些都彰显了分类评价的特征。下面分别以人文科学的"英美研究"专业、社会科学的"社会学"专业科研绩效评价指标体系为个案，进一步进行说明。

（二）德国高校人文科学的"英美研究"专业的科研绩效评价指标体系

2012 年 7 月，德国科学委员会报告了对全国人文科学"英美研究"专业的科研绩效评价报告，这是德国科学委员会出版的第一份关于人文科学的科研绩效评价报告。下面从评价主体、评价客体、评价目的、评价标准和指标体系、评价方法和评价结果报告六个方面对其进行介绍。

1）评价主体。评价主体是英美研究评价董事会，董事会的专家人员的选取方法同社会学学科评价董事会。

2）评价客体。英美研究评价董事会的专家把英美研究分成了 4 个分支：英语语言学研究、英语文学与文化研究、美国研究（包括文化地理、媒体研究、空间研究、语言文学研究）和英语学科教学法研究，界定了英美研究的范围。

3）评价目的。德国科学委员会试图通过评价了解德国高校"英美研究"专业的整体状况，以帮助高校了解自身的优势和不足，进一步规范和引导其发展，并通过这次试验性评价分析这种试验性评价制度、评价程序和指标体系是否可以被有效地应用于其他人文科学学科的科研绩效评价实践。

4）评价标准和指标体系。人文科学（英美研究）的科研绩效评价标准包括科研质量、声望、研究的可能性以及研究成果转化，尤其重视对科研质量与声望的评价，如表 5.19 所示。这个评价体系具有四个特点：第一，定量评价与定性评价相结合，并且更重视定性评价；第二，把对新生力量的培养作为一个评价角度，占总指标的 31%；第三，根据语言研究的特点把设施与网络作为一个评价角度；第四，有重点评价的角度，但是没有具体的权重，可见这个指标体系并非完全量化的。

表 5.19　人文科学代表性专业"英美研究"的科研绩效评价指标体系

评价标准	评价角度	评价指标
科研质量	产出质量	定性：代表作（每名教授 3 篇代表作，摘录不超过 50 页）；其他出版物列表（专著；选集、文选、杂志；论文选集、评论）
	产出数量	定量：出版物的数量（专著；选集、文选、杂志；论文选集、评论）
声望	成绩	定性：所获得的科学上的表彰与奖励；访问学者
	活动	定性：出版社、杂志资质与连载情况；评估专家的评价；出版董事会的会员资格；学术办公室资质；学会会员资格
研究的可能性	第三方资金	定性：第三方资金项目 定量：第三方资金支出；第三方融资的合伙人的数量
	新生力量	定性：授予博士学位；获得大学的授课资格；博士培养计划/校友、表彰和奖励 定量：授予博士学位的项目数；博士生的数量以及获得的博士项目数量；授予的博士学位的数量；享受第三方融资的博士生的数量；博士与博士后资金的数量
	设施及网络	定性：设施（收藏室、档案、数字数据库、语料库）；网络；会议
研究成果转化	个人转化	定性：进一步学习和进修的建议；合作与兼职
	知识转化	定性：公共关系与媒体；研究产品与教材

资料来源：Bewertungsmatrix für das Forschungsrating Anglistik/Amerikanistik (Stand: April 2012).（2017-09-26）. https://www.wissenschaftsrat.de/download/Forschungsrating/Dokumente/Bewertungsmatrix_ANAM.pdf〔2022-02-27〕

5）评价方法。考核 8 个定量指标、21 个定性指标，定性评价指标采用的是同行专家评议方法。

6）评价结果报告。有两份报告，一份是描述学科发展的学科评价报告，包括每所参评高校在英美研究科研工作方面的基本数据以及 4 个研究分支在 4 个评价标准方面的评价结果，每项分为 9 个评价级别；另一份是英美研究评价总报告，通过分析英美研究在德国的发展现状以及评价过程和评价结果，对德国的英美研究现状及未来的教师科研绩效评价改进提出了建议。

（三）德国高校社会科学的"社会学"学科科研绩效评价体系

2008 年 6 月，德国科学委员会公布了全国社会学学科的科研绩效评价报告。下面从评价主体、评价客体、评价目的、评价标准和指标体系、评价方法和评价结果报告六个方面对其进行介绍。

1）评价主体。成立社会学学科评价董事会，由 16 名专家组成，这些专家是由德意志研究联合会、弗劳恩霍夫协会、亥姆霍兹联合会、莱布尼茨联合会、马克斯·普朗克科学促进协会、高等学校校长联合会以及德国社会科学联合会联合提名选出的。同时，评价专家的选择充分考虑了社会学学科研究的地区覆盖面和专家的国际视野。

2）评价客体。评价董事会专家首先把社会学分成 25 个分支，并界定了社会学与其他学科的界限。这 25 个分支包括一般社会学和社会学理论、工作社会学和工业社会学、人口社会学和移民社会学、教育社会学、文化社会学、发展社会学与人类学、女性研究及性别研究等。根据这些研究分支，评价董事会评价每个研究分支的 6 个评价客体，包括研究质量、研究影响、研究效率、促进青年学者的提升和发展、知识的转化、促进公众对知识的理解。[①]

3）评价目的。德国科学委员会试图对社会学学科进行科研绩效评价实践，从而进一步明晰德国社会学学科的整体发展状况，以期帮助学术机构了解其自身的优势和不足，并确认这个试验性评价制度和程序是否可以应用于所有社会科学研究评价，以了解教师个人的科研绩效情况，促进德国高校社会科学教师职业发展。

---

① Wissenschaftsrat. Pilotstudie Forschungsrating Soziologie Abschlussbericht der Bewertungsgruppe.（2018-04-11）. https://www.wissenschaftsrat.de/download/Forschungsrating/Dokumente/Grundlegende%20Dokumente%20zum%20Forschungsrating/8422-08.pdf[2022-02-27].

4）评价标准和指标体系。如表 5.20 所示。

表 5.20　社会科学代表性学科社会学的科研绩效评价维度与标准

评价维度	评价标准
研究水平	1. 科研质量
	2. 研究的影响与效果
	3. 研究的能力与效率
团队发展	4. 促进青年学者的提升与发展
知识转化	5. 转化到社会其他领域
	6. 促进公众对科学的理解

资料来源：Steering Group Report on the Pilot Study Research Rating in Chemistry and Sociology.（2017-09-26）. http://www.wissenschaftsrat.de/download/archiv/pilot_8893-08_steering-group.pdf[2022-02-27]

社会学学科评价董事会专家把社会学学科评价分为 3 个维度——研究水平、团队发展和知识转化，并进一步细分为科研质量、研究的影响与效果、研究的能力与效率、促进青年学者的提升与发展、转化到社会其他领域、促进公众对科学的理解 6 个标准。每一项评价标准又可以分成不同的评价角度，通过一定的定性和定量评价指标来进行具体的评价。表 5.21 为社会学学科具体的科研绩效评价指标体系。

表 5.21　社会科学代表性学科"社会学"科研绩效评价指标体系

评价标准	评价角度	评价指标
I. 科研质量	1. 产出质量（Y）	定性： 1. 提交出版物（X）（代表作） 2. 出版物列表（社会科学信息中心） 3. 对自身优势和劣势的鉴定 4. 补充的研究信息
	2. 同行评价	定量： 1. 同行评价的专业期刊的发文数量（SSCI、SCI、AHCI、CSA 期刊）、绝对的发文数量（X）和相对的发文数量 2. 背景资料：同行评价的专业期刊的发文数量（SSCI、SCI、AHCI，不含 CSA 期刊）、绝对的发文数量和相对的发文数量 定性： 1. 第三方资金项目列表 2. 背景资料（所有出版物种类数量，绝对的出版物种类数量和相对的出版物种类数量）：专著、选集、文选、杂志；论文选集、评论

续表

评价标准	评价角度	评价指标
Ⅱ. 研究的影响 与效果	1. 出版活动（Y）	定性： 1. 出版物总数量 2. 在同行评价的专业期刊的发文数量（SSCI、SCI、AHCI、CSA 期刊） 3. 背景资料：在同行评价的专业期刊的发文数量（SSCI、SCI、AHCI、CSA 期刊）
	2. 第三方资金	定量： 1. 第三方资金总量 2. 第三方资助的科学家数量（X）
	3. 研究活动的影响力	定量： 1. 非德语出版物的数量 2. 在社会学期刊之外的公开出版物的发文数量（SCI、AHCI、SSCI、CSA 期刊）
	4. 研究声望	定性： 1. 研究获奖 2. 在科研机构中担任学术委员
Ⅲ. 研究的能力 与效率	1. 评价标准 Ⅱ 对劳动力 的影响	定量： 1. 出版物的绝对数量（X） 2. 同行评价的专业期刊的发文数量（SSCI、SCI、AHCI、CSA 期刊）（X） 3. 第三方资金总量（X） 4. 个人拥有第三方资金的状态（X） 5. 非德语出版物数量（X） 6. 在社会学期刊之外的公开出版物数量（X）
Ⅳ. 促进青年学 者的提升与发展	1. 博士生的培养	定量： 1. 博士生培养项目的奖学金数量（X） 2. 授予博士学位的数量 3. 背景资料：每位教授的博士生奖学金数量及授予博士学位的数量 定性： 1. 博士生学位授予项目的组成名单 2. 完成博士论文及提名优秀论文名单
	2. 青年研究者的培养	定量： 1. 博士后奖学金以及青年研究者团队带头人数量 2. 青年研究者的聘任（X） 定性： 1. 关于"青年研究者培养与引导"的自我鉴定和评价 2. 聘任的青年研究者名单
Ⅴ. 转化到社会 其他领域	研究成果应用于服务	定量： 来自联邦政府各部委、公司和协会的第三方资金总量 定性： 1. 科研机构对外办公与合作名单 2. 服务、协同研究与专家咨询

续表

评价标准	评价角度	评价指标
Ⅴ. 转化到社会 其他领域	研究成果应用于服务	3. 未来研究的产品名单（非出版物），如数据库和软件等 4. 参与的成果及其附加的利益 5. 对于研究成果应用与服务的自我鉴定和评价
Ⅵ. 促进公众对 科学的理解	进修与知识扩散	定性： 1. 进修人员列表 2. 描述促进其他知识扩散的措施 3. 专业期刊以外的文章（报纸和其他媒体的文章）

注：Y 是指评价标准中的主要相关评价角度；X 是指评价标准中首要考虑的指标，其他指标在不同的情境条件下处于从属地位；AHCI（Arts & Humanities Citation Index）为艺术人文引文索引；CSA（Cambridge Scientific Abstracts）为《剑桥科学文摘》

资料来源：Pilotstudie Forschungsrating Soziologie Abschlussbericht der Bewertungsgruppe.（2018-04-11）. http://www.wissenschaftsrat.de/download/Forschungsrating/Dokumente/Grundlegende%20Dokumente%20zum%20Forschungsrating/8422-08.pdf［2022-02-27］

社会学学科的科研绩效评价指标体系重点评价科研产出质量与科研出版活动，包括 11 个科研绩效评价角度及 40 个定量和定性评价指标，涉及高校社会学学科教师科研绩效的价值判断，具有四个特点。①两个重要的评价角度（科研产出质量和科研出版活动）均采用定性指标进行评价。②将高校教师科研出版工作的背景资料作为一个定性评价指标，注重高校教师科研工作的延续性和连贯性，注重科研成果的积累，全面、客观地评价社会学学科教师的科研绩效。③特别重视高校教师在促进青年学者的培养与发展方面的科研工作，将这一部分科研工作考核指标分为对博士生的培养和对青年研究者的培养两个部分，采用定量和定性相结合的方式进行评价。④只指出重点评价的角度和重点考察的指标，没有给出具体的权重。整体上看，在社会学学科科研绩效评价指标体系中，定量评价与定性评价相结合，更加注重同行评议的定性评价，评价的重点是科研工作各个方面的工作质量。这一科研绩效评价指标体系既是高校社会学学科教师的科研绩效考评指标，又引导和规范着高校教师科研工作的内容和框架。

5）评价方法。由表 5.21 的指标体系分析可见，德国对社会学学科教师科研绩效进行评价的核心标准是科研质量。由于社会学学科发表物的多样性以及所获得科研质量数据的缺点，其利用了德国社会科学文献检索（Social Science Literature Search）以及《剑桥科学文摘》。社会学学科的科研质量数据不完整，基于对其数据的统计分析不足以反映社会学学科的科研质量，在某种程度上只基于定量指标的评价不能取代定性的科研绩效评价，因此德国主要采用的是同行专家研读代表作的同行评议方式进行评价。

6）评价结果报告。评价结果采用分级别的方式来呈现，分为 5 个等级，即优秀、良好、好、及格、不及格；对于转化到社会其他领域和促进大众对科学的理解这两个标准，由于缺少量化数据指标，按照三个级别（平均值、高于平均值、低于平均值）来评价，评价结果按照字母顺序排列。

二、德国高校人文科学与社会科学教师科研绩效评价体系的经验与启示

（一）德国高校人文社会科学教师科研绩效评价体系的经验

1. 德国高校社会科学教师科研绩效评价指标体系更强调研究成果的应用

首先，在德国高校社会科学教师科研绩效评价指标体系中，对于社会服务，定量评价的指标是联邦各部委、公司和协会的第三方资金总量，定性评价的指标分别是科研机构的外部办公名单、服务、协同研究与专家咨询、未来研究的产品名单（非出版物），例如，数据库和软件等、参与的以及附加的利益、对于研究成果应用与服务的自我鉴定和评价等。这与社会科学的研究领域和研究问题密切相关。然而人文科学科研绩效评价指标体系更强调这一体系对个人的影响和对知识转化的影响。其次，社会科学科研绩效评价指标体系更强调研究成果的社会影响力和效能，而人文科学科研绩效评价指标体系并没有考虑这个评价指标。最后，社会科学科研绩效评价指标体系更强调涉及各项科研成果背景资料的指标，而人文科学科研绩效评价体系没有额外强调这个指标。虽然社会科学采用 5 年一次的科研绩效评价，但是加上对各种背景资料的评审，实际上是延长了评价年限，同时对社会科学的研究成果对社会产生影响所需时间长这一特点进行了全面考虑。

2. 德国高校人文科学与社会科学科研指标评价均以同行评议为主

德国高校人文科学与社会科学科研指标评价以同行评价为主的评价方式，保障了学术共同体在科研绩效评价中的核心地位。同时，专家由德国几大著名研究机构和公认的同行评审机构推荐，并在世界范围内公开挑选，保障了科研绩效评价的质量。必须指出的是，德国高校科研人员组成的学术共同体在德国科学发展

的历史积淀中保持着学术自由，以及对科学发展和真理发现的本质追求，这使其同行评价的质量一直很高。

3. 德国高校人文科学与社会科学具有科研绩效分类评价维度与标准

德国高校人文科学与社会科学各有评价维度及评价标准。人文科学"英美研究"学科的科研评价标准包括科研质量、声望、研究的可能性以及研究成果的转化，科研质量与科研声望评价尤为受到重视。同时，德国进一步从科研产出质量、产出数量、成绩、活动、第三方基金、新生力量、设施及网络、个人转化及知识转化等 9 个评价角度、共计 29 项定性和定量的评价指标来具体评价德国高校"英美研究"专业教师的科研绩效。对于社会科学的社会学学科，评价董事会专家划分了三个评价维度——研究、青年学者培养和知识的转化，并进一步将其细分为 6 个可以测量的标准，具体包括研究质量、研究影响与效果、研究效率、促进青年学者的提升与发展、知识转化到社会其他领域、促进公众对科学的理解。每一项评价标准又分成不同的评价角度，通过一定的定性和定量评价指标进行具体的评价。

4. 德国高校人文科学与社会科学教师科研绩效评价程序和制度严密

德国高校人文科学与社会科学教师科研绩效评价程序和制度的严密和全面，为德国高校科研的学术质量和发展方向提供了保证。德国高校人文科学与社会科学教师科研绩效评价包括三个阶段：评价准备阶段，涉及确定评价对象、目标、计划等；评价进行阶段，涉及构建评价指标体系、确定评价方法、给出评价结论等；评价结束阶段，涉及评价结果的验证和修订等。评价准备，即在正式开展评价之前需要进行的准备工作，该阶段的具体环节包括确定评价的目的、范围以及利益相关者，确定评价进度、预算评价成本等。在评价初始阶段，需加入利益相关者，充分了解其意见和想法。之后确定评价工作的进展情况。为保证评价结果具有科学合理性，评价过程中应充分考虑当前科学研究的政策导向，以及评价主体与科研活动规律之间的适切性，确保相关主体间协调配合。最后进入评价结束阶段。

5. 德国高校人文科学与社会科学教师科研绩效评价采用定量和定性相结合的方法

在德国，科研质量和出版活动是科研绩效评价指标体系的重中之重，在定性和定量相结合的基础上，德国对人文科学和社会科学教师科研绩效评价采用的是同行评议和多维度科研评价方法。德国人文科学和社会科学教师科研评价的核心标准是科研质量。基于人文科学和社会科学发表物的多样性以及数据的较难获得，德国的评价数据通过德国社会科学文献数据库、《剑桥科学文摘》等获取，但是基于对其数据的统计分析难以全面反映人文科学和社会科学学科的科研质量，基于定量指标的评价不能取代定性的科研评价，因此，德国人文科学和社会科学教师科研绩效的定性评价主要采用同行专家研读代表作的同行评议方式。

6. 德国高校人文科学与社会科学教师科研绩效评价结果报告客观全面且关注科研连续性

2008 年 6 月，德国公布了全国人文社会科学科研评价报告，该报告评价了德国 54 所高校以及 3 所研究所在 2001—2005 年所获得的人文社会科学科研成果情况。此次评价全面而客观地展示了德国人文社会科学科研发展概况，以及每所高校人文社会科学教师的科研绩效情况。同时，德国在人文科学和社会科学教师的科研绩效考核中，将教师之前发表过的研究成果资料（即背景资料）作为定性评价的重要指标，考虑到了科研工作的连续性。

综上所述，德国高校人文社会科学教师科研绩效评价体系具有其自身的特征。合理地借鉴德国高校人文科学与社会科学教师科研绩效评价的经验，对于完善我国人文社会科学教师科研绩效评价、促进我国人文社会科学教师科研绩效评价发展有一定的意义。

（二）德国高校人文社会科学教师科研绩效评价体系的启示

1. 对人文科学与社会科学教师的科研绩效采取分类评价的方法

正如前文所述，德国对高校人文科学、社会科学教师科研绩效采取分类评价的方法，比如，根据学科特性，针对人文科学的"英美研究"专业与社会科学的"社会学"专业分别制定评价指标，进行分类评价，这有助于提升评价的针对性与科学性。德国对人文科学与社会科学教师的科研绩效采取分类评价的方法，符合人文科学及社会科学的特性及发展规律。这种考量学科特性实施的分类评价，对于当前我国实施的教育评价改革具有重要启示。在绩效评价中，我们可以依据元素特点及性质的不同，分层分类制定评价方式，这有助于推动我国高校人文科学与社会科学教师科研绩效的分类评价。

2. 对人文科学与社会科学教师科研绩效采用长周期评价制度

依据人文社会科学研究周期长、成果具有迟效性等特点，德国高校的人文科学和社会科学教师科研绩效评价的周期均较长，一般为 5～7 年，通过设定长周期评价，可对教师进行全面考核，这种针对人文社会学科的制度设计表现出相当的科学性，是符合评价的客观性及科学性的制度设计。德国高校对人文科学和社会科学教师实行周期性资源配给制度，根据教师的学科专长对学术资源进行分配，当一个周期结束后，会对其科研成果进行考核评价，不仅考核其科学研究能力、教育教学能力、综合服务能力，还会对其国际威望、领导能力、学术参与度等各方面进行考核，最后按照评价结果对资源进行重新整合与分配，并通过实行终身教职制避免教师懈怠现象的发生，从而实现高校长远的经济利益，也在一定程度上保障了教师个人的利益。我国可以借鉴这一做法，对高校人文科学和社会科学教师进行长周期评价，对教师进行全面考核，并实行周期性的资源配给制度。

3. 基于组织特征构建高校人文科学和社会科学教师科研绩效评价体系

鉴于德国的经验，在高校人文科学和社会科学教师科研绩效评价体系的构建与运作过程中，不同类型的高校应基于不同绩效评价和价值取向进行。以构建绩效评价体系为目的，依据目标的不同，可将高校组织划分为四种类型，即研究型高校、研究教学型高校、教学研究型高校以及教学型高校，并通过组织发展战略、人才类型以及相应的资源配置为其提供依据。

4. 基于人才特征应用高校人文社会科学教师科研绩效评价结果

人是一切活动的执行主体，充分调动人的主观能动性对于实现组织目标极为必要和重要。德国高校依据 Snell 模型，将组织内部的核心人才认定为学术专家、学术带头人、顶尖学者等，这些劳动力在劳动市场中比较稀缺，对于提高高校的学科水平、学科威望以及竞争力具有重要作用。德国高校组织的必要型人才主要是骨干教师，相比专家学者，他们在劳动市场中更为常见，是教学及科研的中坚力量，也是影响高校运作的重要因素。德国高校组织的辅助人员包括科研助理、教学辅助人员等，在整个高校内部起辅助作用。依据不同类型人才的特征，德国对高校人文科学和社会科学教师科研绩效评价结果加以应用，增强了学校的发展活力，对于实现高校发展战略起到了一定作用，这种做法对于我国高校提升内部治理水平及构建高校人文社会科学教师科研绩效评价体系具有重要启示，值得借鉴和应用。

5. 高校人文科学和社会科学教师科研绩效评价坚持以学术发展与探索精神为标尺

无论是自然科学还是人文社会科学，科学研究意识在德国高校发展过程中的影响都很大。学术作为一种高尚信仰，关系着德国高校人文社会科学教师的生存价值。这种科学探究责任已超过学术工作本身，如一些德国青年学者自愿加入编外讲师队伍，依靠微薄的课时费用自由探索世界与追求真理，并享受这一研究过程带来的乐趣。另外，德国高校已形成了浓厚的学术氛围和健全的学术规范，并通过考核及对高校教师学术工作关键指标的评价来衡量其科研水平。例如，在高校教师评聘过程中，德国并非依据教学能力、社交能力等来判断教师的主要能力，而是考察教师的科学研究成果及科学创新程度。在德国高校，这种对学术的尊重和追求是科学至上原则的体现，有力地推动了德国高校学术的发展，并使其在国际上具有较强的竞争力。此种做法对于促进我国高校人文社会科学教师科研绩效评价的发展与改革有一定的启迪。

第六章
高校人文社会科学教师科研绩效评价体系构建

　　如何改进高校教师科研绩效评价？第一，突出质量导向；第二，实施分类评价；第三，改进高校学科评估。本次研究的重点是高校人文社会科学教师科研绩效评价体系构建，旨在解决"谁来评""评什么""怎么评"的问题，最终实现改进高校人文社会科学教师科研绩效评价的目的。

第一节　高校人文社会科学教师科研绩效评价体系构建原则与政策依据

一、高校人文社会科学教师科研绩效评价体系构建原则

　　笔者认为，高校人文社会科学教师科研绩效评价体系的构建，需要遵循以下几个原则：①高校人文社会科学的教师科研绩效评价体系必须区别于自然科学，彰显人文社会科学学科的特征，将定量评价与定性评价相结合。②高校人文社会科学教师科研绩效评价体系必须关注学科差异，进行分类评价，即构建能够体现人文科学和社会科学的不同特征、教师工作特殊性的两套体系。③高校人文社会科学教师科研绩效评价体系必须注重投入与产出的关系，彰显科研经费投入与科研成果产出的关系。④高校人文社会科学教师科研绩效评价体系必须体现各要素间的内在逻辑关系，避免要素之间的单摆浮搁。⑤高校人文社会科学教师科研绩效评价体系要广泛吸纳可供借鉴的国际经验。⑥高校人文社会科学教师科研绩效评价体系构建必须基于本国国情及科研绩效评价本身的问题，旨在有的放矢地解决问题，进而体现科研绩效评价的发展与进步。

二、高校人文社会科学教师科研绩效评价体系构建的政策依据

　　2020年10月，中共中央、国务院印发了《深化新时代教育评价改革总体方案》，要求各地区各部门结合实际认真贯彻落实。教育评价事关教育发展方向，有什么样的评价"指挥棒"，就会有什么样的办学导向。笔者认为，针对高校人文社会科学教师科研绩效评价体系构建，可以从该方案提炼出如下评价指标体系要素。①评价目的：评价科研育人成效。②评价制度：探索长周期评价。③评价方法：坚持分类评价。④评价标准：重视学术贡献及人才培养。⑤评价主体：完善同行专家评议机制。⑥评价客体：建立代表作制度并且将

个人评价与团队评价结合起来。

第二节 高校人文社会科学教师科研绩效评价体系诸要素间的内在逻辑关系

高校人文社会科学教师科研绩效评价体系诸要素间并非孤立的，而是有着内在的关联，具体逻辑关系如下。

一、高校人文社会科学教师科研绩效评价主体与评价客体的关系

首先，高校人文社会科学教师科研绩效评价主体与评价客体相互依存。评价主体和客体之间是相互联系的，没有评价主体，就无所谓评价客体，没有评价客体，也无所谓评价主体。

其次，高校人文社会科学教师科研绩效评价主体与评价客体相互作用。它主要表现为评价主体对评价客体的改造和认识，以及评价客体对评价主体的制约。

最后，高校人文社会科学教师科研绩效评价主体熟悉评价客体并对评价客体高度负责，这也是"同行评议"备受重视的原因。

二、高校人文社会科学教师科研绩效评价目的与标准的关系

高校人文社会科学教师科研绩效评价标准服务于评价目的。绩效管理是为了促进高校和教师的共同进步，不单纯是为了薪酬体系的规划设计。高校采取绩效管理的根本目的是提高高等教育组织和教师的科研能力，增强教师在工作中的主动性和有效性，进而为学校发展创造价值。由此可见，高校人文社会科学教师科研绩效评价标准是为实现高校发展战略及发展目标服务的。

三、高校人文社会科学教师科研绩效评价方法与标准的关系

评价方法是评价标准的具体化，具有可操作性。绩效考核指标一般包括定量指标、定性指标。高校人文社会科学教师科研绩效评价一般采取 KPI 方法，设计由一级指标、二级指标、三级指标构成的绩效评价指标体系。根据人文社会科学的特点，高校人文社会科学教师科研绩效评价应将定量评价与定性评价结合起来，采取分类方法设置绩效评价指标，进行分类评价。

四、高校人文社会科学教师科研绩效评价制度与目的的关系

评价制度的设计必须考量评价目的能否真正得以实现。高校人文社会科学教师科研绩效评价是为了有效评价高校人文社会科学教师科研成果的质量，必须考虑人文社会科学研究的周期长、研究成果具有迟效性等特点，不宜将评价周期定得太短，那样会导致评价过频而评价目的难以实现。鉴于高校人文社会科学的学科特性，评价制度设计必须指向评价目的。

五、高校人文社会科学教师科研绩效评价主体与制度的关系

高校人文社会科学教师科研绩效考核评价制度是指对教师工作绩效的质量和数量进行评价，并根据高校人文社会科学教师完成工作任务的态度及程度给予奖惩的一整套科学、合理、全面的考核制度。高校人文社会科学教师科研绩效考核评价主体是指对高校人文社会科学教师的工作绩效做出评价的评价者。评价主体的权力受到评价制度的规约，反之，评价制度切实服务于评价主体，因此评价主体的选择尤为关键。在高校人文社会科学教师科研绩效评价活动中，评价主体要多元化。绩效考核评价机构设置、评价指标的设计以及评价频次都由制度决定，高校人文社会科学教师科研绩效评价主体受到高校人文社会科学教师科研绩效评价制度的制约。反之，高校人文社会科学教师科研绩效评价主体的素质与能力又决定了高校人文社会科学教师科研绩效评价制度的效率及效能。

第三节　高校人文科学与社会科学教师科研绩效评价体系的分类构建

笔者认为有必要建立区别于自然科学的、独立的高校人文社会科学教师科研绩效评价体系，并以此为基础，围绕绩效评价体系的六要素——评价主体、评价客体、评价目的、评价标准、评价方法和评价制度，构建我国高校人文科学与社会科学教师科研绩效评价体系的分类评价方案，以期为建立并完善我国高校人文社会科学教师科研绩效评价体系提供参考。为此，笔者尝试构建分类评价的高校人文科学与社会科学教师科研绩效评价体系，具体方案及建议如下。

一、高校人文科学教师科研绩效评价体系的构建

1. 高校人文科学教师科研绩效评价的主体彰显多元化

评价主体包括国内和国外两部分，国内部分主要包括高校校长和教务长、人事委员会、院系领导、同行专家、同事及教师本人；国外部分主要包括来自科研评价历史悠久且经验先进的国家的同行专家。

2. 高校人文科学教师科研绩效评价的客体凸显学科个性

高校人文科学教师科研绩效评价的客体主要是代表作。它主要是指与本专业密切相关的且能够引导学生学术成长及专业水平提升的课题成果。借鉴英国、美国及德国的经验，我国高校人文科学教师科研绩效评价的科研成果应主要包括专著、期刊论文、会议论文、代表性著作中的某一章节、作曲、表演等；学术贡献主要包括本专业领域的著作、论文、获奖等；科研育人主要体现为博士、硕士、学士通过参与课题在学术训练方面取得的成效。

3. 高校人文科学教师科研绩效评价的目的体现人文性

高校人文科学教师科研绩效评价旨在提升高校人才培养质量及水平、服务人

类精神生活的能力。为此，高校人文科学教师科研绩效评价目的的设定必须要考虑人文情怀、人文精神。阿努图（Arnăutu）等提出高校人文科学教师科研绩效评价有两个基本目的：一个是行政性的目的，另一个是发展性的目的。这一评价最核心的部分就是建立一种客观有效的评价工具，为达到人文科学教师科研绩效评价的准确性和详尽性提供科学依据。[①]

4. 高校人文科学教师科研绩效评价的标准强调专业化

高校人文科学教师科研绩效评价标准主要考量成果的原创性，即对于提高人们的认识能力和拓展人们的知识做出了重要的贡献。同时，高校人文科学教师科研绩效评价标准的制定还必须充分体现人文科学的专业性。此外，家国情怀的塑造也是人文科学教师科研绩效评价的主要标准。例如，学者波尔杰（Bergee）专门针对音乐学教师科研绩效评价标准提出了建议：评价单位应该为铜管乐器、木管乐器、打击乐、声乐、钢琴和管弦乐等专业的教师制定一份标准特殊的评价表，设立不同于其他非艺术类教师的指标权重，并建议在同行评价过程中至少聘请 5 名评审专家进行打分。[②]

5. 高校人文科学教师科研绩效评价的制度反映学科特性

高校人文科学教师科研绩效评价制度更要考虑人文科学特征以及人文科学教师科研工作的特殊性。借鉴高校人文科学教师科研绩效评价制度较为成熟的英国、德国的做法，笔者建议我国探索高校人文科学教师科研绩效评价 5～10 年或 6～8 年的长周期制度。

6. 高校人文科学教师科研绩效评价的方法体现学科特性

对于高校人文科学教师科研绩效，要根据人文科学特征以及人文科学教师科研工作的特殊性，采取富有针对性的评价方法，坚持定性评价为主、定量评价为辅的评价原则。主要从三个方面进行综合评价，即高校人文科学教师科研成果的原创性、重要性、严谨性；高校人文科学教师科研成果的影响力，包括影响范围、社会价值、获奖情况等；高校人文科学教师科研环境的优劣，包括所处环境

---

① Arnăutu E，Panc I. 2015. Evaluation criteria for performance appraisal of faculty members. Procedia-Social and Behavioral Sciences，203：386-392.

② Bergee M J. 2003. Faculty interjudge reliability of music performance evaluation. Journal of Research in Music Education，51（2）：137-150.

能否支持学科教师从事科研活动，能否为学科发展提供更多的科研战略、科研资源、科研基础设施等。

二、高校社会科学教师科研绩效评价体系的构建

（一）高校社会科学教师科研绩效评价主体及其权力分配

在构建我国高校社会科学教师科研绩效评价体系时，评价主体的选择及其权力配置是首要的也是最为根本的工作。

1. 高校社会科学教师科研绩效评价主体的选择

我国高校社会科学教师科研绩效评价主体的选择，首先应明确评价主体由哪些人组成，其次要有一个正确的选择标准。一方面，需要改进我国高校社会科学教师科研绩效评价主体的构成。对于评价主体如何构成，学界的观点大体有两种，有的主张根据成果产生的流程与影响范围，将评价主体归纳为书刊编辑、学界同行、社会受众、科研管理者及科研中介机构[1]；有的认为报纸杂志、网站（博客）、广播电视等各类社会公众媒体也应包含在其中。[2]另一方面，需要完善我国高校社会科学教师科研绩效评价主体的选择标准。无论是学术共同体、学术书刊出版机构、成果受众、政府及科研管理部门还是第三方评价机构，在高校社会科学教师科研绩效评价体系中作为评价主体，均具有鼓励教师进行科研、传播科研成果、判断科研价值、反馈科研影响的责任和义务。除了社会受众这一以自身需求满足程度为评价目的的评价主体不能进行选择，对于其他评价主体的选择，均应将专业素养、职业道德以及对学术的尊重度作为基本标准。

2. 高校社会科学教师科研绩效评价主体的权力配置

如何配置各评价主体的权力是一个关键问题，为此笔者给出如下建议。

1）学术共同体对成果专业性的评价权力。同行专家作为学术共同体的重要成员，其专业性决定了其评价权力居于核心地位及主导地位，有权立足专业领域自由发表学术观点及主张，能够自主制定本专业的学术评价标准及评价程序，能够主导评价过程，可以对学术成果进行专业化的定性评价，特别是能对成果的

---

① 任全娥. 2009. 人文社会科学研究成果评价主体研究. 社会科学管理与评论，（2）：43-49，111.
② 徐元俊. 2012. 社会科学评价主体及其动机研究. 社会科学管理与评论，（4）：23-30.

专业归属做出客观、科学的评判，并且同行专家的评价过程及评价结果不受外界的干扰。

2）学术书刊出版机构对成果创新性的评价权力。笔者认为，即使在"破五唯"的背景下，也不能否认学术书刊出版机构对学术成果的评价权力。"破唯"不等于"抛却"，因为任何学术成果的问世都离不开出版发行。鉴于学术书刊出版机构的工作性质及学术敏感度，其对高校社会科学教师科研成果的评价权力主要基于成果的创新性、规范性及影响力。

3）成果受众对成果影响力的评价权力。鉴于社会科学以解释社会现象同时揭示社会的发展规律为己任，成果受众不失为对成果最有力的评判者。成果受众对成果的引用、转载、采纳、传播等，本身就构成了对高校社会科学教师科研成果的评价。因此，成果受众的评价权力更客观地代表了成果的社会影响力，这是由社会科学的实用性特征决定的。

4）政府及科研管理部门对科研投入与产出的评价权力。政府及科研管理部门主要履行学术资源配置与管理的职责，无论是对于项目申请、审议、评议、监督还是结项等，都负有主要责任，特别是对执行不力者有追责的权力。同时，各级政府和科研管理部门对高校社会科学教师进行的科研投入与产出的评价会起到风向标的作用，有助于促进高校社会科学教师科研效能的提升。

5）第三方评价机构对学术成果客观性的评价权力。第三方评价机构是指独立于学术共同体及政府和科研管理部门的专业评价机构，其评价的客观性显得极为必要和重要。第三方评价机构在社会科学教师科研绩效评价中主要发挥"定量评价"作用，其方法的科学性成为决定评价结果可信度的关键所在。

（二）高校社会科学教师科研绩效评价客体的确定

本次研究通过对我国高校社会科学教师科研绩效评价客体的现状进行分析和总结，以及借鉴英国、美国、德国的相关经验，根据科研活动的整体循环过程（科研投入—科研产出—科研应用）来确定我国高校社会科学教师科研绩效评价客体。其中，科研投入包含在科研赋能评价之中，科研产出即高校社会科学教师的科研成果，科研应用则主要通过科研影响力来进行判断。

高校社会科学教师科研绩效评价客体包括以下三个方面。

1）科研成果。科研成果是高校社会科学教师科研水平的最直接体现。国内外很多高校将科研成果作为教师科研绩效评价中最主要的评价客体。本次研究同样认为科研成果应作为高校社会科学教师科研绩效评价客体的核心内容。基于社会科学的特殊属性（研究目的具有社会属性、研究对象具有复杂属性、研究方法具有实践属性、研究结果具有时代属性），本次研究将高校社会科学教师的科研成果分为著作、论文和项目三类。

2）影响力。影响力是判断高校社会科学教师科研价值的重要维度。对科研影响力的判断，就是评价高校社会科学教师在学术领域和社会实践领域做出的贡献。基于上述研究，本次研究认为我国高校社会科学教师科研影响力主要包括学术影响力和社会影响力两个方面。其中，学术影响力主要是指高校社会科学教师的科研行为和科研成果在专业领域内被学术同行认可的程度以及对学科发展的影响；社会影响力则主要是指高校社会科学教师对社会经济、环境、教育、政策以及公共服务方面产生的影响。

3）科研赋能。科研赋能是评价高校社会科学教师科研行为的关键。我国高校社会科学教师的科研赋能主要是指教师在学科发展、政策制定、社会经济发展、环境改善、公共服务等方面投入的精力及付出的行动，是一个不能依靠量化指标进行评价的客体。但是，科研赋能能够直接体现一位社会科学教师在学术层面和社会实践层面付出的努力，是其履行社会科学研究使命的重要表征。因此，对我国高校社会科学教师的科研赋能进行评价，即对其学术赋能和社会赋能进行评价，不仅能够鼓励教师群体积极为学科组织做出贡献，也能促使教师群体为社会发展做出更大贡献，同时也有助于高校社会科学教师及时发现社会问题，了解社会需求，继而展示其科研潜力。

（三）高校社会科学教师科研绩效评价目的定位

不同的评价目的必定会导致评价价值取向的差异和存在形式的区别。[①]实证研究发现，我国高校社会科学教师科研绩效评价目的定位与各评价主体和高校社会科学教师的认知存在不一致的现象，根本原因是评价目的的导向性发生了偏离。要解决此问题，首先必须从明确评价目的着手，对社会科学教师科研绩效评价目的进行清晰的定位，基于国情厘清和明晰我国高校社会科学教师科研绩效评价应遵循的基本原则和要达到的目的，继而保障评价活动的有效展开。

---

① 刘大椿. 2011. 厘清学术性、行政性与社会经济效益性评价——人文社会科学评价活动的反思. 苏州大学学报（哲学社会科学版），32（2）：1-7.

1. 高校社会科学教师科研绩效评价遵循的基本原则

1）维护学术自由是高校得以发展的基本前提。国内外高校均将维护学术自由作为大学得以持续发展的基础。因此，我国高校社会科学教师科研绩效评价体系必须遵循维护学术自由的基本原则，这样才能够保障评价活动沿着正确轨道发展，进而促进社会科学事业的繁荣。

2）追求质量卓越是科研绩效评价的根本价值取向。我国应纠正当前科研评价中"重量轻质"的倾向，将追求"质量卓越"作为高校社会科学教师科研绩效评价活动的根本价值取向。从顶层设计出发，将推动学术健康发展作为高校社会科学教师科研绩效评价活动的根本宗旨，并以此为目的充分发挥其价值导向作用，鼓励教师群体踏实科研，为社会发展献计献策，为促进社会科学事业发展贡献力量。除此之外，对于高校社会科学教师科研绩效评价主体和教师而言，必须从主观层面树立正确的科研价值观，尊重学术，对学术负责，不断提高自身的科研水平，为学科发展和社会进步贡献力量。

3）实现帕累托最优是科研管理的最高理想。关于帕累托最优理论，在第二章已有论述。帕累托最优将实现以最少的投入产出最大收益作为管理目标，同时强调在此过程中教师群体能够获得最大利益并得到最大程度的公平感，使科研管理人员和教师群体的诉求均得到满足，这也是高校社会科学教师科研绩效评价的美好愿景。虽然帕累托最优是一种理想状态，但不断趋近于帕累托最优仍然是高校社会科学教师科研绩效评价活动应遵循的重要原则。

2. 高校社会科学教师科研绩效评价目的的界定

当前，关于绩效评价目的的相关理论主要包括发展性考核和评估性考核两种。前者注重被评价者的发展需求，以激发其潜能为目标；后者重点对被评价者的任务完成情况进行考核，是职称晋升、奖励发放等工作的主要依据。[1]据此，笔者将我国高校社会科学教师科研绩效的评价目的分为直接目的和间接目的两种。直接目的就是为高校进行资源分配提供信息服务，即为实现帕累托最优提供依据；间接目的就是调动社会科学教师群体的科研热情，激发其科研潜能，继而促进高质量、高水平科研成果的产出，为社会政治、经济、文化、教育、环境等诸多方面的发展做出贡献。然而，无论是直接目的还是间接目的的实现，均需要

---

① Mckenna E，Beech N. 1997. Human Resource Management. 北京：中国人民大学出版社，116-127.

依托社会科学教师科研水平的提高，因此激发教师群体的内部科研动机是实现我国高校社会科学教师科研绩效评价目的的基本前提。

（四）高校社会科学教师科研绩效评价指标的制定

1. 高校社会科学教师科研绩效评价指标的设计

本书根据 KPI 理论以及对高校社会科学教师科研绩效评价主体和教师个人的实证研究结果，同时结合英美两国高校社会科学教师科研绩效评价标准的制定经验，基于 SMART［具体（specific）、可度量（measurable）、可实现（attainable）、有关联（relevant）、有时限（time-bound）］原则，围绕我国高校社会科学教师科研绩效评价客体（科研成果、影响力、科研赋能），对我国高校社会科学教师科研绩效评价指标进行了设计。我国高校社会科学教师科研绩效评价指标体系的具体指标如下。

1）科研成果。在前文关于我国高校社会科学教师科研绩效评价客体的确定中，已将科研成果分为著作、论文和项目三类。著作类量化评价指标包括著作类别、出版社级别和著作数量等；论文类量化指标包括论文被收录情况、发刊级别、发刊影响因子和作者排名等；项目类量化指标包括项目类别、项目级别、项目经费以及项目参与者排名等。其中，对著作和论文的评价，除上述量化指标外，还应将创新性、科学性、价值性和研究难度等定性指标列入评价范围。其中，创新性包括在研究问题、研究理论、研究方法、研究发现等方面的创新；科学性即指研究方法科学、逻辑思维缜密、引证规范等；价值性包括理论价值和社会价值，其中，理论价值即指研究成果对相关领域的影响，社会价值则主要指研究成果与社会问题的相关性以及其实际应用价值；研究难度则指研究问题、相关理论、资料收集与处理的复杂程度。

2）影响力。如前文关于我国高校社会科学教师科研绩效评价客体中所述，对高校社会科学教师科研影响力的评价，就是评价其在学术领域和社会实践领域做出的贡献。因此，科研影响力应包括学术影响力和社会影响力两个部分。其中，学术影响力主要包括学术成果被引用率、在专业领域的声望、同行认可程度、科研取向对同行的影响以及获奖情况；社会影响力主要包括在国内外学术活动（学术会议、学术讲座和学术报告等）中的表现和影响，科研成果被国家级、省部级、校级和其他各级部门采纳与应用的情况。

3）科研赋能。根据对高校社会科学教师科研绩效评价主体和教师个人的实证研究结果，以及英美高校社会科学教师科研绩效评价体系的经验，本次研究将高校社会科学教师科研赋能的评价指标分为学术赋能和社会赋能。其中，学术赋能包括指导研究生的情况、在学术团体中的表现；社会赋能包括在政策制定和决策中扮演的角色和起到的作用、在国内外学术期刊和学术组织中担任的职务等。

2. 高校社会科学教师科研绩效评价指标的权重分配

高校社会科学教师科研绩效评价指标的权重分配具体步骤如下。

1）建立递阶层次结构。建立层次结构模型，即深入分析研究系统包含的要素以及其相互关系，并按照隶属关系将各要素层层分解，同一层的要素从属于上一层的要素或对上层要素存在影响，同时又支配下一层要素或受到下层要素的作用。最后简化为目标层、准则层和方案层，最上层为目标层，最下层为方案层，中间层为准则层，即决策要考虑的各种准则。目标层通常为一个因素；方案层有一个或几个因素；准则过多时则可进一步分解成子准则层。[①]据此，建立我国高校社会科学教师科研绩效评价指标体系递阶层次结构。

目标层：我国高校社会科学教师科研绩效评价指标体系（A）。

准则层：①科研成果（B_1），包括子准则层著作（C_1）、论文（C_2）、项目（C_3）；②科研影响力（B_2），包括子准则层学术影响力（C_4）、社会影响力（C_5）；③科研赋能（B_3），包括子准则层学术赋能（C_6）和社会赋能（C_7）。

方案层：①著作（C_1），包括著作的数量（D_1）、著作的质量（D_2）；②论文（C_2），包括论文数量（D_3）、论文质量（D_4）；③项目（C_3），包括项目类别（D_5）、项目级别（D_6）、项目经费（D_7）、项目参与者排名（D_8）；④学术影响力（C_4），包括学术成果被引用率（D_9）、在专业领域的声望（D_{10}）、同行认可程度（D_{11}）、科研取向对同行的影响（D_{12}）、获奖情况（D_{13}）；⑤社会影响力（C_5），包括学术活动参与情况（D_{14}）、科研成果被采纳和应用情况（D_{15}）；⑥学术赋能（C_6），包括指导研究生的情况（D_{16}）、在学术团体中的表现（D_{17}）；⑦社会赋能（C_7），包括在政策制定和决策中担任的角色和起到的作用（D_{18}）、在国内外学术期刊和学术组织中担任的职务（D_{19}）。

2）建立判断矩阵。确定了各层元素之间的隶属关系之后，下层要素以上层要素为准则，进行两两比较。根据托马斯·萨蒂（T. L. Saaty）等提出的9级标

---

① 王成强. 2007. 基于 KPI 的 A 高校教师绩效考核体系设计与应用. 南京：南京理工大学, 39.

度法，将"重要性"这个抽象的程度表达转变成精确的数量表达，建立两两比较的判断矩阵，比较第 i 个要素与第 j 个要素相对于上一层某个要素的重要性，用数量化的 A_{ij} 来代表相对权重，并假设共有 n 个元素参与比较，则 $A=(A_{ij})_{n\times n}$（其中，$i=1$，2，$\cdots$，n；$j=1$，2，$\cdots$，n），A_{ij} 按照 9 级标度法进行取值，A_{ij} 为 1、3、5、7、9，则分别表示 A_i 与 A_j 同等重要、A_i 比 A_j 稍微重要、A_i 比 A_j 明显重要、A_i 比 A_j 强烈重要、A_i 比 A_j 极端重要；A_{ij} 为 2、4、6、8，则代表上述判断的中间重要程度。

3）判断矩阵计算及一致性检验。首先，利用 MATLAB 软件计算出判断矩阵的最大特征值 $\lambda_{\max}$ 及最大特征向量 W；其次，计算出一致性指标 CI（consistency index），CI$=(\lambda_{\max}-n)/(n-1)$，确定平均随机一次性指标 RI（random consistency index，为托马斯·萨蒂计算得出的常数）；再次，计算出随机一次性指标比率 CR=CI/RI；最后，进行一致性判断，即当 CR≤0.1 时，判断矩阵一致性通过，当 CR>0.1 时，判断矩阵一致性不通过，则需要进行调整，直至一致性通过。

（五）我国高校社会科学教师科研绩效评价指标权重的确定

根据我国高校社会科学教师科研绩效评价指标体系递阶层次结构，建立两两比较的判断矩阵，进而计算指标权重，各层次权重计算结果如下。

1. 准则层指标权重计算及一致性检验

对判断矩阵进行一致性检验，得到 CI$_A$$=(\lambda_{\max}-n)/(n-1)=0.0$，RI$=0.58$，CR$_A$=CI$_A$/RI=0<0.1，判断矩阵具有完全一致性，所以一致性检验通过。B_1、B_2、B_3 的权重分别为 0.571、0.286、0.143。

2. 子准则层指标权重计算及一致性检验

根据同上方法可知，C_1、C_2、C_3 相对于 B_1 的权重分别为 0.196、0.493、0.311，C_4、C_5 相对于 B_2 的权重分别为 0.500、0.500，C_6、C_7 相对于 B_3 的权重分别为 0.750、0.250。

3. 措施层指标权重计算及一致性检验

根据同上方法可知，D_1、D_2 相对于 C_1 的权重分别为 0.333、0.667，D_3、D_4 相对于 C_2 的权重分别为 0.333、0.667，D_5、D_6、D_7、D_8 相对于 C_3 的权重分别为 0.109、0.351、0.189、0.351，D_9、D_{10}、D_{11}、D_{12}、D_{13} 相对于 C_4 的权重分别为

0.271、0.135、0.076、0.046、0.472，D_{14}、D_{15} 相对于 C_5 的权重分别 0.200、0.800，D_{16}、D_{17} 相对于 C_6 的权重分别为 0.750、0.250，D_{18}、D_{19} 相对于 C_7 的权重分别为 0.250、0.750。

最后，根据同上方法，$D_1 \sim D_{19}$ 相对于 A 的权重分别为 0.037、0.075、0.094、0.188、0.019、0.062、0.034、0.062、0.039、0.019、0.011、0.007、0.067、0.029、0.114、0.080、0.027、0.009、0.027。

总而言之，根据社会科学的特殊属性（社会属性、复杂属性、实践属性、时代属性），应建立独立于自然科学和人文科学的高校社会科学教师科研绩效评价体系。

第七章
为政府和高校改善科研管理提供政策建议和管理对策

　　本次研究在历史回溯、实证调研、国际比较的基础上，一方面为政府出台人文社会科学教师科研绩效评价政策提出以下政策建议：由政府出面制定高校人文社会科学科研政策以规范科研绩效评价，国家加大对人文社会科学科研的投资力度，增强政府绩效观念并考虑科研的成本投入与产出，建立及完善人文社会科学教师多层次分类评价体系，对人文社会科学教师科研绩效评价坚持定性评价与定量评价相结合，树立以"教师为本"的评价理念，严格执行以法为据的科研绩效评价程序，健全国家及地方人文社会科学研究项目的定期检查制度，加强对人文社会科学教师严谨治学态度的引导，逐步建立科学的人文社会科学科研绩效评价标准；另一方面，为高校改善人文社会科学教师科研管理提供管理对策：重视非货币手段对高校人文社会科学教师的激励作用，建立高校人文社会科学教师科研全过程的监督机制，减少行政手段对人文社会科学教师科研过程的干预，建立符合本校情况的人文社会科学教师科研绩效评价标准，加强对人文社会科学教师承担项目的经费管理，强化对人文社会科学教师承担项目的成果管理，健全人文社会科学教师科研绩效管理的机制与制度，促进地区之间人文社会科学教师的科研项目合作。

第一节 为政府出台人文社会科学教师科研绩效评价政策提出政策建议

中共中央、国务院印发的《深化新时代教育评价改革总体方案》指出，各级党委和政府要加强组织领导，把深化教育评价改革列入重要议事日程，根据方案要求，结合实际明确落实举措。各级党委教育工作领导小组要加强统筹协调、宣传引导和督促落实。中央和国家机关有关部门要结合职责，及时制定配套制度。这进一步明确了教育评价的重要性和紧迫性，要求各级党委和政府履职尽责。同时，对高校教师的科研绩效评价改革也是教育评价改革的重要方面。在此，笔者为政府出台人文社会科学教师科研绩效评价政策提出如下建议。

一、由政府出面制定高校人文社会科学科研政策以规范科研绩效评价

2004 年 8 月，教育部发布《高等学校哲学社会科学研究学术规范（试行）》，由此可以看出，为优化我国的学术环境，政府出面制定了具体的政策法规，进行系统的制度变革。2007 年，中国科学院发布《关于加强科研行为规范建设的意见》《关于科学理念的宣言》，想通过倡导科研人员自律来创建宽松的学术环境。

行政手段为制度的运行提供了保障，提高了管理工作效率，其中包括对高校教师科研的管理。采取适当的行政手段可以取得积极的效果，但过度的行政干预会使科研人员压力倍增、学术氛围刻板，不利于科研创新。因此，对于政府部门来说，应适当减少对科学研究的行政干预，对于申请的科研项目来说，从申请立项到最终结项评审，应尽可能地组织科研人员和学者进行评价，在对科研成果进行同行评议时，也应组织相关学科的科研人员参加。各级政府应该充分认识到，要想营造宽松的学术环境，不能只靠政策引导，要从改变制度等多方面着手，使

学界和科研人员更新观念，只有如此才能从根本上优化学术环境。

二、国家加大对人文社会科学科研的投资力度

加大对人文社会科学科研的投资力度，并不是盲目地增加科研经费投入，而是在进行科学的评价之后，合理利用评价的结果，根据评价结果进行及时反馈。反馈便是使如何有针对性地提高科研投入体现在制度或未来的规划中。

从整体上看，就本次研究考察的时段来说，国家对人文社会学科各类项目的投入并无太大的变化，且各类项目在2006—2015年的投入资金排序也没有明显变化。对此，政府应统计各类项目的科研绩效水平，按照绩效水平情况，有针对性地加大扶持力度，持续加大对人文社会学科科研的投入力度，同时还要辅以政策上的支持，以此形成导向，鼓励科研人员提高工作绩效。与此同时，加大投入与给予奖励也应该是有条件的，绩效水平高当然得奖，在加大投入或者给予奖励之后，如果由于种种原因，绩效水平没有提高、科研质量没有进步，相关管理部门可暂停额外追加的投入和奖励，并分析其原因，以促进人文社会科学科研绩效不断提高，进而使科研成果质量达到更高的水平，同时也可以解决科研项目投入与产出不一致的问题。

三、政府增强绩效观念并考虑科研成本的投入与产出

科研绩效评价理应包括科研投入和科研产出两部分，政府科学合理地使用科研经费、设备等资源，可使有限资源的效用最大化，即优化科研资源配置，使科研效率和效益最大化。目前，我国一些高校人文社会科学教师科研绩效评价仅以科研产出作为绩效，忽略了科研资源，这是对科研绩效评价的理解和执行出现了偏差。笔者以国家社会科学基金管理学项目为例给出如下建议。

（一）政府管理高校教师承担国家社会科学基金管理学项目投入的建议

1. 增加拨款下放次数，按项目完成情况进行分期拨款

当今很多发达国家采用了根据评价结果进行拨款的资金投入方式，我国在科研项目拨款方式上可以借鉴英国的经验，把成果评价等级与下一阶段的拨款相联

系。①针对国家社会科学基金管理学项目的结项情况和论文绩效评价结果，笔者认为可以尝试按年度进行拨款，制定相关拨款细则。根据项目类别和预计完成期限，强化过程管理，严格审查年度项目研究的进展，将阶段性成果与后续拨款挂钩。根据项目进展进行次年的拨款，对于那些立项后一年研究几乎没有进展的项目，应降低次年的资助比例。这既能使资源得到有效配置，又能促使科研人员多出优秀成果，也可以改善当前管理学项目结项率低、完成时间过长的现状。另外，对于同一类别项目，均给予相同数额的资助有不科学之处，应充分考虑项目课题的研究实际，有些项目不需要进行外出调研等活动就能进行，对资金的需求相对少，这就会导致有些人为了花钱而花钱，形成资金的浪费，而没有产出具有同等价值的科研成果，这对产出成果水平高的科研项目来说也是不公平的。笔者建议可以设置一个浮动额，要求负责人和所属单位合理编制预算，严格审查，这对于优化同一类项目内部的资金分配、提高整体绩效有积极意义。

2. 适当加大对青年项目的投入

通过前文对管理学重点项目、一般项目和青年项目三类项目的结项论文统计分析以及投入-产出比分析，三类项目中只有青年项目的年度发展变化趋势是上升的，是最符合资助额度变化规律的。在每年投入几乎相同的情况下，青年项目的论文产出、绩效水平都要明显优于一般项目；与投入是其 1.7 倍的重点项目相比，2010 年、2011 年青年项目虽然成果数量、质量远不及重点项目，但绩效水平在 2010 年与重点项目基本持平，即每投 10 万元给青年项目或重点项目，产出的 A 类期刊论文、CSSCI 期刊论文很接近，甚至在 2012 年青年项目超过了重点项目。

在近几年国家对国家社会科学基金项目的投入仍平稳增长的背景下，笔者建议继续加大对管理学中青年项目的投入。这不仅是考虑到管理学学科的特点、管理学青年学者的自身优势，更是基于 2010—2013 年已结项项目的论文产出和绩效情况而得出的结论。特别是在处理一般项目和青年项目的资助比例的时候，建议多向青年项目倾斜，增加青年项目立项数量，提高对青年项目的资助额度，鼓励青年学者创造出更多高水平的科研成果。

---

① 杜向民，朱燕锦，刘兰剑. 2014. 英国人文社会科学成果评价体系及其借鉴. 中国高教研究，（10）: 74-79.

（二）对政府管理高校教师承担国家社会科学基金管理学项目成果的建议

1. 根据管理学科研实际，制定各类项目的结项细则

表 7.1 对一般项目和青年项目产出 A 类期刊论文和 CSSCI 期刊论文的分布做了简单统计，可以看到，在 193 个一般项目中，共计 102 个未产出 A 类期刊论文，成果少于 3 篇 CSSCI 期刊论文的项目高达 57 个，都明显超过了青年项目。实际上，二者的单个项目平均论文情况差距没有这么明显。也就是说，一般项目并非整体不如青年项目，而是"拖后腿"的太多，导致在均值、绩效上与青年项目拉开了距离。

表 7.1 管理学一般项目、青年项目产出 A 类期刊论文和
CSSCI 期刊论文的分布 单位：项

项目类型	无 A 类期刊论文	无 CSSCI 期刊论文	少于 3 篇 CSSCI 期刊论文	3 篇及以上 A 类期刊论文
一般项目	102	17	57	17
青年项目	60	13	40	24

基于此，笔者认为，政府须提高对管理学项目成果管理的重视程度。管理学学科组应当针对本学科的情况，细化结项管理要求，对重点项目、一般项目、青年项目结项论文的期刊种类和对应数量提出一个基本的要求。制定结项细则的目的并非回归科研绩效评价"重数量"的误区，而是设定一个底线要求，这个要求不宜过高，可以结合实际情况合理制定。

综上，国家社会科学基金管理学项目亟待出台本学科的结项细则，细化结项论文标准。第一，要设置每个类别项目产出 CSSCI 期刊论文（或综合更多标准拟定更加科学的本学科期刊目录）篇数的基本要求；第二，加大对在高水平期刊发表的论文的计分比重，比如，在排名前 30% 的期刊上发表 1 篇论文可以计 1.5 篇；第三，尝试使用代表作制度，选取管理学界口碑好、影响力大的一两本期刊作为顶级期刊，凡是在这样的期刊上发表论文，仅有 1 篇即可申请结项。这样能快速改变当前各项目结项成果差距悬殊的现状。特别是对于一般项目而言，要严格结项要求，把好"出口"关，这样才能从整体上提高一般项目的论文成果绩效。同时，评价中要突出对产出更高质量论文的引导，这也能在一定程度上补齐一般项目在论文成果方面的短板。对于重点项目，同样需要加强结项把关，重点项目的结项标准肯定要高于其他两类项目。对一般项目和青年项目，可以提出同

样的要求，因为就调研截止时的完成情况来看，对于管理学青年项目无须降低标准，它已经达到并超越一般项目的产出和绩效。

2. 重视结项工作，使结项程序严格化

对于国家社会科学基金管理学项目结项鉴定，笔者认为，一是应当进一步完善专家库制度，分研究领域匹配"小同行"专家，保证鉴定专家对该领域比较熟悉；二是从全国的学科专家库中随机抽取数名外省专家进行匿名通讯鉴定，以尽可能地避免专家评审中的人为因素的影响，提高公平性。如果可以的话，建议组织视频会议专家评审，对鉴定结果进行复议，再确定最终等级。结题鉴定工作结束后，对参加结题鉴定的评审专家的负责态度进行评定与分档并加以公示。此外，还应设立诚信档案制度，对评审行为和人员做记录，甚至可以建立追责机制，尽可能地减少人情因素的影响和不负责任的随意评判现象的发生。

3. 完善结项后评价，构建动态成果延伸管理机制

目前，国家社会科学基金项目每 5 年举行一次优秀成果评奖活动（采用同行专家评议法）。成果评奖有助于进一步提高科研人员的积极性与创造性，促使他们追求真正的高质量成果。同时，应进一步突出评奖工作的实际意义，制定获奖学者优先再申报项目政策，对于项目成果突出的学者，在以后申请课题时给予一定的加分。

此外，应构建成果鉴定—推广应用—绩效评估—后期资助的动态成果延伸管理机制。成果延伸管理机制主要是指对课题研究和应用效果进行跟踪评估，针对出现的新问题进行持续研究的一种管理模式。[1]对于重要的应用型资助项目，成立由跨学科专家、研究者团队和使用者组成的鉴定评估项目组，对研究成果进行鉴定、改进和推广应用，在一定时期内对实践效果进行绩效评估与反思，达成新的共识，委托研究者进行进一步的纵深研究，并给予相应的后期资助经费。

四、建立完善人文社会科学教师多层次分类评价体系

（一）建立针对不同学科的分类评价体系

不同学科的研究存在差别，对高校人文社会科学教师科研绩效的评价，应根

---

[1] 张云昊. 2011. 哲学社会科学研究的资助制度创新——基于中国背景下的一个分析框架. 科学学研究，29（7）：984-990.

据不同学科、不同专业的特点，进一步细化评价标准，建立针对不同学科的分类评价体系。人文社会科学具有非定量化、非公式化的特点，在一定程度上增加了科研绩效评价的难度。在评价标准制定和评价指标选取过程中，相关部门要考虑人文社会科学的独特之处。首先，应建立属于人文社会科学学科自身的科研绩效评价体系，评价指标的选取要充分体现研究成果的学术价值，尽量避免提出过多的量化标准。其次，对人文科学教师与社会科学教师科研绩效的评价也应有所区别，建立分类评价体系。

（二）构建针对不同类型高校和教师的分类评价体系

对高校人文社会科学教师的科研绩效进行评价时，对于不同类别高校、不同类型教师，也应遵循分类评价的原则。我国应根据高校类型的不同，确定高校教师科研绩效评价侧重点及标准，对于研究型高校，应侧重对教师的科研工作及科技创新的评价；对于教学研究型、科研与教学并重型高校，应侧重对教师的科研成果的社会效益的评价；对于教学型高校，应侧重对教师教学的评价，适当减少科研绩效评价标准。另外，根据教师研究定位的不同，可将教师分为科研为主型、教学科研型和科研教学型三个类型。相关部门应明确划分教师的角色和类型，对高校教师的职业特点和岗位进行分析，确立科学合理的科研绩效评价指标体系。[①]高校可以将教师划分为科研型（科研为主型）、科研教学型（侧重科研、兼顾教学）、教学科研型（侧重教学、兼顾科研），对于科研型教师，重点考核其在科技创新工作和原创性成果方面的成绩，鼓励其潜心研究，为本学科发展多做贡献。

五、对人文社会科学教师科研绩效评价坚持定性评价与定量评价相结合

目前，在我国高校人文社会科学教师科研绩效评价中，量化评价色彩过重。人文社会科学教师科研绩效评价强调论文发表的期刊级别，以及被 SCI 和 CSSCI 检索收录的情况，强调科研项目等级和课题经费金额，重视获得专利的数量等，这无疑是正确的方向，但是仅仅进行定量评价是远远不够的，过于强调科研产出数量，导致教师没有更多的精力在学术领域深入研究，势必会影响科研质量。因

---

① 史万兵. 2016. 提高高校教师绩效的理论与方法研究. 沈阳：东北大学出版社，85-94.

此，我国高校人文社会科学教师科研绩效评价应采取定性评价与定量评价相结合的综合评价方法。

定性评价主要由同行专家主导科研绩效评价活动。同行专家往往是该领域的权威人士，有资格对成果的学术价值做出有效评价。同行专家能够注意到人文社会科学成果潜在的价值，他们做出的评价相对比较科学。此外，同行专家评议机制也是实施代表作制度的前提，代表作制度鼓励学者潜心研究，不为眼前利益所动，最终做出高水平的研究成果。同行专家评议能够对科研成果的整体性价值做出判断，比单纯的量化数字更有说服力。然而，同行专家评议往往容易受到评价者的主观意志及人情等因素的影响，如何避免同行专家评议的消极影响，需要进一步探索。定性评价与定量评价各有优缺点，相关部门在科研绩效评价过程中要充分发挥二者的优势，扬长避短。

六、树立以"教师为本"的评价理念

（一）尊重人文社会科学教师和科研活动规律

高校人文社会科学教师科研绩效评价应当秉持"以教师为本"的评价理念，尊重人文社会科学教师和科研活动规律，用动态、发展的眼光深入了解教师，全方位了解教师的个人价值、学术价值及道德价值，科研绩效评价要发挥激发教师的科研热情、鼓励教师做高水平研究的作用。科研绩效评价应采用形成性评价，及时将评价结果反馈给教师，帮助教师了解自身的不足，并为其提供有价值的提升和改进方案。在科研考核方案的制订过程中，相关部门要充分考虑如何吸引人文社会科学教师积极参与到评价过程中，考核方案要最大程度地采纳教师的意见，及时向教师反馈考核结果。同时，要尊重科研活动的内在规律，不能一味地追求科研成果数量，同时要鼓励原创性研究。

（二）弱化科研绩效评价活动中的行政干预

在我国一些高校教师科研绩效评价活动中，行政权力干预过多，行政管理人员在评价中占据主导地位，教师作为科研活动的主体，在科研绩效评价实践中往往处于弱势地位，甚至只能被动地接受评价结果，这是不合理的。要全面、客观地评价某项科研成果，必须充分了解国内外在这一领域的研究现状，在总结已有研究成果的基础上，从学术角度对该项科研成果是否具有创新性、是否对本学科发展做出了贡献进行评判。①故而科研绩效评价这种高度专业化的工作只有依靠同行专家的集体评议才能顺利进行。因此，相关部门应该充分认识到同行专家评议机制的优势，促进建立各类学术评价组织。同时，要将以人为本的评价理念放在首位，充分尊重人文社会科学教师的主体性，在宽松的环境中引导教师开展高水平研究，从而实现教师职业发展和学校科研管理的有机统一。

七、严格执行以法为据的科研绩效评价程序

以法为据的科研绩效评价程序是构建科研绩效评价机制的内在要求。科研绩效评价制度的制定必须充分反映民意，严肃科研绩效评价纪律，逐步推进科研绩效评价法制化。以法为据的科研绩效评价程序能够起到维护科研绩效评价民主性、公正性的作用。科学的决策需要集体成员协商制定，因此科研绩效评价的民主性也至关重要。在科研绩效评价过程中，要充分地考虑科研绩效评价主体和评价客体，健全全员参加的阳光评价机制，在制度制定和执行监督方面赋予教师一定的权力。高校人文社会科学教师科研绩效评价要严格执行相关评价程序，全员遵守评价规则，遵循阳光、透明的评价原则，全面、真实、客观地反映教师的科研水平，坚决杜绝利用"学术权力""学术资源"进行权钱交易、学术垄断的现象。②在同行评议机制的基础上，相关部门也应重视建立健全回避制度和专家定期轮岗制度，防止出现学术权力寻租的现象。同行专家评议应遵循匿名评审制度、评审责任制度和责任追究制度。在确定科研绩效评价程序的过程中，为了提高评价结果的透明度和公信力，应建立公示制度和申诉制度。在特殊情况下，允许教师公开答辩。高校可以组织相关人员制定科研工作行为准则、条例，具体规定违反学术规范的科研行为和制定相应的处罚对策，使高校教师在外在制度规范的约束下，也能有效进行自我监督，做到他律与自律的有效结合。以法为据的科研绩效评价程序能够提高评价的透明度和公正性，能够将学术评价权力关进"制度的笼子"里。

八、健全国家及地方人文社会科学研究项目的定期检查制度

相关部门要重视对教师科研过程的监督，一方面可以起到督促进度的作用，

---

① 刘大椿. 2007. 人文社会科学评价的限制与超越. 中国人民大学学报，（2）：149-156.
② 杨慧丽. 2009. 高校人文社会科学教师学术评价探论. 教学与研究，（3）：85-88.

另一方面也可以强化目标的导向作用。除此之外，对教师的科研过程进行监督也能对科研项目的学术不严谨现象起到压制作用。学术不严谨现象的多发，在很大程度上是监督不力的结果。对于这类现象，相关部门应重视前期的预防，不能单纯地加大惩处力度，定期地对科研项目进行监督是一种前期预防的方法，对这类现象早发现早治理，有助于营造严谨的学术氛围。

对于设立科研项目的政府部门来说，应该加大对项目的中期检查力度，健全国家及地方人文社会科学基金项目的中期检查制度，对项目中期科研成果应该达到的水平做出明确的规定，没有达到标准的，应当说明情况和原因，以减少延期结项、结项时不合格的问题。

九、加强对人文社会科学教师严谨治学态度的引导

政府应该加强对教师的价值观的引导，强调对待学术问题严肃、严谨的重要性。在倡导形成优良学风、树立榜样的同时，政府应从制度上规范科研人员的行为，对于学术不端、学术不严谨的现象，制定明确的惩治措施。关于以科研绩效评价为依据的惩罚，大多是对科研过程中学术不严谨行为的惩戒。历年的全国教育科学规划课题申报公告都明确指出：贯彻落实中央《关于进一步加强科研诚信建设的若干意见》，申请人应如实填写申请材料，保证没有知识产权争议，不得有违背科研诚信要求的行为。凡存在弄虚作假、抄袭剽窃等行为的，一经发现查实，取消 5 年申报资格；如获立项即予撤项并通报批评。但是，学术不严谨的行为具有一定的主观性，很难对其进行明确的界定，而惩罚又不能模棱两可。对此，笔者给出的建议如下：首先，要有明确的相关规章制度，制度中的惩罚措施要明确具体，主要起到威慑作用；其次，全面推行相关规章制度，让教师明确了解惩戒规则；最后，对明知故犯的教师进行严肃处理，以体现评价的价值导向作用。

十、逐步建立科学的人文社会科学科研绩效评价标准

对科研绩效进行科学的评价，首先要有一套科学的评价标准。长期以来，自然科学与人文社会科学科研绩效的分类评价一直未受到足够的重视，人文社会科学科研绩效评价体系也一直不完备，所以无论是政府部门还是高校都要在"质与量并重"的同时，对不同的学科分门别类地建立科学的评价标准，同时加强对人

文社会科学科研成果的评价。

政府要起到引导的作用，要认识到自然科学与人文社会科学的异同，将二者区别开来进行评价，牵头建立一个适合人文社会学科的科研绩效价标准体系。

第二节　为高校改善人文社会科学教师科研管理提供管理对策

高校的行政部门应从经济和制度上大力支持高校人文社会科学教师的科研工作，并为其营造宽松的学术氛围。

一、重视非货币手段对高校人文社会科学教师的激励作用

高校应以科研绩效评价的结果为依据，对高校教师实施奖惩。通常情况下，高校行政部门会对绩效较高的教师进行奖励，但是对绩效平平的教师一般不做实质性的惩罚，一般也不会对教师是否有学术不严谨行为进行深入考察。为了学术发展与自身声誉，学校自然会对科研绩效较高的教师进行鼓励，但在鼓励的时候，应该注意使用非货币的激励手段。例如，高校行政部门可以设立学校范围内的人文社会科学科研项目，并且相对于国家项目而言放宽申请资格，下调科研经费，面向学校的全体教师，这既有利于调动教师的科研积极性，也能在科研过程中提高教师的科研能力，进而提高人文社会学科整体的科研绩效水平。同时，高校行政部门可以分别为人文社会科学教师与自然科学教师设立独立的奖励形式，奖品可以不局限于奖金，也可以通过荣誉称号等非货币方式来体现，如采取营造良好的工作环境、增加工作中的自主权、授予荣誉称号等非货币手段，可能会收到更好的效果。

相对于奖励，惩罚就显得不那么容易执行，高校的行政部门可以针对教师的科研绩效情况建立由轻到重的逐级惩罚制度，一方面可以起到警示和预防的作用，另一方面当高校教师因学术问题产生严重的不良后果时，也有处罚的依据。

二、建立高校人文社会科学教师科研全过程的监督机制

对于高校教师科研过程，由高校来进行监督是最直接的，但这也是高校相对

容易忽视的环节。

高校行政部门可以组织建立专门的监督小组，为避免引起抵触情绪和人际关系紧张，该小组成员可以轮值进行，其目的并非对高校教师的科研成果吹毛求疵，而是对其科研成果进行优化。在科研成果上报之前，先由学校的监督小组进行审查，发现问题要及时处理。除此之外，针对教师的科研绩效评价，虽不能只局限于年终的绩效评价，但若评价过于频繁则会给教师增加无谓的压力。因此，可以在年中的绩效评价中稍做调整，旨在提醒教师注意其科研进度，使教师更好地做好后面的工作安排。

现在一些高校人文社会科学教师科研管理重视申请环节，对于科研过程和科研结果的考核还不够具体，对高校教师成功申请科研项目后的项目过程管理和项目结果验收的监管力度不够，导致一些人文社会科学科研项目的成果在结题时难以达到预期水平。所以，在对人文社会科学类科研项目的管理上，高校要制定科学、有效的管理章程，对教师申请成功的人文社会科学科研项目加强监督，按照项目计划定期审核项目进展，定期验收项目阶段成果，对各个阶段严格把关，促进科研成果保质保量地完成。

三、减少行政手段对人文社会科学教师科研过程的干预

严格的规章制度使高校运行得井井有条，一定的行政手段在管理中必不可少，但是高校应减少行政手段对人文社会科学教师科研过程的干预。

高校不应使行政权力过多地干预学术。高校运用统一的标准对教师进行科研绩效的评价，听起来是高效的，但是学科不同、特点不同，同样的评价标准不一定适用于每一个学科。国家制定了宏观的标准，高校应该在落实国家标准的同时，听取相关专家的意见，制定符合本校特点的科研绩效评价标准。将行政权力下放，使高校内部的每一个学科都能结合自身的特点对本学科进行评价，有利于逐步解决"一刀切"的问题。除此之外，高校也应从各个方面营造宽松的学术氛围。同时，高校教师的科研压力是非常大的，在这方面，高校可以借鉴企业中为员工解压的方式，例如，为高校教师安排团体行为训练，定期对高校教师进行心理测评和疏导，组织教师运动会，为教师之间的交流搭建桥梁等。

四、建立符合本校情况的高校人文社会科学教师科研绩效评价标准

每一所高校都会对教师的科研绩效进行评价，而且都有各自的一套评价体系。但是，长期以来，对人文社会科学教师科研绩效的评价常常是和自然科学教师统一进行的，没有区别开来。有的学者认为这是学校为了便于管理，或是一直沿用统一的评估方式等导致的。随着对科研绩效评价研究的深入，对高校对教师的科研绩效评价"一刀切"的状态进行改革势在必行。

高校行政部门应在积极听取人文社会科学教师的意见后，结合国家的政策要求与本校的特点，为高校人文社会科学教师制定独立的科研绩效评价标准，以此对本校人文社会科学教师的科研绩效进行相应的评价。长期以来，对高校教师的各种绩效评价都由高校的行政部门负责，行政部门对此有足够的经验，故完全将评价交给科研人员是不现实的。对此，高校行政部门可以借调相关研究领域的科研人员，使得从评价标准的制定到评价的落实以及评价结果的反馈都有科研人员的参与，以此逐步减少科研过程中的行政干预，建立科学的评价标准。

五、加强对人文社会科学教师承担项目的经费管理

在这方面，笔者以国家社会科学基金管理学项目研究为依据，提出如下建议。

（一）提高科研人员绩效支出比例，充分发挥激励作用

高校应该处理好学校间接成本与科研人员绩效支出的分配关系，根据教师在承担项目过程中的贡献和项目研究进展，在基金规定的间接经费比例内（年度项目和青年项目的间接费用均为总资助的30%），以公正公开为原则对教师进行绩效奖励，充分实现发挥其应有的激励作用。对于表现良好的课题组教师，要加大绩效支出所占比例，提高教师的积极性，绩效比例的提高也会引起那些进度慢、成果达不到预期目标的教师对项目研究的重视，使其逐渐改变科研意识和行为。在此基础上，建议再对承担青年项目的教师的绩效支出给予一定的倾斜。原因有两点：第一，就目前来看，管理学的青年项目论文成果与绩效情况相对突出且呈上升趋势；第二，根据赫茨伯格的双因素理论，青年教师作为工作新人，生活压

力相对较大，对绩效奖励的需求更容易转化为"激励"因素，而对于不少承担一般项目、重点项目的副高级以上职称教师来说，激励的意义可能不是那么强，只是"保健"因素。

（二）执行研究经费配套制度

在科研管理中，经费管理具有激励与约束的双重作用。高校要充分发挥经费投入的激励作用，通过配套资助鼓励教师的科研工作。虽然近年来国家社会科学基金项目的资助力度在不断增大，但考虑到管理学有很强的实践性和应用性，对于一些需要大量实地调研、资料获取难度大的项目来说，这些经费尚难以保障项目顺利完成。为了确保研究质量，学校应针对项目的具体情况，为确有需求的课题组和教师提供充足的经费支持。例如，可以按政府的资助额度给予1∶1的配套资助。学校的配比资金来源可以是多渠道的，若原有办学资金不足，可以通过向当地政府申请资助、与当地名企合作进行科研等途径获得经费。

（三）实行经费开支通报制度，公开经费使用数据

经费管理的重点是要突出经费预算的意义，规范科研支出，必须严格按照基金管理办法执行。每年年底，学校科研管理人员要根据立项时的经费预算、项目研究进度和实际支出情况对教师的科研情况进行仔细审查，对于不合理的开支或研究进度过慢的项目，要及时通报负责人，不断规范其经费开支，使其符合有关规定。①国家社会科学基金项目经费来自中央财政拨款，它的使用应该透明、阳光，每年应该在学校的官网等公示，以接受社会的监督。项目经费透明化能保证经费用在该用的地方，提高资金使用效率。

六、强化对人文社会科学教师承担项目的成果管理

在这方面，笔者以国家社会科学基金管理学项目研究为依据，提出如下建议。

（一）提高项目申报的质量，组建结构合理的科研队伍

高校负责课题申报工作，不只是把教师的申请书递交给相关部门这么简单。

---

① 高赟，王晓丽. 2006. 对国家社科基金项目管理若干问题的思考. 甘肃省经济管理干部学院学报，（3）：44-46.

高校科研管理部门应组建学术委员会，由同行专家对拟申请立项的项目申报书、现有研究基础等相关材料认真评议，提出修改意见，帮助申请者完善申请书内容。对于方案不可行、毫无研究基础的申请，暂不受理和上报，确保通过学校初步把关后，上报的课题研究价值较高、申请成功的把握较大。要很好地完成一个国家级科研项目，仅凭一人之力很难实现。越是级别高、规模大的课题，越需要合作研究，合著率也普遍更高。高校应鼓励跨学科、跨单位合作研究，吸纳青年骨干教师参与合作，鼓励和帮助教师根据选题组建一支职称、学历、年龄、知识结构合理的科研队伍。

（二）重视过程管理，严抓阶段性成果质量

管理学项目的研究周期一般为 3～5 年，这就要求高校对过程管理要足够重视，督促课题组教师持续研究，争取稳定地出成果，避免最后应付结项或无法结项。第一，制定成员定期报告研究进展制度。要求项目负责人每季度或每半年召开一次汇报会议，由成员分别介绍自己的已有成果，探讨研究中遇到的问题，共同探索解决方案，在分享成果的同时，也能起到督促的作用，为成员提供动力，增强紧迫感。第二，制定阶段研究成果报告制度。年度检查后，课题组成员应在全校做阶段性研究报告，与广大师生共同分享和探讨项目研究情况，使国家级项目"走下神坛"，贴近大众，实现成果共享。这种报告制度一方面对课题组的科研进度提出了软性要求，另一方面能使教师在与他人的交流中提升研究质量。

（三）高校要发挥结项预审的作用，在申请结项前严格把关

教师所在的高校是科研项目申请和管理的责任单位，除了组织项目申报，还要负责后续的项目实施和经费使用的监督、检查工作以及结项申请工作。在结项成果考核中，高校不但要参照项目管理办法的基本要求，更应该根据本校教师的实际能力，合理地提高申请结项的要求，并按不同项目类别明确对高质量论文的要求，整体提高本校国家社会科学基金项目的科研成果绩效。对于拟申请结项的项目，组织同行专家进行成果预审，提出意见，帮助课题组修改完善结项成果，确认达到结项水准后，再上报上一级相关部门。

七、健全人文社会科学教师科研绩效管理的机制与制度

高校的人文社会科学科研管理部门要建立完善的人文社会科学科研激励机制

与制度，重点奖励在科研经费有限的情况下也能做到科研产出数量高、质量高的人员，逐步提高高校教师人文社会科学科研绩效。在科研经费申请上，要将科研人员个体或团体以往的绩效水平纳入科研项目申请的指标评价中，将上一段时间内的科研绩效表现作为下一段时间科研项目申请的重要考核指标之一。

八、促进地区之间人文社会科学教师科研项目的合作

由于地区与地区间的经济发展有较大差距，不同地区高校人文社会科学教师的科研能力和水平也参差不齐，促进地区间高校的交流和合作有利于高校教师科研能力的提升，进而提高高校教师的科研绩效水平。因此，我们要重视对人文社会科学科研资源的整合，鼓励不同地区院校教师合作，共同完成人文社会科学科研项目，在科研管理制度建设上给予相应的支持，全面促进各地区高校教师科研能力的提高，从而提升科研产出效率。

后 记

　　在书稿即将付梓之际，我深感本书还有许多遗憾与不足之处，有待在以后的研究过程中进一步探索和深入研究。

　　关于高校人文社会科学教师科研绩效评价体系构建的研究尚存在一些局限，有待未来去突破。具体表现为如下几个方面：第一，研究内容的局限；第二，研究范围的局限；第三，研究方法的局限；第四，研究资料收集渠道的局限；第五，调研途径及一手资料获取的局限。我期待在今后的工作中能够对这些问题有更深的认识和理解。

　　在未来的学术生涯中，我将从如下诸方面开展深入研究：第一，拓宽调查和研究的范围；第二，探究其他因素能否推动我国人文社会科学研究的进步，是否有助于完善高校人文社会科学教师科研绩效评价体系；第三，进一步加强对国际经验的研究；第四，采取新技术、新路径开展研究；第五，进一步探索评价体系诸要素之间的内在关系；第六，进一步探究高校教师科研绩效分类评价改革路径，推动学科的发展与进步。

　　我期盼本次由国家主导的，包括高校教师科研绩效评价在内的全方位教育评价改革（即自 2020 年 10 月由中共中央、国务院印发《深化新时代教育评价改革总体方案》开始实施的改革，其明确强调对高校教师科研绩效实施分类评价，要求各地区各部门结合实际认真贯彻落实）不仅能够推动教育评价学科的发展，同时能够促使"科研育人"取得成效，进而促进学生健康成长成才，促进教师专业发展与学术能力提升，增强我国高等教育的比较优势，为实现高等教育高质量发展、推动我国社会进步和实现中华民族伟大复兴奠定基础。